Noor van Haaften

DAVID – VON GOTT ERWÄHLT

Noor van Haaften

David
– von Gott erwählt

Francke

Über die Autorin:
Eleonore (Noor) van Haaften war einige Jahre in der christlichen Studentenarbeit in Österreich tätig und arbeitete dann als Redakteurin und Moderatorin beim niederländischen Rundfunk- und Fernsehsender EO. Seit 2002 beschäftigt sie sich hauptsächlich mit Vortragsreisen in Europa und dem Schreiben von Büchern und Artikeln.

MIX
Papier aus verantwortungsvollen Quellen
FSC® C083411
FSC www.fsc.org

Bibelübersetzung, wenn nicht anders angegeben: Schlachter 2000

Bibliografische Information der Deutschen Nationalbibliothek
Die Deutsche Nationalbibliothek verzeichnet diese Publikation in der Deutschen Nationalbibliografie; detaillierte bibliografische Daten sind im Internet über http://dnb.dnb.de abrufbar.

ISBN 978-3-96362-229-8

35037 Marburg an der Lahn
Covergestaltung: Francke-Buch GmbH
Umschlagbild: © iStockphoto.com / Photographer
Satz: Francke-Buch GmbH
Druck und Bindung: CPI books GmbH, Leck

www.francke-buch.de

Inhaltsverzeichnis

Israel und Umgebung zur Zeit Davids

Vorwort

Er wurde in Bethlehem geboren und dort vom Propheten Samuel gesalbt. Er kam an den Hof Israels und erlebte eine Zeit des besonderen Gelingens. Dann aber ging es in die Wüste und es folgten mehrere Jahre schwerer Prüfungen und des Leidens. Obwohl er keinen Ort hatte, wo er sein Haupt hinlegen konnte, entschieden sich Menschen dafür, sich ihm anzuschließen und mit ihm zu ziehen. Das Ziel war Jerusalem, dort wurde er vom Volk zum König über Israel ausgerufen. Sein Name: David, Sohn Isaïs.

Er wurde in Bethlehem geboren und von Engeln und Menschen als der Messias Gottes erkannt. Nach seiner Taufe ging es für ihn in die Wüste, wo er schwer geprüft wurde. Er lebte als Wanderprediger und wählte zwölf Männer als seine Gefährten und Schüler. Um sie herum wuchs der Kreis von Menschen, die ihm nachfolgten. Das Ziel war Jerusalem, dort wurde er mit Hosianna-Rufen empfangen und geehrt, dann aber wendete sich das Blatt und er wurde zum Tode verurteilt. Er starb an einem Kreuz mit der Inschrift »Jesus, König der Juden«. Sein Name: Jesus, Sohn Davids.

Während Jesus sich in der Wüste nicht von Satan überlisten ließ, sondern an Gottes Wort festhielt, kannte David Momente, in denen sein Gottvertrauen auf wackligen Beinen stand. Während seiner Fluchtjahre ging er eine Zeit lang auf Distanz zu Gott und versuchte, sich durch Betrug und Lügen zu behaupten. Aber Gott ließ weder seinen Erwählten fallen, noch ließ er los, was seine Hand begonnen hatte. Der Bund mit David und Gottes Verheißungen an ihn standen fest!

Auf der Karte auf S. 7 finden Sie die Orte, an denen sich David in diesen Jahren aufhielt. Die Namensliste ab S. 246 ist als Gedächtnisstütze gedacht. Die Fragen am Ende jedes Kapitels eignen sich sowohl für den persönlichen Gebrauch als auch für Hauskreise.

Soest, Niederlande, im Sommer 2021

Ein kurzer Hinweis:

Am Anfang jedes Kapitels finden Sie eine Angabe zum Bibeltext, der behandelt wird. Bitte lesen Sie diesen Text zuerst in Ihrer Bibel und halten Sie Ihre Bibel griffbereit, während Sie die Auslegung zu David verfolgen!

»David – von Gott erwählt« eignet sich sowohl fürs persönliche Lesen als auch für das gemeinsame Lesen im Hauskreis.

Kapitel 1
Die Salbung Davids

1. Samuel 16,1-23

»Ich (Gott) habe David gefunden, den Sohn des Isaï, einen Mann nach meinem Herzen, der allein meinen Willen tun wird.«

Aus einer Rede von Paulus, Apostelgeschichte 13,22

»Fülle dein Horn mit Öl und geh hin, ich will dich zu Isaï, dem Bethlehemiter, senden, denn unter seinen Söhnen habe ich mir einen König ausersehen.«

1. Samuel 16,1b

»... ich habe meinen Knecht David gefunden und ihn mit meinem heiligen Öl gesalbt. Meine Hand soll beständig bei ihm sein und mein Arm soll ihn stärken.«

Psalm 89,21-22

»So spricht der Herr der Heerscharen: Ich selbst habe dich von der Weide genommen, hinter der Schafherde weg, dass du Fürst sein solltest über mein Volk Israel.«

1. Chronik 17,7

Bitte lesen Sie zuerst den Bibeltext

1. Samuel 16,1-23

Es herrscht noch nicht die höchste Alarmstufe, aber nervös und aufgeregt sind die Einwohner Bethlehems schon. Der Prophet Samuel soll im Anmarsch sein, er wurde auf dem Weg nach Bethlehem gesichtet. Das ist merkwürdig, weil Samuel sich seit einiger Zeit aus der Öffentlichkeit zurückgezogen hat.[1] *Seine letzte Begegnung mit König Saul, dessen geistlicher Begleiter er war, fand in Gilgal statt, danach kehrten die beiden Männer zu ihren jeweiligen Standorten zurück.*[2] *Und nun soll sich der Prophet auf den Weg nach Bethlehem gemacht haben! Die Einwohner fragen sich aufgeregt, was das zu bedeuten hat. Was für eine Botschaft hat der große Prophet Israels für sie? Hat Gott vielleicht etwas an ihnen auszusetzen? Haben sie eine Gerichtsankündigung zu erwarten? In aller Eile werden die Ältesten der Stadt zusammengetrommelt. Es muss darüber beratschlagt werden. Sie zögern nicht, sondern machen sich gleich auf den Weg und gehen dem Propheten entgegen* (V. 4b).

Samuel ist tatsächlich im Auftrag Gottes unterwegs nach Bethlehem. Weil er aber im Gepäck keine Hiobsbotschaft hat, kann er die Ältesten auf ihre Fragen hin beruhigen: Sein Kommen bedeutet Frieden. Er lädt die Männer zum Schlachtopfer (oder Mahlopfer[3])

---

1 1. Samuel 15,34-35

2 In meinem Buch »Samuel – von Gott erbeten« habe ich beschrieben, was dem Auftrag Gottes an Samuel vorausging. Siehe 1. Samuel 15, insbesondere die Verse 10.11.23.27.28.34.35.

3 Das *Schlachtopfer* war mit einer Mahlzeit verbunden. Blut, Fett und Nieren des Opfertieres wurden an Jahwe übergeben und der Rest wurde von der Familie oder dem Clan verzehrt, sodass eine Mahlgemeinschaft zwischen Gott und den Opfernden entstand.

ein und sagt ihnen, dass sie sich heiligen sollen.[4] Dass er vom Herrn beauftragt wurde, einen Sohn Isaïs zum nächsten König Israels zu salben, verrät Samuel nicht.

Auf den Feldern rund um Bethlehem

Auf den Feldern rund um Bethlehem hütet ein Teenie[5] die Schafe seines Vaters. Er ist der jüngste von acht Brüdern, die zwei ältesten dienen schon im Heer des Königs. Der Junge ist eine auffallende Erscheinung, er wird beschrieben als *»rötlich, mit schönen Augen und von gutem Aussehen«*[6]. Seine Hirtenkleidung ist eine Tunika, über die er bei Kälte oder Regen einen Schaffellmantel ziehen kann. Sandalen schützen seine Füße gegen Steine oder Dornen.

Der Junge hat seine Herde am gestrigen Abend zusammengebracht, die Schafe gezählt und auf Wunden, Ungeziefer oder andere Probleme kontrolliert. Dann hat er sie für die Nacht in die Schafhürde (oder auch in eine Höhle) gebracht. Er selbst hat im Freien übernachtet und den offenen Eingang bewacht. Heute Morgen hat er die Schafe in aller Frühe aus ihrer Bleibe herausgelassen, dann ist er vor ihnen hergegangen und hat sie zum Weideplatz gebracht. Während sie grasen, sucht er sich einen schattigen Platz unter einem Olivenbaum. Er nimmt seine lederne Provianttasche ab und setzt sich hin. Seine geliebte Harfe legt er neben sich, ebenso seinen Hirtenstab und den Stock, der sich als Waffe einsetzen lässt. Sein Ende ist mit scharfen Schieferstücken versehen. Seine Schleuder und die Schleudersteintasche hält er griffbereit. Er verwendet die Schleuder, um sich gegen Raubtiere zu wehren. Damit kann er aber auch Schafe zur Herde zurücktreiben, indem er in

---

4 Eine Heiligung (oder Reinigung) beinhaltete, dass man sich äußerlich (durch Waschung und Kleidungswechsel) und innerlich (durch eine Herzensreinigung) auf das Erscheinen vor Gott vorbereitete. Wir finden es z. B. in 2. Mose 19,10.14, wo Mose das Volk, das er aus dem Lager Gott entgegenführen soll, beauftragt, sich *»heute und morgen zu heiligen und ihre Kleider zu waschen«*.

5 David wird in 1. Samuel 17,33 als Knabe bezeichnet, was darauf hinweist, dass er zu dieser Zeit etwa 15 oder 16 Jahre alt ist.

6 1. Samuel 16,12; 1. Samuel 17,42b

ihre Nähe einen Stein schleudert.[7] Er ist nach Vers 18 ein tapferer Mann und tüchtig zum Kampf. An diesem Morgen aber ist alles ruhig und er kann sich Zeit nehmen für eine kleine Pause, in der er aber doch wachsam ist. Vielleicht nimmt er irgendwann seine Harfe zur Hand und musiziert ein wenig. Der jüngste Sohn Isaïs ist ein begabter Musiker, *»der das Saitenspiel versteht«*[8].

In wenigen Stunden wird der Junge seine Schafe an frisches Wasser führen oder sie zu einem Brunnen mitnehmen, wo er Wasser für sie schöpfen wird. Es kann sein, dass ihn einer seiner Brüder besuchen wird, um ihn mit Proviant – Brot, Käse, getrocknete Früchte oder Feigenkuchen – zu versorgen. Wenn nicht heute, dann morgen. Er kommt mit wenig aus.

Es ist ein Tag wie jeder andere. Von der Aufregung in Bethlehem bekommt der Junge nichts mit. Und dass sich sein Leben an diesem Tag radikal verändern wird, davon hat er keine Ahnung.

In Bethlehem: Dieser ist's!

In Vers 5b wird das Opfer vorbereitet. Isaï und seine Söhne werden von Samuel geheiligt. Ob die Ältesten, die sich ja auch heiligen sollten, tatsächlich beim Opfermahl und der Salbung Davids anwesend sind, bleibt offen.

Auffallend ist, dass noch immer mit keinem Wort der eigentliche Grund für Samuels Besuch erwähnt wird. Als der Prophet Isaïs Söhne der Reihe nach an sich vorüberziehen lässt, weiß niemand, worum es geht. Das Einzige, das man aus dem Vorgehen des Propheten schließen kann, ist, dass er jemanden sucht, den Gott für einen besonderen Dienst erwählt hat. Das Letztere spricht Samuel auch aus (V. 8-10). Aber Genaueres über diese Erwählung bleibt ungesagt und es wird auch nicht danach gefragt.

Die Anwesenden schauen gespannt zu, während Samuel einen Sohn Isaïs nach dem anderen mustert und immer wieder den Kopf schüttelt. Er tut das nicht, weil ihm der betreffende Sohn nicht ge-

---

7 Vgl. 1. Samuel 17,40.49

8 1. Samuel 16,18

fällt, sondern weil er auf Gott hört, der ihm jedes Mal sagt: »Nein, dieser ist es nicht.« Als er alle Söhne Isaïs gemustert und abgewiesen hat, entsteht ein Problem. Es bleibt Samuel nichts anderes übrig, als bei Isaï nachzufragen, ob er mit diesen sieben Männern alle seine Söhne gesehen hat. Dann stellt sich heraus, dass ein Junge fehlt. Aus der Reaktion Isaïs merken wir, dass dieser noch nicht so richtig dazuzählt. *»Der Jüngste (oder der Kleinste) ist noch übrig«*, sagt Isaï. *»Und siehe, er hütet die Schafe«* (V. 11). Es ist, als ob Isaï erst jetzt bedenkt, dass es tatsächlich noch diesen achten Sohn gibt. Das Wort *übrig* kann auch ein *Rest* bedeuten, einer, der nichts wert ist.

Isaïs achter Sohn ist der Kleinste, der noch nicht wirklich mitzählt, der nicht wie seine ältesten Brüder im Heer des Königs dient oder sonst Wichtiges geleistet hat. Er ist der Junge im Hintergrund. Ein kleiner Hirte, dessen Platz die Felder Bethlehems sind. Von Gott aber wird er gesehen und ins Licht gerückt. Er ist derjenige, den der Herr zum nächsten König über Israel erwählt hat. Er ist *der Mann nach Gottes Herzen*, über den Samuel mit König Saul gesprochen hat.[9]

David, ein Mann nach Gottes Herzen

Gott hat David von Anfang an gesehen. Er hat ihn im Schoß seiner Mutter *gewoben*, ihn *im Verborgenen gemacht* und ihn als *ungeformten Keim* gesehen.[10] Gott sah ihn, als er aufwuchs und als er sich als Hirte auf den Feldern Bethlehems aufhielt. Dort, im Freien, hat Gott dem Jungen immer wieder Eindrücke seiner Hoheit und Allmacht gegeben: Er hat sich ihm gezeigt in der Schönheit seiner Schöpfung, im Sonnenauf- und Sonnenuntergang, in gewaltigen Stürmen genauso wie in einer sanften Brise, in der Nacht, wenn Tausende Sterne leuchten, und am Tag, wenn die Sonne hoch am Himmel steht. Er hat David geholfen beim Kampf gegen Raubtiere, die seine Schafe angreifen wollten.[11]

9 1. Samuel 13,14

10 Vgl. Psalm 139,13-16

11 1. Samuel 17,34-35.37

Ich vermute, dass die Jahre, in denen David die Schafe seines Vaters hütete, entscheidend für seine Beziehung mit Gott gewesen sind. Der persönliche Umgang mit Gott entsteht und wächst vor allem dort, wo ein Mensch allein oder abgesondert ist. Gott ist am ehesten spürbar und hörbar, wenn wir frei sind von Lärm und Stress und der Eile dieser Welt. Das Letztere trifft auf David zu. Seine Welt waren die Felder bei Bethlehem. Er verbrachte seine Tage und Nächte abgeschieden von der Kleinstadt, in der er geboren und aufgewachsen war. Er musste ohne menschliche Gesellschaft auskommen, ohne die Kommunikationsmittel und Informationsressourcen, die für uns heute so selbstverständlich sind: ein Handy, ein Laptop, ein iPad. Es gab keine Kneipe, wo er Zerstreuung und Unterhaltung hätte finden können. Es waren seine Schafe, die ihm Gesellschaft leisteten. Zwar kam dann und wann jemand vorbei, um ihm etwas zu essen zu bringen, aber der ging immer wieder.

In den Jahren auf dem Feld muss der Junge viel nachgedacht haben, er hat auch musiziert und gesungen. Es ist nicht undenkbar, dass David in stillen Stunden Holz geschnitzt und Instrumente gefertigt hat. Die Harfe oder die Leier (hebr. *kinnor*), die von David gespielt wurde[12], gehört mit der Laute zu den ältesten Saiteninstrumenten. Diese wurden aus Zypressen oder Sandelholz gefertigt[13], die Saiten waren meistens aus Schafsdärmen. David hat auch viele Lieder gedichtet. Möglicherweise verdanken wir ihm 73 der Psalmen in unserer Bibel, darunter Psalm 8, in dem David seine Ehrfurcht vor Gott als Schöpfer und Herr des Universums besingt: *»Herr, unser Herrscher, wie herrlich ist dein Name auf der ganzen Erde, der du deine Hoheit über die Himmel gesetzt hast! (…) Wenn ich deinen Himmel betrachte, das Werk deiner Finger, den Mond und die Sterne, die du bereitet hast: Was ist der Mensch, dass du an*

12 Siehe 1. Samuel 16,23. 1. Mose 4,21 nennt einen Mann namens Jubal als den Vater aller Harfen- und Flötenspieler. Er soll sowohl Saiten- als auch Blasinstrumente erfunden haben.

13 1. Könige 10,12

ihn gedenkst ...?«[14] Wenn wir diesen Psalm lesen, dann können wir David förmlich auf den Feldern »sehen«. Er spricht von Schafen und Rindern, Tieren des Feldes und Vögeln des Himmels. Als Hirte lebte er in der freien Natur. Er nahm die *Tiere der Erde nach ihrer Art*[15] wahr und lauschte immer wachsam auf jedes Geräusch, das auf eine Bedrohung hinweisen könnte. Nachts hörte er den Ruf von Schakalen.

In Psalm 8 betont David Gottes Erhabenheit und wundert sich darüber, dass er, kleiner Mensch, von Gott gesehen ist. Ja, das ist er! Und das sind wir! Als Menschen, geschaffen nach Gottes Bild, haben wir einen besonderen Status. Und damit eine besondere Verantwortung unserem Schöpfer gegenüber. Wir sind dazu berufen, in Gemeinschaft mit ihm und im Gehorsam ihm gegenüber zu leben und ihm zu dienen.

Gott hat David gebildet und auserwählt. Der Junge auf den Feldern Bethlehems, der in den Augen seiner Familie übrig ist und nicht richtig mitgezählt wird, ist seine Wahl für eine sehr besondere Aufgabe.

Gott wählt

Wir erleben hier ein biblisches Prinzip oder eine Wahrheit Gottes. Wenn Gott sich Menschen für seinen Dienst auswählt, basiert seine Wahl nicht auf Frömmigkeit, Klugheit oder bestimmten Begabungen oder Errungenschaften eines Menschen, sondern einzig und allein auf seinem Willen. Auffallend dabei ist, dass Gott öfters gerade *nicht* die Menschen wählt, für die wir uns entscheiden würden.

Gott wählt nicht einen Eliab, den ältesten Sohn Isaïs, der sich als Soldat im königlichen Heer verdient gemacht hat. Er wählt nicht die junge Frau, die ihr Studium mit Summa Cum Laude abgeschlossen hat. Nicht den Mann, der begabt ist und den alle mögen. Nicht den beliebten Politiker, den erfolgreichen Geschäfts-

14 Psalm 8,1.4-5

15 1. Mose 1,24-25

mann oder die Sportlerin, in deren Vitrine sich eine Medaille an die andere reiht. Nicht den oder die mit dem höchsten IQ, der tollsten Figur, dem größten Vermögen. Natürlich kann Gott auch solche Menschen gebrauchen und erwählen – denken wir nur an den Apostel Paulus, der als Gesandter des Hohenpriesters weit gekommen war[16], – aber das, was Menschen imponiert, ist bei Gott nicht ausschlaggebend. In diesem Sinne ist Gottes Wahl unbegründet, sie ist ein Wunder seiner Gnade.

Paulus betont in seinem Brief an die Christen in Korinth, dass Gott eher *»das Schwache, Unedle und Verachtete der Welt* und *das, was nichts ist*, erwählt, *damit er zunichtemache, was etwas ist, damit sich vor ihm kein Fleisch rühme.«*[17] Gott erwählte den zweitjüngsten Sohn Jakobs als Retter seines Volkes vor einer Hungersnot und das jüngste Kind einer kleinen jüdischen Familie als Retter seines Volkes aus der Gefangenschaft in Ägypten. Er erwählte Ruth, eine verwitwete heidnische Frau, und Rahab, eine heidnische Hure als Vormütter Jesu. In Bethlehem wird David, ein Nachkomme von Ruth, zum König über Israel erwählt. Seine Salbung markiert den Auftakt zu einer neuen und entscheidenden Phase im Heilsplan Gottes. Alte Verheißungen werden in Erfüllung gehen. König Saul aus dem Stamm Benjamin soll Platz machen für David aus dem Stamm Juda, aus dessen Nachkommen Jesus, der König aller Könige, geboren werden wird. Und zwar in Bethlehem, wie David!

Der Ort Bethlehem mag *»gering unter den Tausendschaften von Juda«* sein, wie es der Prophet Micha sagt, *»aber aus dir soll mir hervorgehen, der Herrscher über Israel werden soll, dessen Hervorgehen von Anfang, von den Tagen der Ewigkeit her gewesen ist.«*[18] Der endgültige Erbe des Thrones ist Jesus Christus, der *Sohn Davids.*

Wer hätte ahnen können, dass der Jüngste Isaïs Gottes Mann für eine so wesentliche Rolle in seinem Heilsplan ist?

---

16 Apostelgeschichte 9,1-2

17 1. Korinther 1,26-29

18 Micha 5,1

Gesalbt und mit Gottes Geist ausgerüstet

In Bethlehem ist das Opfer bereitet und es kann gegessen werden. Der Prophet Samuel mahnt die Familie aber, dass man warten soll, bis der junge Hirte da ist. In Vers 11 lesen wir: *»Wir werden uns nicht zu Tisch setzen, bis er hierhergekommen ist.«* Im Urtext steht dort wörtlich: *»Der Kreis wird nicht geschlossen, bis er hierherkommt«*, oder *»Wir werden nicht rund sein, bis er kommt.«* Der Jüngste aus der Familie erhält eine tragende Rolle: Es geht erst weiter, wenn er, der Erwählte Gottes, anwesend ist. Und so macht sich jemand auf den Weg, um ihn zu holen. Wahrscheinlich ein Angestellter Isaïs, der David in diesen Stunden auf den Feldern ablöst, damit die Schafe nicht unbeaufsichtigt sind.

Mit der Ankunft Davids bei seiner Familie kann das beginnen, wozu Samuel gekommen ist. Als Gott ihm bestätigt, dass David der Mann ist, den er salben soll, zögert er nicht; er nimmt das Ölhorn und salbt den Jungen *»mitten unter seinen Brüdern«* (V. 12.13a).[19] Es wird nicht gesprochen, aber jeder wird sich sein Teil gedacht haben. Warum der Kleine? Warum nicht wir, seine älteren Brüder, die sich als Krieger im Heer des Königs verdient gemacht haben? Diese Fragen bleiben unbeantwortet. Es ist Gott, der entscheidet, Gott der wählt. Dass vor allem die ältesten Brüder Probleme damit haben, wird sich später noch zeigen.

Der erste Bibelabschnitt in 1. Samuel 16 endet mit den Worten: *»Und der Geist des Herrn kam über David, von diesem Tag an und weiterhin«* (V. 13). Auf die Salbung mit Öl, die Samuel vollzieht, folgt die himmlische Salbung mit dem Heiligen Geist. Der junge Hirte wird bevollmächtigt und zugerüstet zu seiner gottgegebenen Aufgabe.

Man kann Vers 13 auch so lesen: *»Und der Geist Jahwes durchdrang David.«* Das hebräische Wort geht in die Richtung, dass Gottes Geist in David aufsteigt oder ihn wachstumsmäßig durchdringt. Es wird vom Heiligen Geist in David etwas in Gang oder in

19 Das Rezept für Salböl finden wir in 2. Mose 30,23-25.

Bewegung gesetzt, das sich weiterentwickeln wird. Das ist wesentlich! Auch für uns. Denn ohne die Anwesenheit und das Wirken des Heiligen Geistes in uns sind wir hilflos. Ohne ihn bleiben wir unverändert, ohne ihn kommt Gott nicht weiter mit uns und ohne ihn gibt es keine Frucht. »*Getrennt von mir könnt ihr nichts tun*«, sagt Jesus.[20] Das ist auch David klar, denken wir nur an sein Gebet in Psalm 51,13, wo er sagt: »*Nimm deinen heiligen Geist nicht von mir!*« Wir brauchen die Befähigung des Geistes Gottes!

In Gibea

Mit dem Beginn von Davids Aufstieg fängt der Niedergang Sauls an. Während Gottes Geist über David kommt, weicht er von König Saul (V. 14). Es ist Gottes Strafe für seinen Ungehorsam. Das zu lesen, ist dramatisch, denn es zeigt uns: Es kann so weit kommen, dass Gott seine Hand von jemandem abzieht und sich von ihm abwendet. Das tut er nie schnell und nie ohne Grund und das ist bei Saul nicht anders. Saul ist immer wieder vom Propheten Samuel gewarnt worden, aber als er in seinem Ungehorsam verharrte, wurden schließlich Grenzen erreicht und Gott zog sich zurück. König Saul hat sich selbst zugrunde gerichtet. In der königlichen Residenz in Gibea, einige Kilometer nördlich von Jerusalem, treffen wir einen Menschen, der sehr schlecht dran ist. Noch ist Saul König, aber er hat seinen Auftrag und seine Vollmacht verloren. Der Geist Gottes ist von ihm gewichen und er wird von einem bösen Geist geplagt. Man achte auf die Reihenfolge!

Als der böse Geist über Saul kommt, hat er sich selbst nicht mehr im Griff und es kommt zu akuten Stimmungsschwankungen und heftigen Wutanfällen. Dieser Zustand des Königs erschüttert den Palast in seinen Grundfesten. Wie soll Saul in dieser Verfassung ein Volk regieren? Es sind die Knechte Sauls, die auf die Idee kommen, einen Musiker zu engagieren, der die Probleme des Königs lindern soll. Sie schlagen Saul vor, einen Harfenspieler zu suchen, der ihn mit seiner Musik beruhigen kann, wenn er vom bö-

20 Johannes 15,5

sen Geist geplagt wird. Der König stimmt zu, und als er erfährt, dass es in Bethlehem einen Mann gibt, der für diese Aufgabe geeignet ist, will er ihn gleich zu sich holen lassen. Es ist David, *»der das Saitenspiel versteht und auch ein tapferer Mann ist und tüchtig zum Kampf, verständig in seiner Rede und schön; und der Herr ist mit ihm«* (V. 18).[21] Die letzten Worte sind die wichtigsten! Musikalisch zu sein ist schön, aber noch schöner ist es, wenn Gott die musikalische Gabe eines Menschen segnet und zu seiner Ehre gebraucht. Das gilt für alle unsere Gaben. Tapfer und kampfbereit zu sein, ist gut, aber wer damit unbesonnen umgeht, kann gewalttätig werden. Gut und verständig reden zu können, ist wertvoll, aber auch eine sprachliche Begabung kann man missbrauchen und Worte können tödliche Waffen sein. Wer seine Gaben zur Ehre Gottes gebraucht, wird anderen zum Segen.

Von den Feldern Bethlehems in die königliche Residenz in Gibea

Auffallend ist, dass David nach seiner Salbung auf die Felder zurückkehrt, um die Schafe seines Vaters zu weiden. Der Junge ist sicherlich völlig überrumpelt von allem, was sich in wenigen Stunden getan hat. Dennoch spielt er sich gegenüber seinen Brüdern nicht auf. Er brüstet sich nicht damit, dass kein Geringerer als der Prophet Samuel ihn vor ihren Augen gesalbt hat, was als Beweis dafür gilt, dass Gott ihn und nicht sie für eine besondere Aufgabe erwählt hat. Er kehrt einfach in seinen Alltag zurück. Am Ende des Tages führt er seine Schafe zusammen, zählt sie, kontrolliert ihre Gesundheit und bringt sie für die Nacht in die Schafhürde. Dann legt er sich vor dem Eingang hin, um sie zu beschützen. Alles wie üblich, alles wie immer. Mit einem großen Unterschied: David ist als Hirtenjunge nach Bethlehem gegangen und als Gesalbter des Herrn zu seinen Schafen zurückgekehrt. Es ist beindruckend, dass

21 Es war bei einigen Menschen schon aufgefallen, dass Gott mit David war. Gottes Heilige werden an ihren Früchten erkannt, siehe Matthäus 7,20, vgl. 1. Samuel 2,26 und Lukas 2,40.

er das Geschehen ruhen lassen kann. Dass er warten kann. Er hat nicht beim Propheten nachgehakt und gefragt, was seine Salbung zu bedeuten hat, sondern ist in seinen normalen Alltag zurückgekehrt. Darin ist er uns ein großes Vorbild. David fühlt sich nicht zu wichtig, um seine Arbeit auf dem Feld wieder aufzunehmen, er bleibt seiner Aufgabe als Hirte treu. Darin verbirgt sich eine kostbare Lektion. Wer es übt und lernt, im Kleinen treu zu sein und die sich dort ergebenden Schwierigkeiten zu meistern, ist später auch größeren Aufgaben gewachsen. So sind Davids Hirtenjahre eine Vorbereitung auf seine Jahre als König und Hirte des Volkes.

David bekommt nicht mit, dass sein Vater wieder vornehmen Besuch bekommt. Es sind die Boten von König Saul, die Isaï im Namen des Königs mitteilen, dass sein jüngster Sohn als Musiker an den Hof bestellt wird. Der Junge wird wieder von der Weide geholt und sein Vater schickt ihn mit Geschenken zum Hof (V. 20). Es ist der Anfang von etwas Neuem, denn an diesem Tag wird David als Musiktherapeut Sauls angestellt. Jedes Mal, wenn der König vom bösen Geist ergriffen wird, nimmt David seine Harfe und spielt für ihn. Und immer ist es so, dass Saul dann Erleichterung empfindet und der böse Geist von ihm weicht (V. 23). Das hebräische Wort, das in unserer Bibel mit Erleichterung übersetzt wird, ist *ravach*. Es bedeutet »Weite« oder »Raum geben«. Saul erfährt, dass er beim Hören von Davids Musik frei atmen oder aufatmen kann. In diesen düsteren Stunden wirkt der Geist Gottes durch Davids Wesen, durch seine Art und seine Musik. Und so weicht die Finsternis dem Licht Gottes.

Auch bei Hof atmet man auf, als man wahrnimmt, dass der König seinen Launen und Wutausbrüchen nicht mehr hilflos ausgeliefert ist. Saul selbst ist besonders angetan von David. Er gewinnt ihn sehr lieb und macht ihn zu seinem Waffenträger (V. 21).[22] Der Junge, der in seinem Elternhaus übersehen wurde, wird am Hof

---

22 Ein König oder Feldherr wählte sich einen (manchmal auch mehr als einen) Krieger, der ihn persönlich begleiten sollte. Er war verantwortlich für die Waffen und Rüstung des Königs und er blieb im Kampf immer in seiner Nähe.

Israels willkommen geheißen. Es dauert nicht lange, bis eine Botschaft nach Bethlehem geht. David soll beim König bleiben, *»denn er hat Gnade gefunden vor meinen Augen«* (V. 22). Der Junge tritt in den Dienst des Königs, dennoch hütet er vorerst auch noch die Schafe seines Vaters und muss zu dieser Zeit wohl zwischen Bethlehem und Gibea hin und her pendeln.[23] Erst in 1. Samuel 17 wird es anders und er tritt ganz in den Dienst am Hof.

Sicher ist, dass für David eine neue Lebensphase angebrochen ist: Der Hirte ist ein hoch geschätzter Diener des Königs von Israel geworden. Damit sind die ersten Schritte auf dem Weg zum Königtum Davids getan. In der Schule Gottes wird der junge Hirte jetzt in die nächste Klasse versetzt. Aber es wird nicht lange dauern, bis ihm eine schwere Prüfung bevorsteht. Der Mann, dem er dient, ist ihm zu diesem Zeitpunkt noch wohlgesonnen, aber er wird David ein *Pfahl im Fleisch* werden.[24]

Von Gott berufen

Gott holt Menschen aus ihrem Alltag, weil er eine Aufgabe für sie hat. In Josua 24,3 sagt Gott seinem Volk: *»Und ich nahm euren Vater Abraham von jenseits des Stromes …«* In 2. Samuel 7,8 sagt er David durch den Propheten Nathan: *»Ich habe dich von der Weide genommen, hinter der Schafherde weg, dass du Fürst sein solltest über mein Volk, über Israel.«*[25]

Auch heute werden Menschen in ihrem Alltag von Gott angesprochen und herausgefordert. Das muss nicht gleich bedeuten, dass sie wie Abram ihre Koffer packen und wegziehen sollen. Es kann gut sein, dass der Herr in der direkten Nachbarschaft oder in der Gemeinde eine Aufgabe für sie hat. Immer aber gilt: Wer Gottes Ruf hört und danach handelt, bricht aus seinem Alltag aus und wagt Neues.

Wenn Sie sich fragen, wozu Gott Sie vielleicht berufen hat, dann

23 Vgl. 1. Samuel 17,15

24 Vgl. 2. Korinther 12,7

25 Vgl. 1. Chronik 17,7

bedenken Sie, dass die primäre Berufung eines Christen immer ist, in Gemeinschaft mit Jesus zu leben.[26] Als Kinder Gottes sind wir dazu berufen, mit unserem Herrn zu wandeln, ihn zu lieben, ihm zur Verfügung zu stehen und zu dienen. Er will uns dort, wo wir sind, segnen und zum Segen setzen. Wenn Neues dran ist, wird er uns das zeigen. Wesentlich ist, dass wir uns bewusst danach ausstrecken, Gottes Willen zu tun. Dass wir nicht in der Bequemlichkeit einer vertrauten Situation einnicken oder so in der eigenen Welt und den eigenen Plänen aufgehen, dass wir für Gottes Stimme taub und für seine Hinweise blind werden.

26 1. Korinther 1,9

Fragen zu Kapitel 1

1. An Davids Beispiel sehen wir: Es ist wesentlich, dass wir der Absonderung und der Stille nicht aus dem Wege gehen, sondern sie bewusst suchen. Wie sieht das in Ihrem Alltag aus? Was ist dafür nötig, dass es in Ihrem Leben Momente der Stille gibt? Wie kann man diese Stille nutzen?

2. Gott wählt und ruft einzelne Menschen in seinen Dienst. Er hat mit dem Leben eines jeden seiner Kinder etwas vor. Können Sie sich vorstellen, dass Gott Sie gebrauchen könnte? Wie und wo könnte das sein?

3. David ist nach seiner Salbung auf die Felder zurückgekehrt und hat seine Arbeit als Hirte wieder aufgenommen. Worin ist er uns hier ein Vorbild?

4. In Vers 18 beschreibt ein Knecht Sauls David als einen Mann, mit dem der Herr ist. Wie kann man das jemandem ansehen? Siehe z. B. Matthäus 7,16-20.

5. Dass David sich nicht nur der Allmacht Gottes bewusst war, sondern auch Ausschau hielt nach Gott, ist seinen Worten aus Psalm 5,4 zu entnehmen: »*Herr, in der Frühe wirst du meine Stimme hören, in der Frühe werde ich dir zu Befehl sein*« (d. h. zur Verfügung stehen). Kennen Sie dieses Ausschauhalten nach Gott? Und was bedeutet es praktisch für Sie, Gott zur Verfügung zu stehen?

6. Nach Davids Salbung kam Gottes Geist über ihn, oder anders ausgedrückt: Gottes Geist stieg in David auf oder durchdrang ihn wachstumsmäßig (V. 13).
   Seit Gott zu Pfingsten seinen Geist über die Jesusgläubigen

ausgegossen hat, sind Christen oder »*Menschen, die durch den Geist neu geboren sind*« (Johannes 3,7-8) mit dem Geist versiegelt (Epheser 1,13 und 4,30). Damit hat das erneuernde Werk des Heiligen Geistes in ihnen begonnen.
Lesen und überdenken Sie, was Jesus in Johannes 14,15-17 und Paulus in Philipper 1,6 sagen.
Was bedeuten diese Worte für Sie persönlich?
Inwiefern rechnen Sie mit dem Wirken des Heiligen Geistes in Ihrem Leben? Woran ist das sichtbar?

7. Lesen und überdenken Sie Psalm 8.

Kapitel 2
Der Junge und der Riese

1. Samuel 17,1-58

»*... mit dir* (Gott) *kann ich gegen Kriegsvolk anrennen und mit meinem Gott über die Mauer springen (...) Gott umgürtet mich mit Kraft.*«

David in Psalm 18,30.33

»*Seid stark in dem Herrn und in der Macht seiner Stärke.*«

Epheser 6,10

»*Vor allem aber ergreift den Schild des Glaubens, mit dem ihr alle feurigen Pfeile des Bösen auslöschen könnt.*«

Epheser 6,16

Bitte lesen Sie zuerst den Bibeltext

1. Samuel 17,1-58

In den Jahren, als Samuel Richter und Prophet in Israel und ein treuer Beter für das Volk war, ist Israel von aggressiven Angriffen der Philister verschont geblieben.[27] *Als aber mit Saul die Königszeit anfing, wurde es anders. Nun hatte Israel immer wieder gegen die Philister zu kämpfen. In 1. Samuel 17 stehen sich die beiden Heere gegenüber, nur durch ein Tal sind sie voneinander getrennt. Während Israels Krieger vor Angst wie gelähmt sind, tritt der junge David mutig nach vorn. In diesem Kapitel wird er uns als Retter Israels vorgestellt. David ist der Held, der mit Gottes Hilfe das drückende Joch des Feindes zerbrechen kann. Das hat Prophetisches in sich: Jesus, der oft »der Sohn Davids« genannt wird, ist der Retter der Welt.*

Der Vorkämpfer[28] der Philister ist ein außergewöhnlich großer und starker Mann. Er ist fast drei Meter groß[29], das Gewicht seines Panzers[30] beträgt fast sechzig Kilogramm und allein schon die eiserne Spitze seines Speeres wiegt etwa sieben Kilogramm[31]. Der Schaft seines Speeres wird verglichen mit einem Weberbaum bzw. mit dem Rundholz, auf das man einen gewebten Teppich rollte. Zu all dem kommen noch kupferne Beinschienen und ein kupferner Wurfspieß. Auch gibt es einen Schildträger, der vor Goliath her-

---

27 Siehe Infokasten Philister auf Seite 43.

28 Vorkämpfer bedeutet wörtlich »der Mann zwischen zwei« oder »der Mann in der Mitte«.

29 Eine Elle betrug etwa 45-50 Zentimeter, eine Elle war zwei Spannen.

30 Der Panzer war ursprünglich eine Lederjacke, die später durch metallene Bänder oder Schuppen verstärkt wurde.

31 Ein Schekel (oder Lot) ist ein Gewicht von 11,17 bis 12,2 Gramm. 5000 Lot sind also gut 55 oder sogar 61 Kilo.

geht (V. 4-7). Dieser Mann hält einen mannsgroßen Schild vor sich, durch den der Riese extra geschützt ist. Wir staunen über die Macht, die hier zur Schau gestellt wird. Aber nicht nur die Ausrüstung Goliaths ist imposant. Der Riese der Philister hat eine Stimme, die keine akustische Verstärkung braucht, um gehört zu werden. Goliath ist für alle hörbar, als er das Heer Israels herausfordert, einen Mann zu benennen, der den Mut hat, ein Duell mit ihm zu wagen. Er sieht sich als der große, unbesiegbare Held; für ihn ist die Niederlage Israels schon besiegelt.

Hochspannung im Terebinthental

Goliath, selbstsicher und brutal, ist ein Albtraum für Gottes Volk. Jeden Morgen und jeden Abend stellt er sich zwischen den beiden Armeen auf und verhöhnt das Heer Israels. Und das schon vierzig Tage lang (V. 16).

Beim Volk Gottes macht sich die Angst breit. *»Als Saul und ganz Israel diese Worte des Philisters hörten, entsetzen sie sich und fürchteten sich sehr«* (V. 11). Es hat sich noch nichts getan, aber allein schon die Erscheinung und die Worte des Riesen nehmen dem Volk Gottes den Mut. Jeden Morgen und jeden Abend – mit einem mulmigen Gefühl im Bauch, zittrigen Händen und Beinen wie Pudding – müssen Sauls Krieger die Flüche und Drohungen des Riesen über sich ergehen lassen. Sie sind müde. Und mürbe, auch das.

Zu den Kriegern Sauls gehören auch die ältesten drei Söhne Isaïs: Eliab (mein Gott ist Vater), Abinadab (mein Vater hat sich freigebig gezeigt) und Schamma (Schauerliches, Entsetzliches). Als sie zum Heer einberufen wurden, ist David vom Hof nach Bethlehem zurückgekehrt, um die Schafe seines Vaters zu hüten. Er ging *wieder* von Saul weg, heißt es in Vers 15, was darauf hinweisen könnte, dass David zu dieser Zeit nicht fest am Hof lebte, sondern regelmäßig in Bethlehem war, weil er zu Hause gebraucht wurde. Der Junge füllt treu seine ganz unterschiedlichen Rollen aus – daheim als Hirte, bei Hof als Musiktherapeut und Waffenträger

Sauls. Auch als Diener des Königs ist er sich nicht zu schade dafür, bei den Eltern in Bethlehem weiter mit anzupacken. Erst in 1. Samuel 18,2 siedelt David definitiv in die königliche Residenz in Gibea über.

In Vers 17 wird David von seinem Vater Isaï, der in Vers 12 als alt und betagt beschrieben wird, zum Heerlager Israels im Terebinthental gesandt. David soll seinen Brüdern ein Paket mit Lebensmitteln bringen: ein Efa (das sind etwa 36 Liter) geröstetes Korn (das war ein Leckerbissen!) und zehn Brote. Für den Obersten der Abteilung (von tausend Soldaten), zu der Isaïs Söhne gehören, bekommt David zehn Stück Käse mit. Die Männer werden sich über die Lebensmittel freuen, den Eltern aber geht es vor allem um eine Nachricht von ihren drei ältesten Söhnen. Darum bittet Isaï um ein Lebenszeichen von ihnen.[32]

Am frühen Morgen, wahrscheinlich kurz vor Sonnenaufgang, überlässt David seine Schafe einem Hüter, nimmt die Geschenke seiner Eltern und macht sich auf den Weg. Er hat von Bethlehem bis zum Terebinthental eine Strecke von etwa zwanzig Kilometern westwärts (und bergab) zu gehen. Als er bei der Wagenburg (dem Lagerplatz) der Israeliten ankommt, ist er rechtzeitig da, um mitzuerleben, dass Israels Heer sich in Schlachtreihen den Philistern gegenüber aufstellt. Man hat das Kriegsgeschrei (oder den Schlachtruf) schon erhoben, was ein übliches Ritual war. Damit forderte man sich gegenseitig zum Kampf heraus. Gekämpft wird also noch nicht und so kann David sich unter die Soldaten mischen und mit seinen Brüdern sprechen. Er kann nicht ahnen, dass sich sein Leben an diesem Tag total verändern wird. Goliath seinerseits kann nicht ahnen, dass sein Leben an diesem Tag enden wird.

Während alles noch in Bewegung ist, liefert David die Pakete seiner Eltern bei dem Verantwortlichen ab. Dann marschiert er zu den Schlachtreihen, findet seine Brüder und erkundigt sich, wie es ihnen geht (V. 22). Sie sprechen noch miteinander, als Goliath aus

32 Es kann sein, dass hiermit ein Lohn gemeint ist, den Isaïs Söhne bei ihrem Vater abliefern sollten.

den Schlachtreihen der Philister nach vorne tritt und wie üblich seine Drohungen und Flüche über Gottes Volk ertönen lässt. Unter den Israeliten entsteht gleich ein aufgeregter Wirbel, denn allein schon die Erscheinung des Riesen reicht, um in Panik zu geraten und zu fliehen (V. 24). Die Krieger Sauls sind von der Angst gefangen.

Der lebendige Gott wird verhöhnt!

Nicht nur das Heer ist missmutig und verzweifelt, sondern auch sein König. Aus Vers 31 ist zu entnehmen, dass Saul sich in diesen Stunden nicht in der Vorhut seines Heeres befindet, wie es zu seiner Zeit üblich ist. Der Mann, der in 1. Samuel 9,2 und in 10,23 als ein stattlicher Mann beschrieben wird, der alles Volk um Haupteslänge überragt und der über eine persönliche und imponierende Waffenrüstung verfügt[33], ist offensichtlich auch selbst dermaßen eingeschüchtert von der Erscheinung Goliaths, dass er in sicherer Entfernung abwartet, wie die Sache im Terebinthental ausgehen wird. Der erste König Israels hat immer wieder Angst, das ist sein Markenzeichen. Als Samuel ihn salbte und er dem Volk vorgestellt werden sollte, musste man ihn suchen, weil er sich von Angst überwältigt bei den militärischen Geräten versteckt hatte.[34] Auch in den Jahren danach lesen wir immer wieder, dass Saul sich scheute oder sich sehr fürchtete. Kurz gesagt: diesem Mann mangelte es an Mut.

Auch jetzt wagt der König es nicht, selbst aufzutreten. Er versucht, seine Männer zum Kampf zu motivieren, und verspricht demjenigen, der Goliath schlägt, einen beachtlichen Preis. Er soll nicht nur Sauls Tochter zur Frau bekommen, sondern das Haus des Vaters soll frei werden von Lasten, das bedeutet, dass seine Familie keine Steuern mehr zahlen muss (V. 25). David, der die Männer darüber reden hört, will sich vergewissern, dass er alles richtig verstanden hat, und so fragt er bei ihnen nach, was den Mann als

33 1. Samuel 17,38

34 1. Samuel 10,21.22

Lohn erwartet, der Goliath schlagen wird. Aus seinen Worten wird klar, wie David das, was hier vor sich geht, sieht (V. 26b). Er nimmt wie alle anderen auch die Erscheinung und die Drohungen des Riesen wahr. Er hört, wie Goliath Gottes Volk verhöhnt. Aber David sieht und hört noch mehr als das. Ihm ist bewusst, dass die Schlachtreihen Israels nicht nur ihren König und ihr Volk vertreten, sondern die Schlachtreihen *des lebendigen Gottes* sind! Somit sind es nicht in erster Linie Sauls Krieger, die hier verhöhnt werden, sondern ihr Herr, der lebendige Gott Israels. Und es sind Unbeschnittene (Heiden, die keinen Anteil an Gottes Bund haben), die Gott lächerlich machen! Der junge Hirte aus Bethlehem hat eine geistliche Antenne und damit die richtige Perspektive. Es steigt in ihm eine Welle der Empörung hoch. Er kann und will das nicht hinnehmen, dass der lebendige Gott von einem Heiden verhöhnt wird, ohne dass jemand eingreift.

Während die Männer noch mit David reden, platzt Davids Bruder Eliab der Kragen und er gibt seinem jüngsten Bruder im Beisein seiner Kollegen einen Rüffel. »Was machst du überhaupt hier, du kleiner Hirte? Es wäre besser gewesen, wenn du bei deinen paar Schäflein geblieben wärst, anstatt dich hier in Dinge einzumischen, die dich nichts angehen. Ich kenne dich, du bist vermessen und willst nur sehen, was hier los ist.[35] Geh heim, du hast hier nichts zu suchen!« (V. 28).

Wir erinnern uns, dass Eliab als Erster abgewiesen wurde, als Samuel in seiner Familie auf der Suche nach dem Mann war, den er salben sollte. Er musste mit den anderen Brüdern dabei zusehen, wie sein jüngster Bruder David von den Feldern geholt wurde, weil er der Mann war, der von Gott für einen besonderen Dienst erwählt worden war. Eliab muss enttäuscht und gekränkt gewesen sein, als nicht er, Isaïs Ältester, sondern sein jüngster Bruder vom Propheten erwählt und gesalbt wurde. Anscheinend sitzt der Stachel der Kränkung nach wie vor tief, sonst würde Eliab jetzt nicht

---

35 Im Hebräischen könnte der Text auch so gelesen werden, dass David gesehen werden will.

so wütend auf Davids Fragen reagieren. Vielleicht hat Eliab in diesem Moment auch Gewissensbisse. Denn sein kleiner Bruder klopft dem Heer Sauls auf die Finger, als er sich über diesen unbeschnittenen Heiden empört, der es wagt, die Schlachtreihen des Allerhöchsten zu verhöhnen, während sie, das Heer Gottes, nur stumm dastehen. Der Junge sieht es als eine Schande und eine Schmach an, dass Gottes Heer sich ohne Gegenwehr mittlerweile vierzig Tage lang hat verwünschen, verfluchen und verhöhnen lassen.

Es ist alles andere als angenehm, wenn man wie David hier vor anderen angegangen und beschimpft wird. David aber macht sich nichts daraus, er reagiert ganz sachlich: »*Was habe ich getan? Ich habe doch nur gefragt …*« (V. 29). Dann wendet er sich an einen anderen Mann und wiederholt seine Frage. Die Empörung, die aus seinen Worten spricht, macht Eindruck bei den matten Kriegern. David sagt nicht: »Wer ist dieser furchtbare Riese, gegen den wir machtlos sind?«, sondern »Wie wagt dieser gottlose Mensch es, das Volk des lebendigen Gottes zu verhöhnen?« Es ist kaum zu fassen: Der Kleine scheint gar keine Angst zu haben, obwohl er gerade den Furcht einflößenden Auftritt des Riesen erlebt. Während Sauls Krieger in Panik verharren, spürt man ihm Mut und Entschlossenheit ab. Während sie besorgt sind um ihr Leben und ihre Sicherheit, ist er besorgt um Gottes Ehre. Während sie sich ängstlich aus dem Staub machen, steht er auf. Ehrlich gesagt verdienen die Israeliten Hohn wegen ihrer schwachen, ängstlichen Haltung. Sie sind doch das Volk des lebendigen und allmächtigen Gottes!

In Vers 31 lässt König Saul, dem Davids Worte zu Ohren gekommen sind, den Jungen holen.

David vor König Saul

Als David vor Saul erscheint, nimmt er kein Blatt vor den Mund. »Niemand soll sich von Goliath einschüchtern lassen«, sagt er. Und dann: »*Ich, David, dein Knecht, werde mit diesem Philister kämpfen*« (V. 32). König Saul kann dem nicht so ohne Weiteres zustimmen. Es steht kein erfahrener Kriegsmann vor ihm, sondern ein Knabe (V. 33). »Mag sein«, erwidert David. »Ich bin zwar kein Krieger, dennoch habe ich als Hirte genügend Kampferfahrung erworben. Ich habe öfter allein gegen Raubtiere kämpfen müssen, um meine Herde zu schützen. Ich bin Tieren, die ein Schaf meiner Herde wegtrugen, nachgegangen und habe ihnen ihre Beute entrissen. Als ein Raubtier mich angreifen wollte, habe ich es geschlagen und getötet. Also ... warum sollte ich diesen Goliath nicht besiegen können? *Der Herr, der mich von dem Löwen und Bären errettet hat, er wird mich auch von diesem Philister erretten!*« (V. 34-37).

Sind die Worte Davids nur jugendlicher Wagemut? Nein, aus ihnen spricht Gottvertrauen. Es ist dasselbe Vertrauen, das Sauls Sohn Jonathan zeigte, als er in einer anderen Situation seinem Waffenträger vorschlug, zum »*Posten der Unbeschnittenen*« (auch da waren es Philister) zu gehen. Auch da wurde gehöhnt, denn als die beiden Männer bei dem Posten ankamen, sagten die Philister: »*Siehe, die Hebräer kommen aus den Löchern heraus, in denen sie sich verkrochen hatten!*« Und dann: »*Kommt herauf zu uns, so wollen wir euch etwas lehren.*« Die Sache ging gut aus für Jonathan. Zu seinem Waffenträger sagte er: »*Es ist dem Herrn nicht schwer, durch viele oder durch wenige zu retten!*«, und so war es dann auch. So groß war die Übermacht der zwei Männer, dass im Heerlager der Philister, auf dem Feld und unter dem ganzen Volk ein »*Schrecken Gottes*« entstand.[36]

In den Worten, die David an König Saul richtet, steht nicht er im Mittelpunkt, sondern Gott, dessen Anwesenheit und Stärke seine Realität sind. Der Herr, der sich in seinem Leben groß gezeigt und ihm geholfen hat, hat sich nicht verändert. Sauls Heer mag in diesem Moment von Angst gelähmt sein, aber der Junge, der jetzt vor dem König Israels steht, lässt sich nicht einschüchtern. Er weiß, dass er allein Goliath nicht gewachsen ist, er ist aber davon überzeugt, dass es mit Gott ganz anders aussieht. In Psalm 18 nennt er

---

36 1. Samuel 14,6-15

Gott seine Stärke, seinen Fels, seine Burg, seinen Retter, das Horn seines Heils, seinen Schild, seine sichere Festung und den, der ihn mit Kraft umgürtet. Er sagt: »... *mit dir* (Gott) *kann ich gegen Kriegsvolk anrennen und mit meinem Gott über die Mauer springen.«*[37]

Mit meinem Gott kann ich ...!

König Saul kann nicht anders, als beeindruckt zu sein von Davids Gottvertrauen und Mut, und er stimmt einem Duell Davids mit dem gefürchteten Philister zu: »*Und Saul sprach zu David: Geh hin und der Herr sei mit dir*« (V. 37). Es sind die Worte eines Mannes, der aufgrund seines Ungehorsams von Gott verworfen wurde. Saul wandelt nicht mehr mit Gott, aber die Glaubenssprache kennt er noch. Ein Junge weist ihn hier indirekt zurecht, indem er ihn daran erinnert, dass Israel einen starken, lebendigen Gott hat. Aber noch immer hat Saul nicht ganz verstanden, was hier vor sich geht. Denn er bietet David seine persönliche Rüstung an. Der Junge bekommt seinen kupfernen Helm auf den Kopf gesetzt und er wird mit einem metallenen Schuppenpanzer umwickelt (V. 38). Es sieht gut aus, aber der Grundgedanke hinter dieser imponierenden Waffenrüstung ist falsch: Saul traut Gott nichts zu, er rechnet mit menschlicher Vernunft, mit technischen Mitteln. Das, was in Sauls Augen unentbehrlich ist, ist für David nur hinderlich und störend. Die eindrucksvolle Waffenrüstung des Königs ist ihm nur im Wege. Sie ist so schwer und so ungewohnt für ihn, dass er kaum stehen und erst recht nicht gehen kann. Das sagt David dem König und dann legt er die ganze Waffenrüstung wieder ab. Er nimmt seinen Hirtenstab in die Hand und macht sich auf den Weg. Beim Bach in dem Tal, das die zwei Heere voneinander trennt, wählt er sich vor den Augen der beiden Heere die Waffen, die ihm vertraut sind: fünf einfache glatte Steine. Er steckt sie in seine Schleudersteintasche und geht dem Riesen der Philister entgegen. Was sich die Krieger im Heer Sauls in diesem Moment gedacht haben? Den

---

37 Psalm 18,30

Benjaminitern unter ihnen kann Davids Handeln nicht fremd gewesen sein. Ihr Stamm (zu dem auch Saul gehörte) war dafür bekannt, dass seine Männer im Umgang mit der Steinschleuder sehr bewandert waren. Viele von ihnen konnten sowohl rechts- als auch linkshändig zielgenau schleudern.[38] Dass niemand von ihnen es gewagt hat, Goliath mit der Schleuder niederzuzwingen, zeigt uns, wie einschüchternd der Riese und wie gelähmt Sauls Truppe war.

Während David sich seine Steine aussucht, schaut ihm Goliath geringschätzig zu. Man kann seine Gedanken fast hören: »Was denkt der Bursche sich? Was will er mit so primitiven Waffen wie einer Schleuder und ein paar Steinchen schon gegen mich, mein Schwert, meinen Speer und meinen Wurfspieß (V. 45) ausrichten?« Dann nähert er sich David mit seinem Schildträger, der vor ihm hergeht, und ruft ihm zu: *»Bin ich ein Hund, dass du mit Stöcken zu mir kommst?«* Nach diesen Worten verflucht er David bei seinen Göttern (V. 43).

Ein junger Hirte steht in seiner Hirtenausrüstung (mit Stock, Stab und Schleuder) dem brüllenden Raubtier gegenüber, das seine Herde (sein Volk) bedroht. Er macht weder halt, noch schreckt er zurück, sondern er geht auf den Feind zu! Die Waffenrüstung Goliaths kann ihm nicht imponieren, denn er ist von dem Allmächtigen Israels *»mit Kraft zum Kampf umgürtet«*.[39] Davids Worte unterstreichen, worum es hier geht: *»Die ganze Erde erkenne, dass Israel einen Gott hat! Und diese ganze Gemeinde soll erkennen, dass der Herr nicht durch Schwert noch Spieß errettet; denn der Kampf ist die Sache des Herrn und er wird euch in unsere Hand geben!«* (V. 46.47).[40] Nach diesen Worten läuft David dem Riesen mutig und entschieden entgegen (V. 48).

---

38 In der Richterzeit befanden sich im Heer Israels *»700 auserlesene Männer, die linkshändig waren; die schleuderten alle einen Stein haargenau, ohne das Ziel zu verfehlen«* (Richter 20,15.16).

39 Siehe Psalm 18,40

40 Hebräisch *Jahweh Zebaoth*, das ist auch: der Herr der himmlischen Heere.

Der Riese und der Junge, der Löwe und das Lamm

Im Terebinthental steht David dem Vorkämpfer von Israels Erzfeind gegenüber. Der Riese will Gottes Heer in den Machtbereich der Philister bringen und seine Männer zu ihren Knechten machen (V. 9b). Der Junge, der ihm gegenübersteht, ist einer von Gottes Volk und gehört damit zu Gottes Machtbereich. Er ist von Gott erwählt worden: zum König über Israel und als Vorfahr seines Sohnes in Menschengestalt, Jesus.

Es gibt hier eine starke Parallele. Im Terebinthental steht ein junger Hirte einem prahlenden Riesen gegenüber. Wenn der Riese den Hirtenjungen David besiegt, besiegt er den von Gott vorgesehenen menschlichen Vorfahren von Jesus. Jahrhunderte später steht Jesus, das Lamm Gottes (und *Davids Sohn*), in der Wüste einem brüllenden Löwen gegenüber.[41] Es ist direkt vor dem Beginn seines öffentlichen Wirkens, dass Satan, der Widersacher Gottes oder *»der Weltbeherrscher der Finsternis«*[42] Jesus herausfordert. Hätte Satan Jesus geschlagen, dann hätte er Gottes Instrument zum Heil der Welt erschlagen. Beide, David und Jesus, gehen als Sieger vom Platz. David wählt sich aus der geistlichen Waffenrüstung den Schild des Glaubens. Jesus entschied sich für das Schwert des Geistes, *»welches das Wort Gottes ist«*.[43] Er parierte jede Herausforderung des Teufels mit einem Wort Gottes, woraufhin Satan ihn verließ.[44]

Ergreift den Schild des Glaubens!

Dass David sich im Terebinthental weder zurückzieht noch abwartet, sondern dem Riesen Goliath ohne Angst entgegengeht, enthält eine kostbare Lektion für uns. Gottes Widersacher Satan will auch uns einschüchtern, kleinmachen und vernichten, wie Goliath den

41 1. Petrus 5,8

42 Epheser 6,12

43 Epheser 6,17

44 Jesus zitiert nacheinander 5. Mose 8,3; 6,13 und 6,16.

David. Der Apostel Petrus vergleicht den Satan mit einem brüllenden Löwen, der darauf aus ist, Gottes Kinder zu verschlingen.[45] Als Paulus vom Kampf gegen ihn spricht, betont er, dass wir über eine geistliche Waffenrüstung verfügen, die alles enthält, um ihm zu widerstehen und die Macht der Finsternis zurückdrängen zu können.[46] Als der Apostel die verschiedenen Teile dieser Waffenrüstung auflistet, bezeichnet er ein festes Gottvertrauen als den Schild, der im Kampf unentbehrlich ist. Er sagt: »*Vor allem aber ergreift den Schild des Glaubens …*« Es ist hier der Großschild oder Langschild gemeint, der den gesamten Körper schützte.[47] Heute werden Schilde, wie sie die Polizei zum Schutz verwendet, aus Polycarbonat hergestellt, sie sind halbrund oder rund und kugelsicher. Wenn Polizisten einer tobenden Menschenmenge gegenüberstehen, halten sie ihren Schild vor sich und gehen auf die Menschen zu. Sie ziehen sich also nicht zurück, sondern gehen, von ihrem Schild geschützt, auf den Feind zu. Das tut David hier auch: Im Vertrauen auf Gott hält er den unsichtbaren Schild des Glaubens vor sich und geht auf Goliath zu. In Psalm 3,4 sagt er: »*Aber du, Herr, bist ein Schild um mich*«. David weiß sich von Gott umhüllt und beschützt.

»*So steht nun fest*«, schreibt Paulus, »*eure Lenden umgürtet mit Wahrheit und angetan mit dem Brustpanzer der Gerechtigkeit und die Füße gestiefelt mit der Bereitschaft zum Zeugnis für das Evangelium des Friedens. Vor allem aber ergreift den Schild des Glaubens, mit dem ihr alle feurigen Pfeile des Bösen auslöschen könnt, und nehmt auch den Helm des Heils und das Schwert des Geistes, welches das Wort Gottes ist, indem ihr zu jeder Zeit betet mit allem Gebet und Flehen im Geist …*«[48]

Steht nun fest, das kommt zuerst. Zweifle nicht, sondern erinnere dich daran, dass Gott in jeder bedrohlichen Situation der Stärkere ist. Das müssen wir uns immer wieder neu ins Gedächtnis

---

45 1. Petrus 5,8

46 Epheser 6,10-18

47 Siehe Infokasten Schild auf Seite 44.

48 Epheser 6,14-18

rufen, weil unser Gefühl uns oft etwas anderes sagt und dabei ziemlich hartnäckig ist. In Psalm 62, den David verfasste, als er verraten wurde[49], schreibt er in Vers 3: »*Nur Gott ist mein Fels und mein Heil, meine sichere Burg, ich werde nicht allzu sehr wanken.*« Ein paar Verse später, in Vers 7, ist er schon sicherer. Da schreibt er: »*Ich werde nicht wanken.*« Nicht die Angst hat das Sagen bei David, denn er führt sich immer wieder vor Augen, dass er auf festem Boden steht. Anders ausgedrückt: Er stärkt sich in Gott.

Wie ist das mit uns und unserem Gottvertrauen? Wie gehen wir mit den »Riesen« in unserem Leben und Alltag um? Der Hauptriese ist nach wie vor Gottes Widersacher, der sich über den Kleinglauben der Christen oder ihren Mangel an Vertrauen freut. Seine Handlanger sind die kleinen und großen Probleme und Sorgen unseres Alltags; es sind die Umstände, die uns bedrücken und uns den Mut nehmen; es sind Menschen, die uns kleinmachen, bedrohen und Angst einflößen. Wir schaffen es oft nicht, ihnen die Stirn zu bieten. Ja, wir gehen ins Gebet, aber vielleicht verlassen wir uns für die Lösung unserer Probleme im Grunde noch immer eher auf menschliche Mittel, menschliche Weisheit und Kraft und weniger auf Gott. Wir fühlen uns wie Gottes Heer im Terebinthental: klein und hilflos. Bedenken Sie: Auch in unserem Alltag müssen Schlachten geschlagen werden, immer wieder. Der Feind Gottes bleibt aktiv und er wird sich bis zum Äußersten dafür einsetzen, Christen nicht nur den Mut, sondern auch ihren Glauben und ihr Vertrauen auf Gott zu entnehmen.

Die Israeliten sind mürbe, sie lassen sich von der sichtbaren Realität unterkriegen. David dagegen rechnet mit Jahweh Zebaot, dem Herrn der Heerscharen, dessen Arm nicht zu kurz ist, um zu helfen und zu retten. Es ist so, wie es der Prophet Jeremia sagt (und achten Sie darauf, dass er mit »*Aber*« beginnt!): »*Aber der Herr ist mit mir wie ein starker Held!*«[50] Die Riesen in unserem Leben mö-

49 Nicht ganz sicher ist, von wem David verraten wird. Es kann gut sein, dass dieser Psalm sich auf Absaloms Rebellion gegen seinen Vater bezieht.

50 Jeremia 20,11

gen stark und bedrohlich sein, aber …! Wir sind herausgefordert, unser Vertrauen völlig auf Gott zu setzen und mit David zu sagen: *»Aber, du Herr, bist ein Schild um mich …«*[51]

David und Goliath: der Feind ist besiegt

In der äußerst bedrohlichen Situation im Terebinthental schauen Tausende erfahrener Krieger Sauls zu, wie David ohne Angst mit seiner Schleuder und seinen wenigen Steinchen auf Goliath zuläuft. Sie selbst würden am liebsten davonlaufen, nun stehen sie da wie erstarrt. In ihren Augen ist Davids Aktion leichtsinnig, unbesonnen und total verrückt. Sie sind die militärischen Profis, während David nicht mehr als ein musikalischer Hirte ist. Davids Brüder überlegen vielleicht schon, wie sie ihren Eltern erklären sollen, dass David, der ihnen doch nur Lebensmittel bringen sollte, vom Vorkämpfer der Philister umgebracht wurde, während das ganze Heer Sauls dastand, weil niemand den Mut hatte, auf den Feind zuzugehen!

David beschäftigt in diesem Moment nur seine heilige Mission. Während der Riese sich David nähert, zögert dieser keine Sekunde: *»… da eilte David und lief der Schlachtreihe entgegen, auf den Philister zu«* (V. 48). Der Junge nimmt einen der glatten Steine, die er im Bach gefunden hat, aus seiner Tasche und schleudert diesen Goliath entgegen. Er trifft ihn voll an der Stirn, direkt über der Nase, wo sein eiserner Helm ein Stückchen offen ist. Der Held der Philister fällt vornüber und stirbt. Während allen die Sprache wegbleibt, nimmt David das Schwert Goliaths und tut, was er dem Riesen angedroht hat: Er schlägt ihm den Kopf ab (V. 46). Die Philister ergreifen die Flucht und dazu haben sie allen Grund! Ihr Held Goliath hatte Gottes Volk verkündet: *»Wenn ihr siegt, wollen wir eure Knechte sein«* (V. 9). Diese Demütigung wollen sie nicht erleben. Doch sie erleben viel Schlimmeres, denn Israels Heer zeigt nun Entschlossenheit. Die Soldaten haben auf einmal Mut, erhe-

---

51 Psalm 3,4. Diese Worte schreibt David, als Absalom ihm den Thron nehmen will und er fliehen muss.

ben ein Kriegsgeschrei und jagen den Philistern bis nach Gat und Ekron nach und bringen sie um. Danach kehren sie zurück und plündern ihr Lager (V. 52-53).

Als David von der Schlacht zurückkehrt, wird er von Sauls Heerführer (und Vetter) Abner vor Saul gebracht. Der König hat sich bei Abner erkundigt, wer Davids Vater ist, und Abner hat ihm geantwortet, dass er das nicht wisse (V. 55). Die Frage des Königs ist auf den ersten Blick sehr merkwürdig, da Saul David doch kennt. Der Junge war ja als Musiker in seinem Dienst, und nachdem Saul ihn als seinen Waffenträger angestellt hatte, hatte er bei Davids Vater Isaï nachfragen lassen, ob David nicht am Hof bleiben könne![52] Möglich ist, dass Sauls Frage nach Davids Vater, die er übrigens dreimal stellt (V. 55.56.58), einen juristischen Grund hatte: Es musste Davids Herkunft offiziell verifiziert und überprüft werden, weil er als Sieger über Goliath die Tochter von Saul als Ehefrau bekommen würde. Deutlich ist das allerdings nicht. Warum Abner sagt, er wisse nicht, wer Davids Vater ist, bleibt offen. Als Heerführer Sauls muss er den Hintergrund des königlichen Waffenträgers gekannt haben. Vielleicht ist es ihm peinlich gewesen, dass der Junge sich tapferer und tüchtiger gezeigt hat als er und sein Heer? Wie auch immer, in Vers 57-58 steht David (mit dem Kopf Goliaths in der Hand) vor dem König und stellt sich als *»ein Sohn deines Knechtes Isaï, des Bethlehemiters«* vor.

In Vers 54 lesen wir, dass David Goliaths Schwert in sein Zelt bringt. Es ist unklar, welches Zelt hier gemeint ist. Es kann so gewesen sein, dass David als Musiker und Waffenträger Sauls oder auch nach seinem Sieg über Goliath in Gibea ein eigenes Zelt bekommen hatte. Dort kann er die Waffen Goliaths zuerst und vorübergehend aufbewahrt haben. Es gibt aber noch eine andere Möglichkeit: Weil das Wort Zelt hier möglicherweise auf ein Heiligtum hinweist, könnte auch Jahwehs Zelt gemeint sein. In diesem Fall hat David Goliaths Waffen direkt in die Priesterstadt Nob gebracht, wo zur Zeit Sauls das Zelt Gottes stand. Es war etwa fünf Kilome-

52 1. Samuel 16,22

ter von Sauls Residenz Gibea entfernt. In 1. Samuel 21,10 finden wir hier tatsächlich das Schwert Goliaths vor: Es wurde, sorgfältig in ein Gewand eingewickelt, hinter dem Ephod[53] aufbewahrt, als Erinnerung an den Sieg, den Gott seinem Volk im Terebinthental gegeben hat. David wird es später, während seiner Flucht vor Saul, mitnehmen.[54]

Die Frage, warum David Goliaths Kopf nach Jerusalem gebracht hat (V.54), bleibt unbeantwortet. Es ist ein makabres Detail, das glücklicherweise nicht weiter erörtert wird. Auch ist nicht deutlich, wann das geschah. Die Stadt Jerusalem war zu dieser Zeit noch in den Händen der Jebusiter.[55] Falls Goliaths Kopf direkt nach dem Sieg nach Jerusalem gebracht wurde, war es wohl als starke Warnung (Gottes Volk lässt nicht mit sich spaßen) gedacht. Wahrscheinlicher ist, dass er erst in späteren Jahren nach Jerusalem gebracht wurde - dann jedoch als Totenschädel -, und zwar nachdem David König über Israel geworden war und Jerusalem eingenommen und zu seiner Residenz gemacht hatte.

Zum Schluss

Der Kampf gegen Goliath ist der erste einer Reihe von Kämpfen, die David erwarten. Nicht immer sind es Feinde Israels, die er bekämpfen muss. Einige Kämpfe sind interne Auseinandersetzungen mit seinen Volksgenossen, auch kommt es vor, dass David von Menschen, die ihm nahe sind, angegriffen wird. Vor dem Duell mit Goliath ist es Davids ältester Bruder Eliab, der ihn mit verachtenden Worten kleinmacht (V. 28). In späteren Jahren jagt König Saul David nach, weil er ihn als Feind betrachtet.[56] Wiederum später wenden sich die Männer aus Davids eigener Truppe gegen ihn

53 Das Ephod war der Priesterschurz, der für den Dienst des Hohenpriesters bestimmt war.

54 1. Samuel 21,10-11

55 Die Jebusiter waren ein Kanaanitisches Volk, das im Bergland rund um Jerusalem und in der Stadt Jerusalem (oder Jebus) lebte. Siehe u. a. 4. Mose 13,29, Josua 15,8 und 1. Chronik 11,4-5.

56 1. Samuel 18,29 und 19,1

und wollen in steinigen.[57] Als David König über Israel ist, wird er von seiner Frau Michal verhöhnt.[58] Auch versucht Davids Sohn Absalom, ihm den Thron zu nehmen.[59] Alle diese Angriffe sind Instrumente in Gottes Hand, um aus David einen Mann zu machen, der völlig auf ihn vertraut.

Philister

Die Philister werden schon in der Völkerliste in 1. Mose 10 genannt (V. 14). Der Name Kaphtor, wo sie nach Amos 9,7 herkamen, verweist wahrscheinlich auf die Insel Kreta. Die Kaphtoriter, die in 5. Mose 2,23 erwähnt werden, könnten eine frühe Gruppe Philister von der Insel sein, die die südöstliche Mittelmeerküste überfielen und sich dort niederließen.

In alttestamentlicher Zeit finden wir die Philister auf einem Streifen Land mit dem Namen Philistäa, am südlichen Küstenstrich Kanaans. Der angrenzende Teil des Mittelmeers wird in 2. Mose 23,31 als das Meer der Philister bezeichnet.

Die Philister sind ein kriegerisches Volk. Nach der Befreiung aus Ägypten lässt Gott sein Volk einen Umweg machen, um eine Durchreise durch Philistergebiet zu vermeiden (2. Mose 13,17). In späteren Jahren, als Gottes Volk das Gelobte Land eingenommen hat und das Land verteilt wird, sagt der Herr zu Josua, dass noch sehr viel Land eingenommen werden soll. Er nennt u. a. *»alle Bezirke der Philister«* und ihre fünf Königsstädte Gaza, Asdod, Askelon, Gat und Ekron (Josua 13,1-3). Ab dieser Zeit gebraucht Gott u. a. die Philister, um die Israeliten zu prüfen, *»welche alle die Kämpfe um Kanaan nicht erlebt hatten; nur um den Geschlechtern der Söhne Israels davon Kenntnis zu geben und sie die Kriegführung zu lehren, weil sie zuvor nichts davon wussten (...) und damit es sich zeigte, ob sie den*

57 1. Samuel 30,6

58 2. Samuel 6,16

59 Ab 2. Samuel 15

Geboten des Herrn folgen würden, die er ihren Vätern durch Mose geboten hatte« (Richter 3,1-4).
Dass Gottes Volk sich in der Zeit Samuels nach einem starken militärischen Führer sehnt, geht wahrscheinlich auf den andauernden Druck der Philister zurück. Diese vernichten nach einer bitteren Schlacht bei Aphek das erste Gotteshaus des Volkes Gottes im Gelobten Land (in Silo) und entwenden die Bundeslade (1. Samuel 4). Sie verhängen auch ein Embargo auf Eisen, was zur Folge hat, dass die Israeliten nicht über Waffen verfügen (1. Samuel 13,19-22).
Unter König Saul gibt es immer wieder Schlachten gegen die Philister, aber es gelingt ihm nicht, sie endgültig zu besiegen. Saul und drei seiner Söhne kommen in einer Schlacht gegen die Philister um (1. Samuel 31). In 2. Samuel 5 siegt David als König Israels zweimal über die Philister und drängt sie in die Küstenebene zurück, wodurch ihre Macht gebrochen wird. Sie bleiben aber ein Pfahl im Fleisch Israels; in der Prophezeiung Sacharjas nach der Rückkehr des Volkes aus dem Exil werden die Philister das letzte Mal in der Bibel erwähnt.

Schild
Schilde wurden in der Frühzeit fast immer aus Holz gefertigt und meist mit einem Ledergeflecht bespannt, das man mit Öl einrieb, um es geschmeidiger zu machen. Siehe z. B. 2. Samuel 1,21b. Öl wurde nicht nur dafür gebraucht, um den ledernen Schild geschmeidiger zu machen, sondern auch, um ihn von Blut zu reinigen. Der Großschild (oder Langschild) bedeckte den ganzen Körper, es wurde aber häufiger ein kleiner Rundschild zum Schutz von Kopf und Brust verwendet. Die Schilde wurden oft vor einem Kampf lange Zeit in Wasser eingetaucht, damit die feurigen Pfeile des Feindes bei der Berührung mit dem nassen Leder ausgelöscht wurden (vgl. Epheser 6,16).

Fragen zu Kapitel 2

1. Was empfinden Sie, wenn andere sich über Gott oder auch Jesus lustig machen und ihn verschmähen? Wie reagieren Sie, wenn man in Ihrem Beisein über Jesus die Nase rümpft, Witze über ihn macht oder laut flucht?

2. Was hat Gottes Heer im Terebinthental gefehlt und warum war das so?

3. Welches sind die Riesen in Ihrem Leben bzw. welche Menschen oder Umstände machen Ihnen Angst oder halten Sie gefangen?

4. Was ist dafür nötig, dass Sie Gott mehr (oder überhaupt) vertrauen und sich nicht so leicht verunsichern lassen?

5. Wie ist man *»stark in dem Herrn und in der Macht seiner Stärke«* (Epheser 6,10)?
   Lesen und überdenken Sie Epheser 6,11-18.

Kapitel 3

Grün vor Neid

1. Samuel 18,1-11

»Lasst uns nicht nach leerem Ruhm streben, einander nicht herausfordern noch einander beneiden!«

Galater 5,26

»Denn wo Neid und Streitsucht ist, da ist Unordnung und jede böse Tat.«

Jakobus 3,16

»Mehr als alles andere behüte dein Herz; denn von ihm geht das Leben aus.«

Sprüche 4,23

Bitte lesen Sie zuerst den Bibeltext

1. Samuel 18,1-11

Nach seiner Salbung in Bethlehem ist David als Musiker an den königlichen Hof in Gibea gekommen, kurz darauf ist er Sauls Waffenträger geworden. Und nun steht er als Held Israels vor dem König, weil er Goliath, den Riesen und Vorkämpfer der Philister, besiegt hat. Davids Leben wird sich einschneidend verändern, denn er wird nicht mehr in sein Elternhaus zurückkehren, sondern am Hof einquartiert werden. Dort wird er erleben, dass Sauls Liebe für ihn in Hass umschlägt. Es fängt alles mit Neid an.

Als Saul David nach seinem Sieg über Goliath empfängt, ist auch Sauls Sohn Jonathan anwesend. Im Gegensatz zu seinem Vater ist er ein Mann, der mit Gott wandelt. Er erkennt in David einen Bruder und es entsteht in dieser Stunde eine tiefe geistliche Verbundenheit zwischen den beiden jungen Männern *(»da verband sich die Seele Jonathans mit der Seele Davids und Jonathan gewann ihn lieb wie seine eigene Seele«,* V. 1).

Es ist Jonathan, der die Initiative ergreift und vor Gott in einen Bund mit David tritt.[60] Er legt sein königliches Oberkleid, seinen Waffenrock und seine Waffenrüstung ab und gibt sie David. Es ist eine Handlung voller Symbolik. In dieser Stunde muss Jonathan von Gottes Geist geführt worden sein, denn er hält nicht fest an dem, was für ihn als Sohn des Königs vorgesehen (oder was sein Recht) ist: mit dem Ablegen seiner Kleidung legt er seine königliche Würde ab und überträgt sie auf David. Er soll der nächste Kö-

---

60 In 1. Samuel 20,8 sagt David zu Jonathan »*... du hast mich, deinen Knecht, in einen Bund vor dem Herrn mit dir treten lassen.*« In 22,8 spricht Saul von dem Bund, den sein Sohn mit dem Sohn Isaïs geschlossen hat.

nig Israels sein (V. 3-4).[61] Der Bund, den die beiden Männer miteinander schließen, ist anfänglich ein Freundesbund, später wird dieser Bund weiter ausgeführt; er schließt dann auch ihre Nachkommen ein.[62] Als David sich als Flüchtling in der Wüste Siph aufhält, erneuern oder bestätigen die Freunde ihren Bund.[63]

Eine Zeit des Gelingens

Nach seinem Sieg über Goliath erlebt David eine wunderbare Zeit des Gelingens und der Bewahrung. Er hat nicht nur den Kronprinz von Israel zum Freund, sondern auch König Saul ist begeistert von ihm. In Vers 2 erfahren wir, dass David nach seinem Sieg über Goliath nicht mehr nach Bethlehem zurückkehrt, weil Saul ihn am Hof behalten will. Beim König wird sicherlich Eigennutz eine Rolle gespielt haben, David aber wird die Aufnahme am Hof genossen haben. Im Kreis seiner Familie war er anderes gewöhnt. Als der Prophet Samuel Isaï nach seinen Söhnen fragte, wurde David übersehen und in der Situation mit Goliath wurde er von seinem ältesten Bruder Eliab grob abserviert.[64] Am Hof wird er nicht nur von Saul geliebt, sondern auch von dessen Sohn Jonathan und später von Michal, Sauls Tochter. Er ist sogar eingeladen, am königlichen Tisch zu speisen.[65]

Auch militärisch gelingt David so einiges. Er ist ein starker und erfolgreicher Krieger, der überall dort, wohin Saul ihn zum Kampf schickt, den Sieg erringt. Es dauert nicht lange, bis er Sauls Truppen befehligen darf (V. 5). Immer geht es nur aufwärts. In Vers 14 lesen wir: »*Und David hatte auf allen seinen Wegen Gelingen und der Herr war mit ihm.*« Und in Vers 16: »*Aber ganz Israel und Juda*

61 Es geht hier um weit mehr als Kleidungsstücke, die man trägt. Die Kleidung steht für den Menschen bzw. für seine Identität und Funktion. Das macht die Handlung Jonathans sehr bedeutungsvoll und beeindruckend.

62 1. Samuel 20,14-17.42. In 2. Samuel 9,1-8 nimmt (König) David nach Jonathans Tod dessen behinderten Sohn Mephiboset in sein Haus auf.

63 1. Samuel 23,18

64 1. Samuel 16,11 und 17,28

65 1. Samuel 20,18.24-25

hatten David lieb.« Der Junge aus Bethlehem erfährt ein überwältigendes Hoch. Er kann nur staunen und erlebt eine Zeit der Ermutigung, wie sie öfter bei Menschen, die neu in den Dienst Gottes einsteigen, vorkommt.

Ich selbst habe auch eine solche Zeit kennengelernt. Ich war noch nicht so lange Christ, als ich von der internationalen Studentenmission IFES[66] mit einem Jahresteam junger christlicher Akademiker nach Österreich ausgesandt wurde. Am Ende dieses Jahres bin ich noch weitere fünf Jahre geblieben, um die Arbeit zu unterstützen. Es war die Zeit, in der eine christliche Studentenarbeit in Österreich aufkeimte und zu wachsen begann. Die Saat, die über Jahre hinweg ausgestreut worden war, ging auf und es wurde Frucht sichtbar. Es war fantastisch und aufregend, Gott unter den Studierenden wirken zu sehen. Wir erlebten wunderbare Dinge – es entstanden neue Studentenbibelkreise und wir durften an der Universität von Wien direkt vor dem Eingang der Mensa einen Büchertisch aufbauen. Dadurch kam es zu wundervollen Begegnungen und Gesprächen. In einem alten Schloss in Pinzgau organisierten wir evangelistische Skifreizeiten. In einem Jahr erhielten wir sogar die Möglichkeit, mithilfe einer Missionsgesellschaft allen in Österreich eingeschriebenen Studenten per Post ein Faltblatt zukommen zu lassen, in dem das Evangelium erklärt wurde und Studierende aus verschiedenen Orten ihren Glauben bezeugten.[67] In diesen Jahren durften wir immer wieder erleben, dass Studenten zum Glauben kamen. Natürlich gab es auch Gegenwind, aber im Großen und Ganzen erlebten wir ein Hoch. Wir kamen aus dem Staunen nicht heraus und waren begeistert. Es war eine Zeit, die ich nie vergessen werde. Eine Zeit, in der Gott uns reich beschenkte und in der unser Glaube und unser Vertrauen zu Gott wuchsen und fester wurden. In gewisser

---

66 IFES oder International Fellowship of Evangelical Students ist die Dachorganisation der nationalen christlichen Studentenmissionen wie der SMD in Deutschland, der ÖSM in Österreich und der VBG in der Schweiz. Die IFES Bewegung findet man heute in mehr als 170 Ländern.

67 Diese Aktion nannten wir KEFAS: Kostenloses Evangelium für alle Studenten.

Weise war es eine Zeit des Verwöhntwerdens, weil so vieles gelang.[68]

Es ist ein großes Geschenk und es tut unendlich gut, so viel Segen und Gelingen erleben zu dürfen. Doch es bleibt eine außergewöhnliche Zeit, die irgendwann zu Ende ist. Dann geht es zurück in den Alltag mit seinen Schwierigkeiten und Enttäuschungen. Als Gläubige haben wir mit Widrigkeiten zu rechnen und wir sollen diese als gute Streiter Jesu Christi erdulden.[69] Jesus sagt seinen Jüngern, dass sie mit Leiden zu rechnen haben, weil das zum Christsein gehört. In der Endzeit wird dieses Leiden nur zunehmen. Es hat aber nicht das letzte Wort und es wird von Gott gebraucht, um uns zu stärken! Petrus schreibt in seinem Brief: »*Der Gott aller Gnade aber, der uns berufen hat zu seiner ewigen Herrlichkeit in Christus Jesus, er selbst möge euch, nachdem ihr eine kurze Zeit gelitten habt, völlig zubereiten, festigen, stärken, gründen!*«[70] Was David betrifft, so wird das Leid, das bald auf ihn zukommt und sich immer mehr steigert, dazu dienen, ihn auf sein Königtum vorzubereiten.

Das Blatt wendet sich

Seinem militärischen Erfolg ist zu verdanken, dass Saul David über die Kriegsleute setzt (V. 5). Das läuft gut, bis das Heer Israels wieder einmal von einem großen Sieg zurückkehrt und die Frauen aus allen Städten Israels König Saul singend und tanzend entgegenziehen – mit Tamburinen, Triangeln und Jubel. Eine große und fröhliche Menschenmasse singt ihm zu: »*Saul hat seine Tausende geschlagen.*« Der König ist höchst erfreut und stolz, bis noch ein Satz kommt: »*David aber seine Zehntausende*« (V. 7). Au! Das tut weh und trifft ihn hart. Saul fühlt sich beiseitegeschoben und

68 Heute ist die Österreichische Studenten Mission eine etablierte Organisation, die Studierende und Akademiker mit dem Evangelium Jesu Christi erreichen und Christen in ihrem Glauben stärken will.

69 2. Timotheus 2,3

70 1. Petrus 5,10

bedroht. Der Hirtenjunge aus Bethlehem bekommt mehr Lob und Ehre als er. Davids Popularität ist beinahe grenzenlos. Er hat offensichtlich die Herzen des Volkes gestohlen, jetzt fehlt ihm nur noch das Königreich (V. 8).

Ob Saul in diesem Moment an seine letzte Begegnung mit Samuel in Gilgal zurückdenkt? Der Prophet hatte ihm dort mitgeteilt, dass Gott ihn als König Israels verworfen und das Königreich seinem Nachfolger gegeben habe, *»der besser ist als du!«* Saul hatte entsetzt reagiert und Samuel beim Zipfel seines Kleides ergriffen, er hatte ihn aber nicht festhalten können.[71] Nun, einige Zeit nach dieser Begegnung, gibt es Entwicklungen, durch die er sich bedroht fühlt. Saul scheint zu befürchten, dass ihm sein Königtum tatsächlich entgleiten könnte. Der König Israels ist nicht mehr der starke Mann, der er einst war, sondern ein angefochtener Mensch, der von Stimmungsschwankungen und Wutausbrüchen geplagt wird. Davids Musik hat ihm von Anfang an gutgetan, aber seine militärischen Erfolge und seine enorme Beliebtheit am Hof und beim Volk machen den König nervös. Der schnelle Aufstieg seines jungen Knechtes verheißt nichts Gutes für die Zukunft.

In den Versen 8 und 9 lesen wir, dass Saul *»sehr ergrimmte«* (das hebr. *charah* weist darauf hin, dass Saul innerlich brannte) und dass er *»von jenem Tag an und forthin neidisch auf David blickte«*. Saul wird allmählich gefangen genommen von Angst, Argwohn und Neid. Er befürchtet, die Kontrolle über sein Volk zu verlieren. In Wirklichkeit aber verliert er allmählich die Kontrolle über sich selbst. Am Tag nach dem öffentlichen Lob des Volkes für David kommt der böse Geist über ihn, *»sodass er im Haus drinnen raste«* (V. 10). Wir haben diesen Geist schon früher bei Saul erlebt, nun aber scheint es, als habe er in Saul Raum gefunden, um stärker auftreten zu können. Es kommt zu einer ungezügelten Wut, die Saul nicht beherrschen kann. Und wer ist bei ihm, um ihm beizustehen? Richtig, David! *»Er spielte mit seiner Hand auf den Saiten, wie er es täglich zu tun pflegte«* (V. 10). Immer wieder hat Saul die

---

71 1. Samuel 15,26-28

Musik von David gutgetan. Aber an diesem Tag nimmt das Musizieren im Palast ein bitteres Ende. König Saul hat einen Speer in der Hand und versucht zwei Mal, David an die Wand zu spießen. David kann ihm aber beide Male ausweichen (V. 11).

Wie verzweifelt ist der König hier. Wie groß ist seine Angst, er könnte seine Position an David verlieren. Wie tief sitzen seine Eifersucht und sein Neid. Wie von Sinnen ist er, als er zwei Mal seinen Speer nach David wirft, weil er ihn loswerden will. Im Grunde kämpft Saul gegen Gott und versucht, dessen Pläne zu vereiteln. Es wurde ihm ja angekündigt: Seine Zeit als König von Israel ist definitiv vorbei. Gott hat einen neuen Mann für den Thron erwählt.

Eifersucht und Neid

Eifersucht und Neid sind eng verwandt, doch es gibt es auch Unterschiede. Das wollen wir im Folgenden vertiefen.

Eifersucht entsteht dann, wenn wir Angst haben, etwas zu verlieren, was uns sehr wertvoll ist. Ein klassisches Beispiel ist die Frau, die Angst hat, dass die nette Kollegin ihres Mannes, mit der er so gut auskommt und von der er immer wieder schwärmt, ihn ihr wegnehmen könnte. Oder umgekehrt: Ein Mann hat Angst, dass sein charmanter Freund seine Freundin oder Frau für sich einnehmen könnte, oder er fühlt sich bedroht von dem Kollegen, der erst seit Kurzem in seiner Firma arbeitet und gleich sehr erfolgreich ist und ihn überholen könnte. Saul will sein Volk nicht an David verlieren. Und Gott … will uns, seine Kinder, nicht an den Satan verlieren, der aktiv um unser Herz wirbt. In 2. Mose 20,5 nennt er sich einen eifersüchtigen Gott, der keine Götzen neben sich duldet.

Davids Sohn Salomo nennt die Eifersucht *»Fraß in den Gebeinen«*.[72] Wenn sie nicht gezügelt wird, kann sie uns vergiften und uns zu manchem Bösen anstiften, ja sogar zu einem Mord. Dann bringt ein Mann den Liebhaber seiner Frau um oder ein Kö-

72 Sprüche 14,30

nig macht Jagd auf den Mann, der ihm den Thron streitig machen könnte. Ja, Saul ist eifersüchtig auf den Neuling aus Bethlehem; er kann es nicht verkraften, dass Davids militärische Erfolge ihm zu großer Beliebtheit im Volk verholfen haben. Der König Israels wird bis zu seinem letzten Atemzug verbissen für sein Königtum kämpfen.

Neid setzt voraus, dass ein anderer etwas besitzt, was wir nicht haben, aber gerne hätten. Die Wurzel des Neids ist das Vergleichen. Wenn wir *neidisch* sind, reagieren wir auf etwas, was uns fehlt, wenn wir uns mit anderen vergleichen. Das muss nicht unbedingt dazu führen, dass wir etwas Böses tun. Neid kann auch Positives bewirken. Wenn zum Beispiel ein Bekannter, der schon etwas älter ist, ein Studium aufnimmt und sich darüber so freut, dass er sich wie neugeboren fühlt, kann das andere dazu ermutigen, selbst neue Wege einzuschlagen und endlich das zu tun, was sie eigentlich schon lange vorhatten, aber nie in die Tat umsetzten, weil ihnen der Mut oder der Antrieb dazu fehlte. Wenn die Nachbarin es mit eiserner Disziplin geschafft hat, 20 Kilo abzunehmen, und wirklich toll (und strahlend) aussieht, kann das ein Anlass sein, selbst den Hebel umzulegen und nicht nur davon zu reden, dass man weniger essen und sich mehr bewegen sollte, sondern es auch zu tun! Anders gesagt: Wir sind zwar ein wenig neidisch auf den Bekannten oder die Nachbarin, aber das ist kein böser Neid. Wir gönnen ihnen den Erfolg und lassen uns selbst davon inspirieren und motivieren.

Der Neid von Saul ist von einer anderen Art. Er trägt Bitterkeit und Bosheit in sich. Nun verstehen wir, warum Neid auch Missgunst genannt wird: Saul gönnt David seinen erfolgreichen Aufstieg nicht.

Eifersucht und Missgunst kommen in allen Lebensbereichen vor, sie sind oft miteinander verbunden. In der Weltpolitik gibt es immer wieder Machthaber, die unüberlegt und aufbrausend sind, um ihre Position sicherzustellen und potenzielle Rivalen auszumustern. Auch in der Geschäftswelt, unter Kollegen, in der Familie, im Freundeskreis und in der Gemeinde bzw. unter Kindern Gottes kommt es vor, dass Menschen alle möglichen Mittel einsetzen – subtile Lästerung, üble Nachrede, eine gemeine Hetzkampagne oder sogar Mord –, um die Menschen loszuwerden, auf die sie eifersüchtig sind oder die sie als Bedrohung empfinden. All das finden wir in der Davidgeschichte.

Der Friede Gottes

Es wird oft gesagt: Wie der Vater, so der Sohn. Für Saul und Jonathan gilt das nicht. Während Saul sein Königtum und seine Macht dazu gebraucht, um vor anderen etwas darzustellen, ist Jonathan einer, der sich nicht behaupten muss. In Gegensatz zu seinem Vater hat er sein Leben Gott anvertraut und er will ihm dienen. Jonathan hat eine Antenne für Gottes Wirken und fügt sich ein. Als er erkennt, dass David Gottes Mann für den Thron Israels ist, kann er auf das verzichten, was ihm wahrscheinlich von klein auf versprochen wurde. Jonathan bleibt David treu, auch wenn ihm das den Hass seines Vaters einbringt. Als sein Vater bekanntgibt, dass David getötet werden soll, berichtet er David davon.[73] Auch tritt er in einem Gespräch mit seinem Vater für David ein.[74] Während Davids Fluchtjahren sucht er David in der Wüste Siph auf und ermutigt ihn, Gott zu vertrauen und daran festzuhalten, dass er König über Israel sein wird.[75]

Jonathans Handeln zeigt uns, dass wir den Gefühlen von Neid und Eifersucht nicht hilflos ausgeliefert sind, sondern eine Wahl haben. Diese Wahl hatte Saul auch. Er hätte sich über Davids militärische Erfolge mitfreuen können, die letztendlich dem Volk und damit auch ihm selbst zugutekamen. Er sah darin aber eine Bedrohung für seine eigene Position und reagierte mit Neid und Grimm. Die Tragik Sauls besteht darin, dass ihm fehlte, was sein Sohn Jonathan besaß: der Friede Gottes in seinem Herzen. Dieser Friede

73 1. Samuel 19,1.2

74 1. Samuel 19,4.5

75 1. Samuel 23,17

ist kein Gefühl, das den Umständen entsprechend wechselt, sondern ein reales Bewusstsein, in dem wir leben. Er sorgt für einen Zustand von Wohlbefinden, das sich auf Gottes Anwesenheit, Liebe und Treue gründet. Wenn der Friede Gottes in unseren Herzen regiert, bleibt in allen Umständen das Wissen, dass unser Gott Herr über alles und nicht zu erschüttern ist. Es bleibt das Wissen, dass wir in seinen Händen sicher sind[76] und dass er das, was er vorhat, vollbringen wird. Gottes Friede ist das Gegengift gegen die Angst. Und die Angst war der Grund für Sauls Missgunst und Hass gegenüber David.

Unser Herz ist unbeständig. Es braucht oft nicht mehr als ein wenig Gegenwind, um es aufzurütteln, unsere vermeintliche innerliche Ruhe wegzublasen und ein Chaos verschiedener Emotionen und Gedanken anzurichten. Der Friede Gottes dagegen ist beständig und sturmerprobt. Er wird vom Geist Gottes in uns gesät und wird bei denen, die die Gemeinschaft mit Gott pflegen und sich aus Gottes Wort ernähren, zu einer starken, festen Frucht.[77] Der Friede Gottes, so sagt Paulus, übersteigt allen Verstand und er wird *»unsere Herzen und Gedanken in Christus Jesus bewahren«*.[78] Anders gesagt: Wenn unser Gottvertrauen wächst und der Friede Gottes in uns zunimmt und regiert, nimmt die Kraft unserer Emotionen ab. Sie werden uns nicht mehr so schnell zu Fall bringen können. Wäre Saul Gott treu geblieben und hätte er ihm vertraut, dann hätte er es nicht nötig gehabt, sich mit aller Kraft gegen den Aufstieg Davids zu wehren. Dann hätte er in dem Wissen geruht, dass Gott auch sein Leben fest in der Hand hatte. Dann hätte er Gottes Frieden gekannt.

Leben und Loslassen, Loslassen und Leben

Für viele Menschen ist allein schon der Gedanke daran, eine Funktion oder einen Dienst aufgeben zu müssen und loszulassen, eine

---

76 Johannes 10,27-30

77 Galater 5,22

78 Philipper 4,7

große Herausforderung. Im Beruf aus Altersgründen Verantwortung abzugeben, wird oft als ein großer Verlust erfahren und kann mit heftigen Emotionen verbunden sein. Es kann wie bei Saul zu Neid auf die Menschen führen, die unsere Aufgaben übernehmen. Es können auch Bosheit und Bitterkeit gegen diejenigen aufkommen, die unseren Rücktritt geschehen ließen oder ihn sogar anregten. Wir sind enttäuscht und fühlen uns beraubt.

Hinter den Emotionen, die man erfährt, steckt oft eine tiefe dreifache Angst. Zum einen ist da die Angst vor der Leere, die auf einen zukommt, und man stellt sich die Frage, was nun noch für Möglichkeiten bleiben. Zum andern haben wir Angst davor, nicht mehr mitzuzählen bzw. nicht mehr gebraucht zu werden. Und dann ist da noch die Angst, auf einmal keine Bedeutung mehr zu haben, ein »Niemand« zu sein. Das trifft vor allem für diejenigen zu, die so verwachsen mit ihrer Arbeit oder ihrem Dienst sind, dass sie daraus ihren Wert schöpfen. Es ist, als verlöre man seine Identität: Man fühlt sich nackt und unsicher, wenn man plötzlich ganz ohne Funktion oder Titel dasteht und nicht mehr Direktor, Lehrer, Abteilungsleiter, Vorstandsmitglied oder Seelsorger ist. Wir sehen das bei Saul, für den es undenkbar ist, als König abzudanken. Es bliebe dann wenig von ihm übrig. Was wäre er noch ohne seine Krone, sein Heer und sein Volk, das ihn verehrt? Saul muss Angst gehabt haben, dass ein Leben ohne sein Königtum zu einem erbärmlichen Überleben in der Anonymität verkommen würde.

Wer seine Identität von seiner Funktion oder seinem Dienst ableitet, ist sehr verletzlich. Ein Christ hat es da gut, denn er findet seine Identität in seinem Schöpfer, dessen geliebtes Kind er oder sie ist. Der Apostel Johannes betont in seinem ersten Brief, was für ein großes Geschenk das ist. Er zeigt sich verwundert und dankbar, wenn er sagt: *»Seht, welch eine Liebe hat uns der Vater erwiesen, dass wir Kinder Gottes heißen sollen.«*[79]

Johannes war ein Mann mit einem beeindruckenden Dienst als

79 1. Johannes 3,1

Evangelist, Lehrer und Verantwortlicher für viele neue Gemeinden. Er schrieb das Johannesevangelium, drei Briefe und das Buch der Offenbarung (das Briefe an sieben Gemeinden enthält). Johannes verlor seinen Status als Apostel Jesu, als er von der römischen Regierung auf die kleine, karge Insel Patmos, südwestlich von Ephesus im ägäischen Meer verbannt wurde, wo er bis zu seinem Tod als Exilant lebte. Sein neuer Status erschütterte ihn nicht, denn er war nach wie vor ein geliebtes Kind Gottes und sein Diener. Für den *Apostel* Johannes waren viele Türen zugegangen, aber für den *Exilant* Johannes gingen auf Patmos andere Türen auf, denn Gott gab ihm dort eine neue Aufgabe: Er sollte das Buch der Offenbarung schreiben und es den Gemeinden senden. Nirgends spüren wir Johannes Bitterkeit oder Entsetzen über den Verlust seiner Position als Lehrer und Gemeindeleiter ab, nirgends beklagt er sich über das Unrecht, das ihm angetan wurde, als er in Ephesus verhaftet und nach Patmos versetzt wurde. Johannes konnte loslassen und abgeben und im Vertrauen auf seinen Herrn weiterleben. Es war kein Überleben, sondern ein volles und erfülltes Leben, das er auf der Insel führte.

Wer es gelernt hat, sich samt seiner Verlustängste in Gottes Hände fallen zu lassen und ihm seine Zukunft anzuvertrauen, der ist ein glücklicher Mensch. In der Hand Gottes kann sich unser innerer Sturm legen und unsere Seele still werden. Und dann kann Gott unsere leeren Hände neu füllen. Wir sollen uns immer wieder daran erinnern, dass Gottes ewige Arme unter uns sind.[80] Unser himmlischer Vater hält uns in großer Treue und füllt unsere leeren Hände neu. Wenn eine Tür zugeht, wird er denen, die dafür offen sind, neue Wege zeigen.

---

80 5. Mose 33,27

Fragen zu Kapitel 3

1. Was empfinden Sie dabei, wenn Sie im Beruf oder im Dienst in der Gemeinde darauf aufmerksam gemacht werden, dass die Zeit für Sie gekommen ist, anderen Ihren Platz zur Verfügung zu stellen und zur Seite zu treten?

2. Wie reagieren Sie, wenn in Ihrem Umfeld (Arbeitsstelle, Gemeinde) plötzlich Menschen auftauchen, die von allen bejubelt und gelobt werden, als hätte erst durch ihr Kommen etwas Wunderbares begonnen, während Sie jahrelang durch treue Arbeit an dem Werk mitgebaut haben, in dem diese »Neulinge« jetzt eine Aufgabe haben? Fühlen Sie sich gekränkt und zurückgesetzt oder können Sie sich über die neuen Entwicklungen freuen? Wie kann man das eine überwinden und das andere üben?

3. Gefühle von Eifersucht und Neid finden relativ leicht Eingang in unser Herz. Welche Schritte können wir gehen, um dem vorzubeugen und zu verhindern, dass sich solche Gefühle und anderes »Ungeziefer« in unserem Herzen einnisten und uns vergiften?

4. Jesus hat seinen Jüngern gesagt, dass er ihnen Frieden hinterlässt. *»Nicht wie die Welt gibt, gebe ich euch …«* Und dann: *»… euer Herz erschrecke nicht und verzage nicht!«* (Johannes 14,27). Worin besteht der Unterschied zwischen dem Frieden Gottes und dem Frieden, den wir in dieser Welt finden? Wie können wir Gottes Frieden erhalten?

5. Können Sie die folgende Aussage von Herzen bejahen? »Gott hält uns in großer Treue und füllt unsere leeren Hände neu. Wenn eine Tür zugeht, wird er denen, die dafür offen sind,

neue Wege zeigen.« Fallen Ihnen Situationen ein, in denen Sie das erlebt haben?

Kapitel 4
Wenn Neid zum Hass wird

1. Samuel 18,12-30

»Offenbar sind aber die Werke des Fleisches, welche sind: (...) Feindschaft, Streit, Eifersucht, Zorn, Selbstsucht, Zwietracht, Parteiungen, Neid, Mord ...«

Galater 5,19-21

»Herr, führe meine Sache gegen meine Widersacher, streite mit denen, die gegen mich streiten! (...) erhebe dich, um mir zu helfen.«

David in Psalm 35,1-2

»Wie aufziehende Wolken und Wind ohne Regen, so ist ein Mensch, der lügenhafte Versprechungen macht.«

Sprüche 25,14

Bitte lesen Sie zuerst den Bibeltext

1. Samuel 18,12-30

In 1. Samuel 18,1-11 haben wir gesehen, dass Sauls Haltung David gegenüber massiv gekippt ist. Von seiner anfänglichen Liebe für seinen jungen Musiker und Krieger ist nicht viel übrig geblieben. Vom Volk wird David nach wie vor geliebt, aber in der königlichen Residenz in Gibea herrscht eine grimmige Atmosphäre. Saul kann nicht akzeptieren, dass Gott mit David ist und ihm in allem, was er tut, Gelingen schenkt. Der Versuch, David mit seinem Speer zu töten, ist misslungen. Und das gleich zwei Mal.

Bei Saul macht sich die Angst breit. *»Er fürchtete sich vor David, denn der Herr war mit ihm«* lesen wir (V. 12) und: *»Als nun Saul sah, dass ihm alles gelang, scheute er sich vor ihm«* (V. 15). Hinter den Worten *als nun Saul sah* steckt mehr als ein bloßes Wahrnehmen der Dinge. Im Grundtext steht, dass Saul *einsichtig war*, was bedeutet, dass er *erkennen* musste, dass Gott mit David war. Es ist Saul damit bewusst geworden, dass er Davids Aufmarsch nicht verhindern konnte, weil er den Herrn auf seiner Seite hatte und dieser sich nicht würde aufhalten lassen. Das Allerschlimmste aber war, dass der Herr von ihm gewichen und er sich selbst überlassen war (V. 12b).

Es kommt so weit, dass der König die Anwesenheit seines treuen Knechtes nicht mehr ertragen kann. Saul fühlt sich dazu gezwungen, David aus seiner Umgebung zu entfernen, und setzt ihn zum Obersten über Tausend (V. 13). David, der vorher schon von Saul das Kommando über alle Kriegsleute bekommen hatte (V. 5), wird nun vor den Augen des Heeres und des Volkes degradiert und gedemütigt. Sein Erfolg aber bleibt unangetastet, denn Gott schenkt David *»auf allen seinen Wegen Gelingen«* (V. 14). Anstatt sich damit abzufinden, bemüht sich Saul nur noch mehr darum, David aus dem Weg zu räumen.

Michal, ein Spielball ihres Vaters (V. 17-27)

In diesen Tagen spricht Saul mit David über die Belohnung, die er dem Mann versprochen hatte, der Goliath besiegen würde. Er macht das nicht, weil er sein Versprechen einlösen will, sondern weil er hierin eine Möglichkeit sieht, David loszuwerden. Saul hat nach seinem zweimaligen Versuch, David umzubringen, wahrscheinlich eingesehen, dass es nicht klug wäre, es selbst ein weiteres Mal zu versuchen, weil David von zu vielen Menschen, inklusive seinem eigenen Sohn Jonathan, auf Händen getragen wird. Er hofft nun, dass David im Krieg gegen die Philister fallen wird. In den Augen des Volkes wäre er somit ein beklagenswertes Kriegsopfer und Saul könnte seine Hände in Unschuld waschen.

Zuerst trickst Saul David auf gemeine Weise aus. Er verspricht ihm seine ältere Tochter Merab (ihr Name bedeutet »Entschädigung« oder »Ersatz«) als Ehefrau, dann aber gibt er sie einem Mecholatiter zur Frau. David reagiert nicht auf dieses Unrecht, das einer öffentlichen Demütigung gleichkommt. Wie Merab, die ja David versprochen war, auf diese Behandlung durch ihren Vater reagiert, wird nicht gesagt. Wir erfahren als Nächstes, dass Michal, die zweite Tochter Sauls, sich in David verliebt hat. Als das Saul zu Ohren kommt, sieht er darin eine ausgezeichnete Chance, um David endgültig loszuwerden: Michal soll seinem treuen Diener zum Fallstrick werden.

Saul beauftragt seine Knechte, heimlich mit David zu reden. Sie sollen ihn mit schönen Worten ködern und ihm sagen, wie gut es dem König gefallen würde, David zu seinem Schwiegersohn zu machen. Wenn David dann äußert, dass er ja nur ein armer und geringer Mann ist und sich eine Heiratsgabe nicht leisten kann, lässt Saul ihn wissen, dass er nichts anderes von David verlangt als »nur 100 Vorhäute« von Philistern. Es ist die verrückte Idee eines geisteskranken Menschen und eine lebensgefährliche Aufgabe.

Wenn David auf Sauls makabre Herausforderung eingeht, wird er dabei sicherlich umkommen. Und das ist ja auch Sauls Absicht. In Vers 25 lesen wir: »*Aber Saul trachtete danach, David durch die Hand der Philister zu Fall zu bringen.*« Dass König Saul mit diesem Manöver nicht nur David extremen Gefahren aussetzt, sondern auch keine Rücksicht auf die Gefühle seiner Tochter nimmt, ist regelrecht schockierend. Sowohl Merab als auch Michal sind für ihn lediglich Schachfiguren in einem niederträchtigen und mörderischen Spiel.

David, »*dem es recht ist, Schwiegersohn des Königs zu werden*« (V. 26), geht ohne Bedenken auf Sauls makabres »Angebot« ein und macht sich mit seinen Männern auf den Weg. Sie schlagen nicht nur hundert, sondern zweihundert Philister. Wir wollen uns lieber nicht vorstellen, wie das gewesen ist, als David mit der Beute vor dem König erscheint. Jedenfalls bringt er ihm doppelt so viele Vorhäute, wie Saul sie verlangt hatte. Saul, der wiederum erkennen muss, dass »*der Herr mit David war*«, bleibt daraufhin nichts anderes übrig, als David seine Tochter Michal zur Frau zu geben (V. 28). Ob die Liebe in dieser Ehe gegenseitig war, erfahren wir nicht. Michal liebte David, das wird uns gesagt (V. 20.28). Für David kann seine Ehe mit Michal vor allem eine Ehrensache gewesen sein, denn die Heirat mit der Tochter des Königs bringt ihm eine offizielle Verbindung mit der Königsfamilie Israels. In späteren Jahren werden wir sehen, dass Michal David verachtet. Auffallend ist, dass diese Ehe kinderlos bleiben wird, was zur Folge hat, dass es in der späteren davidischen Königslinie keine Nachkommen Sauls gibt.

Saul wird Davids Feind (V. 28-30)

In den letzten drei Versen von 1. Samuel 18 sehen wir bei Saul eine weitere Zunahme seiner Angst. David hat in kurzer Zeit die Herzen des Volkes, seiner Knechte und seiner Kinder Jonathan und Michal erobert. Saul selbst leidet unter heftigen Stimmungsschwankungen und kennt Momente, in denen er die Kontrolle über sich verliert und in Raserei gerät. Alles in allem ist das Leben für ihn ein graues Elend geworden und David ist die Laus in seinem Fell, die er einfach nicht loswird. Wiederum *»sieht und erkennt«* Saul, dass der Herr mit David ist. Das und die Liebe seiner Tochter Michal zu David verstärkt die Furcht des Königs vor David und auch die Abscheu vor ihm. In Vers 29 lesen wir: *»Und Saul wurde Davids Feind sein Leben lang.«*

Sauls Hass wird in den kommenden Jahren nicht an Kraft einbüßen, sondern zu einer bitteren Jagd auf David führen. Diese Jagd wird zwischenzeitlich unterbrochen, weil David sich sechzehn Monate außerhalb von Juda im feindlichen Philistäa aufhält. Danach aber geht sie unvermindert weiter und findet erst ihr Ende, als Saul stirbt. David selbst bleibt Saul so lange treu, wie es geht. Er zieht an der Spitze von Sauls Heer in den Krieg gegen die Philister, bis er zur Flucht vor Saul gezwungen wird. Er hat in dieser Zeit *»mehr Gelingen als alle Knechte Sauls, sodass sein Name hoch geachtet wurde«* (V. 30).

Die Macht des Neids

Sauls Hass auf David, der ihn den Rest seines Lebens beherrschen wird, ist der Höhepunkt einer Entwicklung, die mit Eifersucht und Neid begonnen hat. Saul sah Davids Erfolg und ergrimmte (V. 8). Es kam der Neid (V. 9), dann folgte ein zweifacher Mordversuch (V. 11) und schließlich wurde David aus Sauls Umgebung entfernt, weil Saul ihn nicht mehr ertragen konnte und Angst vor ihm hatte (V. 13). Es folgten neue Versuche, David aus dem Weg zu räumen (V. 17 und 25), und schließlich wurde Saul für immer Davids Feind (V. 29). So kann es gehen, wenn wir die Gefühle von Eifersucht oder Neid zulassen und ihnen Raum geben! Wenn sie nicht radikal gezügelt und überwunden werden, fangen sie an zu wuchern und werden zu einem tödlichen Geschwür. Wie bei Saul.

Der Neid ist schlau! Er klopft bei uns an und tut so, als wäre er ein guter Freund, der auf unserer Seite ist. Er erzählt uns, wie unfair es ist, dass nicht wir, sondern ein anderer die ganze Aufmerksamkeit bekommt und gelobt wird. Er flüstert uns zu, dass eigentlich wir ein Recht auf die Position haben, die einem andern gegeben wurde. Er drängt uns, aktiv gegen diese Ungerechtigkeit vorzugehen. Er nährt unsere Unzufriedenheit und betont immer wieder, dass eigentlich wir den Platz auf dem Podium und den Applaus verdienen. Er wirbt um den Thron in unserem Herzen und tut das mit böser Absicht, denn er will über uns herrschen.

Dass der Neid eine Kraft ist, die unseren Wandel mit Gott gefährden oder sogar zerstören und uns unsere Wirksamkeit nehmen kann, erlebte Moses Schwester Mirjam. Sie war ein kräftiges Instrument Gottes und die erste Frau in der Bibel, die als Prophetin bezeichnet wird.[81] Sie war schon über neunzig Jahre alt, als sie gemeinsam mit ihren Brüdern Aaron und Mose ein starkes Dreierteam formte, das Gottes Volk nach seiner Rettung aus Ägypten durch die Wüste führte.[82] Leider kam bei ihr und Aaron im Laufe der Zeit Neid auf. Die Geschwister fühlten sich zurückgesetzt, weil Mose das Volk leitete und einen sehr vertrauten Umgang mit Gott hatte. In 4. Mose 12,1 sehen wir Mirjam und Aaron hinter dem Rücken von Mose verschwörerisch miteinander reden. Sie fragen sich, ob denn der Herr allein zu Mose und nicht auch zu ihnen redet? Sie bekommen vom Herrn die Leviten gelesen und Mirjam wird mit Aussatz gestraft (sie muss die Anstifterin gewesen sein).[83] Tragisch ist, dass Mirjam nach diesem Vorfall völlig im Hintergrund verschwindet, denn außer von ihrem Tod erfahren wir nichts mehr über sie.[84]

---

81 2. Mose 15,20

82 Micha 6,4

83 Sie finden diese Geschichte in 4. Mose 12,1-16.

84 4. Mose 20,1

Behüte dein Herz

Es ist beängstigend zu sehen, wie leicht das Böse Eingang in unsere Herzen findet. Wir sollen unser Herz darum *»mehr als alles andere«* behüten. Denn es lenkt in hohem Maße unser Tun und Lassen. Salomo drückt es so aus: *»Denn von ihm geht das Leben aus.«*[85] Das Herz ist der Ort, wo unser Denken, unsere Emotionen und unser Wille entspringen. Es ist das Zentrum, das unsere Entscheidungen und unser Handeln steuert.

Es gibt zwei Großmächte, die um unser Herz werben. Die erste Großmacht ist der allerhöchste, ewige und lebendige Gott, der Schöpfer des Himmels und der Erde. Er will durch seinen Geist in unser Herz einziehen und dort wohnen. Er tut das mit den besten Absichten: Gott will uns von innen heraus erneuern, reinigen, heilen und heiligen. Die zweite Großmacht (deren Macht übrigens beschränkt ist) ist Gottes Widersacher, der Teufel. Er hat eine ganz andere Herzensarbeit für uns vorgesehen: Er ist nicht darauf aus zu bauen, sondern abzubrechen. Er will nichts lieber, als das gute Werk, das Gott in uns angefangen hat,[86] aufzuhalten und zu zerstören, und uns in seinen Machtbereich bringen. Das Mittel, das er zum Abbruch verwendet, ist die Verführung zur Sünde und zum Handeln gegen den Willen Gottes.

Das Behüten unseres Herzens erfordert eine aktive und aufmerksame Wachsamkeit und ein regelmäßiges und gründliches Überprüfen unseres Inneren! Da wir selbst oft blind sind für die eigenen Schwächen und Sünden (David nennt das Herz eines Menschen unergründlich[87]), sollen wir Davids Beispiel nachfolgen und Gott immer wieder darum bitten, unser Herz – und all seine verborgenen Kammern – zu untersuchen und

85 Sprüche 4,23

86 Philipper 1,6

87 Psalm 64,7b

uns den Befund mitzuteilen.[88] Der Heilige Geist, Gottes Kraft in uns, will uns dabei helfen, unser Herz von Ungeziefer zu säubern.

Es hatte mit Saul gut angefangen. Als König ließ er sich zunächst von Samuel begleiten und beraten, dann aber fanden Stolz und Eigensinn Eingang in sein Herz und er ging immer mehr eigene Wege, bis das Maß aus Gottes Sicht voll war und Samuel ihm sagen musste, dass der Herr ihm sein Königtum genommen und es einem anderen Mann gegeben hatte.[89] Sauls Biografie ist die bedauerliche Geschichte eines Mannes, der nicht auf Gott hören wollte, Böses in seinem Herzen zuließ und immer weiter abrutschte, bis sein Leben ein tragisches Ende fand.

88 Psalm 139,23-24

89 1. Samuel 15,28

Fragen zu Kapitel 4

1. Kennen Sie das, dass der Neid in Ihnen so groß wird, dass Sie die Person, auf die Sie neidisch sind, nicht mehr ertragen können und ihr ausweichen, schlecht über sie reden oder ihr die Freundschaft kündigen? Was kann und soll man tun, um diese Gefühle zu überwinden? Versuchen Sie, Bibelverse zu finden, die dabei hilfreich sind.

2. Wie präsent ist bei Ihnen die Aussage, dass Gottes Geist Ihr Herz reinigen und erneuern will? Was ist dabei von Ihnen gefragt?

3. Paulus sagt in Philipper 1,6, dass Gott das gute Werk, das er in uns angefangen hat, fortsetzen (oder: vollenden) will, bis Jesus wiederkommt. Können Sie andeuten, was sich durch das Werk des Heiligen Geistes bei oder in Ihnen verändert hat?

4. Haben Sie schon einmal erlebt, dass Sie für eine Person sowohl Hass als auch Liebe empfanden? Wenn ja, was waren die Gründe dafür? Und was ist nötig, damit der Hass in uns nicht unser Leben beherrscht?

Kapitel 5
Eine neue Phase bricht an

1. Samuel 19-20

»O Gott, höre meine Stimme, wenn ich seufze; behüte meine Seele, wenn der Feind mich schreckt.«

David in Psalm 64,2

»Und Jonathan redete Gutes über David zu seinem Vater Saul.«

1. Samuel 19,4

»Eine Zuflucht ist dir der Gott der Urzeit und unter dir sind ewige Arme.«

5. Mose 33,27

»Angesichts ihrer Macht will ich auf dich harren, denn Gott ist meine sichere Burg.«

David in Psalm 59,10,
als Saul sein Haus bewachen ließ,
um ihn an der Flucht zu hindern

Bitte lesen Sie zuerst den Bibeltext

1. Samuel 19-20

Wir befinden uns mit David in einer sehr komplizierten Situation. In den Schlachten gegen die Philister ist er nach wie vor der absolute Held Israels, er wird vom Volk geachtet, geliebt und auf Händen getragen, von König Saul aber wird er gehasst. Nach Sauls misslungenem Versuch, David »durch die Hand der Philister zu Fall zu bringen« (18,25), spricht er jetzt offen darüber, dass er ihn aus dem Weg räumen will. Er redet mit allen seinen Knechten und mit seinem Sohn Jonathan und beauftragt sie, David zu töten. Sein Befehl bringt Jonathan in eine unangenehme, für ihn erdrückende Situation: Er steht zwischen seinem Vater und seinem Freund. Wenn er seinem Vater treu bleiben will, muss er David fallen lassen und umgekehrt. Wie soll er handeln?

In 1. Samuel 19,2 erfahren wir, dass Jonathan, der »großen Gefallen an David hatte« (V. 1), seinen Freund über die bösen Absichten seines Vaters informiert. Er verspricht David, dass er mit Saul reden wird, und das tut er auch. Jonathan warnt Saul davor, sich zu versündigen, und betont, dass David ihm gegenüber nur Gutes im Sinn hat und sein eigenes Leben für ihn und das Volk aufs Spiel gesetzt hat. Saul hat also wirklich keinen Grund, diesen treuen Diener zu töten (V. 4-5). Die Worte Jonathans finden Gehör und Saul schwört vor dem Herrn (!), dass David nicht sterben soll (V. 6). Dass Saul seinen Hass auf David bedauert und Buße tut, davon ist allerdings nichts zu merken. Sauls Laune wechselt für den Moment, das ist alles. Man kann kurz aufatmen und den Faden wieder aufnehmen. David und Saul begegnen sich und es wird alles, wie es war (V. 7). Doch es dauert nicht lange, bis sich der böse Geist wieder bei Saul meldet.

David wird gezwungen zu flüchten (1. Samuel 19,8-17)

David ist gerade von einer erfolgreichen Schlacht gegen die Philister zurückgekehrt. Er musiziert im Palast für den König, als etwas geschieht, was wir schon früher erlebt haben. Der König wird vom bösen Geist ergriffen, gerät in Raserei und versucht, David mit seinem Speer an die Wand zu spießen (V. 10).[90]

Es stellt sich die Frage, wie das sein kann, dass dieser böse Geist als *»der böse Geist vom Herrn«* bezeichnet wird. In Gott ist doch nichts Böses zu finden! Nein, in Gott ist nichts Böses zu finden. Aber der Allmächtige ist der Herr aller Dinge und aller Wesen und damit auch der bösen Wesen. Er kann ihnen befehlen, über einen Menschen zu kommen, und er kann diesen Menschen von ihnen befreien. Zwar können böse Geister bei Menschen, die sich für sie öffnen, einkehren, dennoch geschieht das nie, ohne dass Gott davon weiß, also hinter seinem Rücken. Dass Gott selbst Menschen einen bösen Geist schickt, ist eine absolute Ausnahme. Bei Saul geschah es als harte Strafe für seinen wiederholten Ungehorsam Gott gegenüber. Gott war Saul lange Zeit immer wieder nachgegangen und hatte ihn durch den Propheten Samuel wiederholt gewarnt; erst als sich nichts bei Saul veränderte, griff er zu dieser Strafmaßnahme.

Der böse Geist mag stark sein und Saul in Beschlag genommen haben, aber er kann Gott nicht beiseiteschieben. David überlebt den Mordanschlag und kann dem Speer von Saul rechtzeitig ausweichen. Er entkommt und flieht in sein Haus. Es ist Nacht, und während David daheim ist, kommen Boten Sauls, um das Haus zu bewachen und David an seiner Flucht zu hindern. Michal kennt ihren Vater und drängt David dazu, nicht zu zögern, sondern direkt zu flüchten, um sein Leben zu retten. Sie tritt sehr entschlossen auf, denn sie lässt David durchs Fenster hinunter, dann legt sie

90 Die Speere damals waren grausame Waffen. Sie hatten eine Spitze aus Metall, die oft zwei Widerhaken hatte. Diese verursachten eine tödliche Wunde, wenn der Speer aus dem Körper gezogen wurde.

den Teraphin aufs Bett, bedeckt das Kopfende mit einem Geflecht von Ziegenhaaren und deckt ihn zu. Als die Boten Sauls am nächsten Morgen kommen, um David zu holen, führt Michal sie mit dieser Figur hinters Licht, denn sie behauptet, David liege krank im Bett. Dadurch verschafft sie David Zeit, denn zuerst geht der Bericht an Saul, dass David krank ist, dann machen sich die Soldaten auf den Weg, um das Bett mit dem Kranken abzuholen, und erst als sie bei Davids Haus ankommen, wird der Teraphin entdeckt. Da ist David aber schon über alle Berge.

In Vers 17 tadelt Saul seine Tochter Michal, weil sie ihn betrogen hat. Sie tut so, als habe David sie bedroht und gezwungen, ihm zur Flucht zu verhelfen. Es ist eine Notlüge, die Michal anwendet, um dem Zorn ihres Vaters zu entkommen, der sich schwer von ihr hintergangen fühlt. Mit ihrer Ausrede schadet Michal aber David. Denn Saul denkt sowieso schon schlecht über ihn und nun erzählt ihm seine Tochter noch, dass er gedroht hat, sie umzubringen.

Wir sind überrascht, im Haus Davids einen Teraphin vorzufinden. Die Teraphin waren Hausgötzen unterschiedlicher Größen, die ihrem Besitzer Schutz bieten sollten. Sie hatten auch eine juristische Bedeutung, denn der Besitzer hatte mit den Teraphin auch das Erbrecht des Hauses. Ins Haus eines Mannes Gottes gehörten (und gehören) sie allerdings nicht, dennoch finden wir in der Geschichte des Volkes, das sich immer wieder zum Götzendienst verführen ließ, öfter solche und andere kultische Gegenstände. Wie der große Hausgott in Davids Besitz kam, ist vielleicht so zu erklären, dass Michals Vater Gott nicht treu war. Am Ende seines Lebens geht Saul sogar zu einer Totenbeschwörerin.[91] Es ist möglich, dass Michal mit Hausgötzen aufgewachsen war und diese mit in die Ehe gebracht hatte, als sie David heiratete. In der Familie des Erzvaters Jakobs finden wir Ähnliches vor, denn sein Schwiegervater Laban hatte Hausgötzen, die von Jakobs Frau Rahel mitgenommen wurden, als die Familie sich von Laban trennte.[92] Für Kinder

91 1. Samuel 28

92 1. Mose 31,19.30-35

Gottes ist und bleibt der Besitz von Hausgötzen wie auch jede andere Form von Götzendienst ein ernsthafter Verstoß gegen Gott, weil er keine Götzen neben sich duldet.[93]

In der königlichen Residenz brütet Saul über neue Möglichkeiten, um David loszuwerden. Der König von Israel ahnt, dass ihm sein Königtum langsam aber sicher aus den Händen genommen wird, und ist fest entschlossen, den Mann, der seine Position bedroht, aus dem Weg zu räumen. Er fühlt sich verlassen und betrogen. Sein Volk, sein Hof, seine Kinder Jonathan und Michal, sie alle lieben David und beten ihn an. Ob Michal bei dessen Flucht nicht doch die Finger im Spiel hatte? Wem kann Saul noch vertrauen?

David ist inzwischen unterwegs nach Rama, wo der Prophet Samuel lebt. Bevor wir ihm dorthin folgen, betrachten wir Psalm 59, in dem David auf die bangen Stunden zurückblickt, die er nach seiner Flucht aus dem Palast erlebte. Er war in eine Falle gelaufen, als er nach Hause gerannt war, denn Saul hatte sein Haus gleich von Soldaten umstellen lassen.

Psalm 59

Es ist Nacht und David ist verzweifelt und ratlos, er fühlt sich wie aufgeschrecktes Wild. In den ersten acht Versen schildert er Gott seine Lage. Menschen *(»Starke«)* sammeln sich gegen ihn, man rüstet sich und lauert ihm auf. David betont, dass er nicht schuldig ist, und er fleht Gott an, ihm zu helfen: *»Mein Gott, rette mich von meinen Feinden, beschütze mich von meinen Widersachern! Rette mich von den Übeltätern und hilf mir gegen die Blutgierigen! (...) Gegen einen Unschuldigen laufen und rüsten sie sich; erwache, komm mir entgegen und sieh!«* (V. 2.3.5).

Wir sehen vor uns, wie David in diesen Stunden rastlos in seinem Haus auf und ab geht und keinen Ausweg sieht. Wie soll er je entkommen, während sein Haus von Sauls Soldaten bewacht wird? Dann, in Vers 6, kommt eine überraschende Wendung. Aus Da-

---

93 2. Mose 20,3-5

vids *»mein Gott«* wird *»du, Herr, Gott der Heerscharen, du Gott Israels«*. Mit dem lauten Aussprechen dieser drei Gottesnamen bestätigt und unterstreicht David, wie groß der Gott seines Volkes (und damit auch sein Gott) ist. Er nennt Gott *»Jahwe«*. Es ist der Name, mit dem Gott sich Mose gegenüber offenbart hat. Er bedeutet: Ich bin, der ich bin.[94] Es folgen die Namen *»Elohim Sabaot«* (der Herr der Heerscharen) und *»Elohim Israel«* (der Gott, der einen Bund mit seinem Volk geschlossen hat). Dieser große Gott lacht über die Feinde seiner Kinder (V. 9), über die er hoch erhaben ist und die er im Nu unschädlich machen oder gar auslöschen kann. Und so kann David, der ihm gehört, sagen: *»Angesichts ihrer Macht will ich auf dich harren, denn Gott ist meine sichere Burg«* (V. 10). Wir sehen: Zuerst sucht David verzweifelt nach Gott, dann gibt es eine Wende und es kommt zum Vertrauen: *»Mein Gott* wird *mir entgegenkommen mit seiner Gnade«* (V. 11). Davids Umstände haben sich nicht verändert, er ist nach wie vor eingeschlossen von Sauls Wächtern rund um sein Haus, aber er rechnet damit, dass Gott ihm mit seiner Gnade entgegenkommen wird. In diesem Vertrauen kann und *will* David in sehr bedrohlichen Umständen Gottes Macht besingen: *»Ich aber will deine Macht besingen und jeden Morgen deine Gnade rühmen, dass du mir eine sichere Burg warst und ein Zufluchtsort am Tag meiner Bedrängnis. Ich will dir lobsingen, meine Stärke; denn Gott ist meine sichere Burg, der Gott, der mir Gnade erweist«* (V. 17-18).

Gott hat Davids Herz weit gemacht und es ihm geschenkt, dass er in der Not aufatmen kann. In großer Not, bedrängt von *»Starken«* (V. 4), kann er sagen: »Gott ist meine Stärke!« Das ist die Kernaussage in diesem Psalm: Ein Mann Gottes wird von allen Seiten bedrängt und bedroht. Sein Haus mag umzingelt sein, aber er ist nicht gefangen!

---

94 2. Mose 3,14

David in Rama (1. Samuel 19,18-24)

Als David mithilfe seiner Frau Michal durchs Fenster seines Hauses entkommen ist, geht er direkt nach Rama, dem Standort von Samuel. Er hofft, bei dem Propheten, der ihn in Bethlehem gesalbt hat, Hilfe und Schutz zu finden.

Wir sehen David vor uns, wie er in der Nacht verschwitzt und außer Atem bei Samuel anklopft und dem alten Propheten erzählt, dass er in Gibea nicht mehr sicher ist, weil König Saul fest entschlossen ist, ihn zu töten. Der Prophet zögert nicht, er nimmt David in Najot auf. Damit ist sehr wahrscheinlich eine Prophetensiedlung innerhalb der Stadtgrenze Ramas gemeint, die – so nimmt man an – zu dieser Zeit von Samuel geführt wurde. Hier wurden Propheten ausgebildet, auch traf man sich zum Gebet und zur Gemeinschaft.

Samuel wird versucht haben, David zu beruhigen und zu trösten. Er wird sein Vertrauen auf Gott gestärkt und ihn an Gottes Allmacht und Treue erinnert haben. Ob der Prophet in diesen Stunden David offenbart hat, wozu er ihn in Bethlehem gesalbt hat, oder ob das David inzwischen klar war, bleibt offen. David soll auf jeden Fall vorerst in Najot bleiben. Wie es weitergehen soll, kann man am nächsten Tag besprechen.

Dass der Prophet und David sich in diesen Tagen zum letzten Mal sehen, können sie nicht ahnen. Die beiden Männer wissen auch nichts davon, dass David in Najot nicht sicher ist. In Gibea wird in wenigen Stunden bekannt sein, dass er entkommen ist, und man wird Saul darüber informieren, dass er sich in der Prophetensiedlung aufhält. Gleich darauf wird der König Boten aussenden, um David dort zu fassen (V. 15-16.19).

Als die Boten in Najot ankommen, haben sich die Propheten gerade zum »*Weissagen*« versammelt. Man nimmt an, dass dieses Weissagen beinhaltet, dass Gottes Wort unter musikalischer Begleitung verkündigt wurde. Die Männer Sauls sind dieser geistlichen Übermacht nicht gewachsen. Der Geist Gottes kommt über sie und auch sie fangen an zu weissagen. Dasselbe passiert einem zweiten und einem dritten Trupp Boten, die Saul nach Najot sendet. Und dann sogar König Saul! Als der sich nämlich schließlich selbst auf den Weg nach Rama macht, wird er schon auf der Straße von Gottes Geist ergriffen. Als er in Najot bei Rama ankommt, weissagt er vor Samuel, dann zieht er seine Obergewänder aus und liegt den ganzen Tag und die ganze Nacht da, seiner königlichen Kleidung entledigt. Was für eine Demütigung für den stolzen König!

Jonathan und David (1. Samuel 20)

Von Rama flieht David nun zuerst zurück zur Residenz in Gibea, wo er sein Herz vor Jonathan ausschüttet (V. 1ff). Seine Worte bringen den Kronprinzen in große Verlegenheit. Wenn Jonathan Davids Worten glaubt und für ihn Partei ergreift, muss er sich gegen seinen Vater stellen und sich von ihm distanzieren. Einen Zwischenweg gibt es für ihn nicht. Zuerst versucht der Kronprinz, David auszureden, dass sein Vater ihn umzubringen versucht. Wenn das so wäre, würde er, Jonathan, das doch wissen (V. 2). David sieht das entschieden anders. Es sei naiv zu meinen, Saul würde Jonathan über seine Pläne informieren, er wisse doch, dass sein Sohn mit David befreundet ist. Jonathan soll ihm glauben: *»... es ist nur ein Schritt zwischen mir und dem Tod!«* (V. 3).

Als Jonathan auf Davids Worte nichts zu sagen weiß und ihn fragt, wie er ihm helfen kann *(»ich will für dich tun, was dein Herz begehrt«*, V. 4), entscheiden die Freunde Folgendes: David, der am nächsten Morgen als Diener Sauls an der königlichen Tafel erwartet wird, wird dort nicht erscheinen. Dabei muss man berücksichtigen, dass der folgende Tag kein normaler Tag ist, sondern der Neumondtag (V. 5). Israel hatte zu dieser Zeit einen Mondkalender und man zelebrierte den Neumondtag als ersten Tag des Monats mit einer Feier. Wie am Sabbat durfte an diesem Tag nicht gearbeitet werden.[95] Auch sollte geopfert werden. Dabei kam dem König

95 Amos 8,5, siehe auch Hesekiel 46,3

eine besondere Rolle zu.[96] An diesem nationalen Feiertag wird David also der Festtafel des Königs fernbleiben und sich drei Tage auf dem Feld verbergen. Wenn Saul nach ihm fragt, soll Jonathan ihm antworten, dass David für das jährliche Opfer der Familie nach Bethlehem gegangen ist. Wie Saul darauf reagiert, soll ein Indiz dafür sein, ob er es gut oder böse mit David meint. Am dritten Tag wird Jonathan David durch ein Zeichen wissen lassen, ob er sicher in Gibea ist und bleiben kann oder flüchten soll.

In diesem ergreifenden Gespräch erinnert David seinen Freund an den Bund, den sie geschlossen haben, und er sagt ihm, dass er ihn töten darf, wenn *»eine Schuld an ihm ist«* (V. 8). Darauf schwört Jonathan David, dass er ihn warnen wird, wenn es schlecht für ihn aussieht, damit David rechtzeitig und in Frieden entkommen kann. Der Kronprinz verdient unseren Respekt! Jonathan muss einen Spagat hinbekommen, er steht zwischen David und seinem Vater und von keinem der beiden will er sich lossagen. Aber die Hände in den Schoß zu legen und die Dinge laufen zu lassen, das ist keine Option. Dessen ist er sich bewusst. Er zeigt sich bereit, Saul auf den Zahn zu fühlen (V. 12) und aus dem Ergebnis die Konsequenzen zu ziehen. Als sich herausstellt, dass David recht hat und Saul tatsächlich vorhat, ihn umzubringen, ist Jonathan bereit, gegen seinen Vater zu arbeiten. Er wird David warnen und ihm zur Flucht verhelfen. Er selbst wird in Gibea bei seinem Vater bleiben.

Aus Vers 15 lässt sich ablesen, dass Jonathan weiß, wer der nächste, von Gott erwählte König Israels ist, denn er bittet David darum, ihm und seinem Haus (bzw. seinen Nachkommen) gnädig zu sein (und zu bleiben), auch *»wenn der Herr die Feinde Davids allesamt vom Erdboden ausrotten wird«*. Jonathan schließt einen Bund mit dem Haus Davids (d. h. mit David und seinen zukünftigen Nachkommen) und er lässt David nochmals *»bei seiner Liebe zu ihm schwören; denn er liebte ihn wie seine eigene Seele«* (V. 16-17). Die zwei Freunde schmieden ihre Pläne bewusst in Abhängig-

96 4. Mose 28,11-15; Hesekiel 45,17

keit vom Herrn. Es ist Gott, der entscheiden und zeigen wird, wie es für David nun weitergeht. In Vers 20 wird ein Zeichen verabredet, an dem David am dritten Tag ablesen kann, ob er in Gibea sicher ist und bleiben kann oder ob er flüchten soll.

Wer nicht hasst seinen Vater und seine Mutter …

Es geschieht alles, wie verabredet. Am ersten Tag verliert Saul kein Wort über Davids Fehlen an der königlichen Tafel, weil er vermutet, dass David unrein ist und deswegen wegbleibt (V. 26). Am nächsten Tag aber fragt er bei Jonathan nach, warum David zum zweiten Mal abwesend ist. Als Jonathan antwortet, dass Davids Bruder ihn zum Opfer nach Bethlehem gerufen hat und dass er ihm das genehmigt hat, explodiert Saul. Er nennt Jonathan einen missratenen, widerspenstigen Sohn, der *»den Sohn Isaïs gewählt hat«*. Er sagt Jonathan auch, dass er sich keine Hoffnungen auf den Thron machen kann, solange David lebt. Jonathan soll David herbringen lassen, *»denn er ist ein Kind des Todes«* (V. 30-31). Als Jonathan nach diesen Worten David vor seinem Vater verteidigt, gerät Saul so außer sich, dass er versucht, ihn zu töten. Es ist ein dramatischer Moment, in dem Jonathan erkennt, dass sein Vater fest entschlossen ist, David aus dem Weg zu räumen und sich an den Menschen zu rächen, die Davids Partei ergreifen. Jonathan steht *»in glühendem Zorn vom Tisch auf«* und fastet an diesem Tag, weil er entsetzt ist *»um Davids willen«* (V.34).

Wir erleben hier eine Situation, von der Jesus gesprochen hat: Es kann so weit kommen, dass man wegen seiner Treue zu Jesus die eigene Verwandtschaft - Vater, Mutter, Geschwister - enttäuschen oder sogar abweisen muss. Jesus hat sogar von *hassen* gesprochen! In Lukas 14,26 sagt er: *»Wenn jemand zu mir kommt und hasst nicht seinen Vater und seine Mutter, seine Frau und Kinder, Brüder und Schwestern, dazu aber auch sein eigenes Leben, so kann er nicht mein Jünger sein.«* Damit ist nicht gemeint, dass wir unsere Verwandten verabscheuen und verwerfen sollen, sondern dass wir unserer Liebe für Jesus Vorrang geben vor der Liebe zu unseren Blutsverwandten, mit denen wir uns verbunden fühlen und die wir schätzen. Wer erkennt, dass Gott Jesus als König über diese Welt gesetzt hat, wer ihn liebt und sich mit ihm verbunden hat, der bekennt sich zu ihm und will ihm dienen. Ein Christ steht treu zu Jesus, auch wenn das bedeutet, dass er geliebte Menschen enttäuschen oder sogar abweisen muss. Und ja, auch dann, wenn man daraufhin von ihnen abgewiesen wird.

Hut ab vor Jonathan und David

Jonathan muss einen Loyalitätskonflikt bewältigen. In dieser Situation ist ausschlaggebend für ihn, dass er erkennt: David ist auf besondere Weise von Gott gesegnet und Gott hat ihn für den Thron Israels bestimmt. Einerseits hat Jonathan versucht, das Denken seines Vaters zu verändern und ihn zur Einsicht zu bringen, andererseits unterstützt er gleichzeitig David. Er warnt ihn und verhilft ihm zur Flucht. Der Sohn Sauls ist zu bewundern, denn er bewegt sich in diesen Tagen auf sehr dünnem Eis.

Und David? Für ihn wäre es nicht nur möglich, sondern wahrscheinlich auch relativ einfach gewesen, das Volk und das Heer, ja vielleicht sogar das Personal am Hof auf seine Seite zu ziehen und sie dazu zu bewegen, öffentlich für ihn aufzustehen. Das Heer stand hinter David, weil er ein exzellenter Heerführer war und Israel viele Siege bescherte. Vom Hofstaat wurde er geschätzt, weil er den König mit seiner Musik beruhigen konnte, wenn der vom bösen Geist geplagt wurde und Wutausbrüche hatte. Und das Volk war sowieso begeistert von ihm *(»Aber ganz Israel und Juda hatte David lieb …«[97]).* Kurz gesagt: David hatte viele Menschen hinter sich. Er hätte eine grandiose Demonstration für sich (und gegen Saul) organisieren können, er hätte eine Widerstandsbewegung ins Leben rufen oder Saul mit einem Staatsstreich vom Thron stoßen können. Doch stattdessen bleibt David so lange wie möglich ein treuer Diener Sauls. In diesen schweren Tagen redet er weder nega-

97 1. Samuel 18,16

tiv über Saul, wodurch er verhindert, dass zwei Lager entstehen, noch sinnt er auf Rache. David ist ein Mann Gottes, der es seinem Herrn überlässt, dann einzugreifen, wenn Gott es für richtig hält. Er trägt sein Leiden und die Ungerechtigkeit, die er erfährt, mutig und gibt sein Gottvertrauen nicht auf. Seine Haltung erinnert an die Worte von Paulus in seinem Brief an Timotheus: *»Du nun erdulde die Widrigkeiten als ein guter Streiter Jesu Christi!«*[98]

Wenn alles wackelt und unsere heile Welt zerbricht, ist und bleibt Gott derselbe. Wir haben Zukunft, weil er sich für uns entscheidet und uns bedingungslos liebt.

Abschied von Jonathan

In Vers 41 treffen sich Jonathan und David auf dem Feld, wo David sich schon drei Tage lang versteckt hält. Er hat das Zeichen erkannt, das er und Jonathan ausgemacht haben: Er muss Gibea endgültig verlassen. Als sich die Freunde begegnen, verneigt David sich dreimal vor Jonathan. Damit ehrt er ihn als Kronprinz Israels. Dann küssen die Freunde sich und es heißt: *»Sie weinten zusammen; David aber am allermeisten«* (V. 41). Scheinbar gehen sie davon aus, dass sie sich nicht wiedersehen werden. Jonathan wird zu seinem Vater zurückkehren, David weiß weder, wohin es geht, noch was ihn erwartet, nur dass Saul ihn jagen wird.

David muss erschöpft und mürbe sein. Vielleicht hat er trotz allem doch noch darauf gehofft, dass es anders laufen würde und er in Gibea bleiben könne. Nun aber bleibt ihm nichts anderes übrig, als dafür zu sorgen, dass Saul ihn nicht erwischt. Zu seinen Eltern in Bethlehem kann er nicht gehen, dort wird man ihn wahrscheinlich als Erstes suchen. Aber wohin dann? Wo ist er sicher? Die Jahre der Verwöhnung und des Gelingens sind definitiv vorbei. Der Musiker und Krieger des Königs von Israel ist ein Gejagter geworden. Weder seine Familie, noch Samuel oder Jonathan können ihm helfen. Von nun an ist David vogelfrei.

Wieder muss David sich von einem geliebten Menschen verab-

98 2. Timotheus 2,3

schieden. All seine menschlichen Stützen sind ihm nach und nach abhandengekommen. Er hat seinem Elternhaus den Rücken gekehrt, um Saul zu dienen. Er hat seine Frau Michal bei seiner Flucht aus Gibea zurücklassen müssen. Dann hat er sich vom Propheten Samuel verabschieden müssen und nun ist er gezwungen, sich von Jonathan zu trennen. Ab jetzt ist David sich selbst überlassen, oder doch nicht! Denn der Herr geht mit ihm. Er ist der Grund, warum Jonathan seinem Freund zum Abschied sagen kann: »*Geh hin in Frieden!*« (V. 42). Gottes Schalom soll David umhüllen und vor Verzweiflung bewahren. Auch der Bund, den er mit Jonathan geschlossen hat, bleibt bestehen. Er gilt nicht nur für sie beide, sondern auch für die nächsten Generationen. In späteren Jahren werden wir sehen, dass David an diesem Bund treu festgehalten hat.

Es geht in die Wüste

Von Gibea aus geht es in die Wüste, wo David gut zehn Jahre voller Entbehrungen, Anfechtung, Verlassenheit und Angst erwarten. Seine schwierigen Umstände in diesen Jahren hat er nicht Saul zu verdanken, obwohl es danach aussieht. Sie sind Teil einer Schulung, der Gott den zukünftigen König von Israel unterzieht. Wir denken an Jesus, der vom Heiligen Geist in die Wüste geführt wurde, »*damit er vom Teufel versucht würde*«.[99] Es war nicht Gott, der Jesus versuchte, und es war auch nicht Gottes Absicht, dass Jesus an dieser Wüstenzeit zerbrechen sollte. Das Ziel Gottes mit Jesus war, dass er sich in der Prüfung bewähren und Gehorsam lernen würde. In Hebräer 5,8 lesen wir: »*Und obwohl er Sohn war, hat er doch an dem, was er litt, den Gehorsam gelernt.*« Als Mensch musste auch Gottes Sohn es lernen, Leiden zu ertragen und jede Versuchung zu überwinden, damit er seine Berufung als unser Heiland erfüllen konnte. Für unsere Rettung war ein sündloses Opfer erforderlich und das konnte Jesus nur sein, wenn er sich in allen Situationen an Gott hielt und ihm in allem Gehorsam leistete.

99 Matthäus 4,1

Es ist nie Gott, der uns zum Bösen versucht oder uns verführt. Gott prüft uns, damit wir tauglich für den Dienst an ihm werden. Wüstenzeiten stehen auf dem Stundenplan oder gehören zum Praktikum eines Studenten an Gottes Hochschule und sind damit Teil des Lebenslaufs eines Christen. Die Wüstenzeiten unseres Lebens dienen dazu, unser Vertrauen auf Gott zu stärken. Zu üben und zu lernen, ihm ohne Wenn und Aber zu gehorchen. Wir sollen es uns abgewöhnen, eigene Lösungen zu suchen und eigene Wege zu gehen. In der Wüste werden wir geläutert wie Gold oder Silber im Feuer.

Die Wüste ist ein gefährlicher Ort voller Krisen, Entbehrungen und Anfechtungen, die es in sich haben und uns zu Fall bringen können. Jesus zeigt uns, wie man sich diesen Herausforderungen stellen soll. Wir werden der Bedürftigkeit nicht widerstehen, wenn wir uns damit auseinandersetzen. Anstatt sich auf einen Dialog mit dem Teufel über Gottes Treue, seine Liebe oder das Warum seines Leidens einzulassen, ist Jesus dem Teufel entschieden mit dem Wort Gottes, dem Schwert des Geistes[100], entgegengetreten.

In der Wüste ist der beste Weg die Flucht zu Gott. Diese Herausforderung liegt nun vor David. Bis jetzt ist sein Weg nur aufwärts gegangen, er wurde von Gott verwöhnt, hat immer wieder Erfolge errungen und ist vom Volk auf Händen getragen worden. Nun geht es für den von Gott erwählten zweiten König Israels in die Wüste. Es erwarten David Jahre schwerer Prüfungen. Als zum König Gesalbter muss er sich nun bewähren und Gehorsam Gott gegenüber lernen, dem allmächtigen König des Himmels und der Erde, damit er für seinen Dienst tauglich wird und Gottes König sein kann. Kurz gesagt: Gott bereitet David auf sein Königtum vor.

---

100 Epheser 6,17

Fragen zu Kapitel 5

1. Bedenken Sie, was David alles hätte tun können, um seine bittere Lage zu verändern. Was halten Sie von seiner Haltung?

2. Wie gehen Sie damit um, wenn man Sie ungerecht behandelt?

3. Wie kann man Römer 12,19 praktisch leben, ohne alles über sich ergehen zu lassen und als Schwächling dazustehen?

4. Die Freundschaft zwischen David und Jonathan ist gekennzeichnet von einer großen Treue. Von Jonathan wird verlangt, dass er seinen Vater hintergeht. Er tut das nicht nur, weil er David gerne hat, sondern weil er Gottes Weg mit ihm erkennt.
   a. Bedenken Sie Jonathans Lage. Wie hätten Sie an seiner Stelle gehandelt?
   b. Tragen Sie zusammen, was Jonathan bisher für David getan hat.
   c. Wie sehen Ihre Freundschaften aus? Was für ein Freund/eine Freundin sind Sie selbst?

5. Denken Sie über Jesu Worte in Lukas 14,26 nach.

6. David werden im Lauf der Zeit alle seine menschlichen Stützen genommen (sein Elternhaus, seine Gunst bei Saul, seine Position am Hof, seine Frau Michal, sein Mentor Samuel und sein Freund Jonathan). Welches sind die Stützen in Ihrem Leben? Was bleibt Ihnen, wenn diese Ihnen genommen werden?

7. Lesen und überdenken Sie Psalm 59, den David dichtete, als Saul sein Haus bewachen ließ, um ihn zu töten. Vergleichen Sie die Verse 1-5 und 17-18. Was tut David hier und was können wir daraus für unser Leben lernen?

Die Fluchtjahre Davids, ein Überblick

1. Samuel 21 – 2. Samuel 2

In 1. Samuel 21 beginnen die Fluchtjahre Davids. Aus dieser Zeit, die wahrscheinlich mehrere Jahre gedauert hat, sind etwa fünfzehn einzelne Episoden bekannt.

Ein kurzer Überblick der Bewegungen Davids während seiner Fluchtjahre zeigt uns, dass er sich in verschiedenen Wüstengegenden aufgehalten hat. Drei Mal weicht er ins Ausland aus, davon zwei Mal nach Philistäa, das Gebiet der Erzfeinde Israels. Das erste Mal steht er Todesängste aus, als er in der Königsstadt Gat als der Held Israels erkannt und vor den König gebracht wird. In seiner Not stellt er sich wahnsinnig und das so überzeugend, dass man ihn ausweist. In den Psalmen 34 und 56 schreibt David über diese Erfahrung. Der zweite Aufenthalt Davids in Philistäa dauert sechzehn Monate. Diese Zeit zeigt eine sehr dunkle Seite im Lebensbuch von David, da er sich durch Lügen und Morden behauptet. Einmal ist David im Nachbarland Moab, weil er dort seine Eltern vorübergehend in Sicherheit bringen will.

Anfangs ist David allein unterwegs. Er flüchtet von der königlichen Residenz in Gibea zu der Prophetensiedlung Najot bei Rama, wo der Prophet Samuel lebt. Von dort geht es zu der Priesterstadt Nob, gleich danach folgt Davids erster Aufenthalt in der Königsstadt Gat in Philistäa. Von Gat geht es zurück in israelisches Gebiet bzw. in die Schephela, die niedrige Hügellandschaft zwischen der Küstenebene Philistäas im Westen und dem Bergland von Juda im Osten. Schließlich findet David Zuflucht in einer Höhle in der Nähe der Stadt Adullam. Hier dichtet er wahrscheinlich seine »Höhlenpsalmen« 57 und 104 und hier entsteht die »David-Armee«, die später auf 600 Mann wächst und schließlich zu einem »großen Heer Gottes« wird (1. Chronik 12,21-23). In dieser Zeit zieht David nach Moab, dann geht es von der »Bergfeste« (damit könnte eine Bergfestung oberhalb der Ufer des Toten Meeres gemeint sein) zurück in das Land Juda. Eine Weile hält David sich mit seiner Truppe in Kehila auf, einer Grenzstadt in der Schephela, dann fliehen sie in die Wüsten von Siph und Maon (hiermit sind Teilgebiete der judäischen Wüste gemeint). Es folgt eine Zeit in En-Gedi (einer Oase in der Gegend des Toten Meeres), danach sind die Männer wiederum auf der »Bergfeste« und in der judäischen Wüste in Maon und Siph. Von dort aus weicht David zum zweiten Mal nach Philistäa aus, wo er sich König Achis von Gat als Vasall anbietet. Der König stationiert ihn und seine Männer in Ziklag im Südosten des Philistergebietes. Ziklag ist Davids letzte Station, bevor er nach Hebron siedelt, wo er zum König über Juda gekrönt werden wird.

Während seiner Fluchtjahre wird David einige Male verraten. Einmal ist der Verräter ein Mann, der David im Gotteshaus in Nob sichtet (Psalm 52 bezieht sich auf diesen Verrat); zweimal wird David von den Siphitern (den Einwohnern der Wüste oder dem Ort Siph) verraten. Psalm 54 bezieht sich auf diesen Verrat.

In dieser Zeit begegnen sich David und Saul zwei Mal und beide Male hat David die Möglichkeit, sich Sauls zu entledigen. Aber jedes Mal erhebt sich David mithilfe des Heiligen Geistes über sich und verschont das Leben von Saul. Einmal wird er von Jonathan in der Wüste Siph besucht.

Man fragt sich, wie David und seine Truppe in diesen Jahren für ihren Lebensunterhalt gesorgt haben. Es ist kein Manna vom

Himmel gefallen, sondern sie mussten selbst Wege finden, um sich und ihre Familien zu ernähren. Sie haben wahrscheinlich Wild gejagt und wilde Pflanzen, Kräuter und Baumfrüchte gegessen. Davon sind aber 600 Mann und ihre Familien sicherlich nicht satt geworden. David und seine Truppe müssen gekämpft und geraubt haben. In den Gebieten, die sie durchzogen, haben sie wahrscheinlich Nomadenstämme und Siedlungen überfallen und durch Drohen und Plündern ihren Lebensunterhalt bestritten. Bibelausleger nennen David einen Robin Hood Typ und seine Männer Guerillakämpfer, Wüstenterroristen oder eine Räuberbande. Sie waren desillusionierte Männer, die erbittert kämpften und einen unbändigen Lebenswillen hatten. Deserteure und solche, die hoch verschuldet waren und die eines gemeinsam hatten: Sie waren, wie David auch, Vertriebene, heimatlos und vogelfrei und mussten für ihr Überleben kämpfen.

In den Fluchtjahren begegnet uns David als ein Mann Gottes und auch als ein gottloser Mensch. Er weigert sich, Saul etwas anzutun, weil er in ihm trotz allem den Erwählten Gottes sieht. In seinen 16 Monaten in Philistäa aber geht er rücksichtslos vor und bringt Menschen kaltblütig um. Das macht seine Geschichte einerseits menschlich (David war kein Heiliger), anderseits aber auch schwer zu verdauen. Wie kann es sein, dass ein Mann Gottes ein so brutales Leben führt? Wesentlich ist, dass wir an dem roten Faden der Absichten und des Wirkens Gottes festhalten. Er hat David als zweiten König von Israel erwählt und gebraucht seine Fluchtjahre dazu, ihn zu läutern und zu einem Menschen zu machen, der sich von ihm abhängig weiß und so für Gott brauchbar ist. Gott wird mit diesem Mann ans Ziel kommen und seine Verheißungen erfüllen. Das wollen wir uns vor Augen halten, wenn wir Davids Geschichte nun weiterverfolgen.

Kapitel 6
David auf der Flucht – von Gibea über Nob und Gat zu der Höhle Adullam und dem Wald Haret

1. Samuel 21-22

»Die mich ohne Ursache hassen, sind zahlreicher als die Haare auf meinem Haupt; die mich verderben wollen, sind mächtig, die ohne Grund mir feind sind …«

David in Psalm 69,5

»O dass ich Flügel hätte wie die Taube; ich würde davonfliegen, bis ich Ruhe fände!«

David in Psalm 55,7

»Du zählst, wie oft ich fliehen muss; sammle meine Tränen in deinen Schlauch! Stehen sie nicht in deinem Buch?«

David in Psalm 56,9 (als er in Gat war)

»Der Engel des Herrn lagert sich um die her, die ihn fürchten, und er rettet sie.«

David in Psalm 34,8 (als er in Gat war)

Bitte lesen Sie zuerst den Bibeltext

1. Samuel 21-22

Die Flucht Davids aus Gibea markiert den Anfang einer Zeit, in der ein permanenter Druck auf David liegt. Alles geht in die falsche Richtung und alles bröckelt. David wird unablässig von Saul und seinen Truppen gejagt und ist ständig auf der Flucht, damit er nicht entdeckt und gefasst wird. Es gibt Momente, in denen man befürchtet, dass er an dem Druck zerbrechen wird, und dann wieder Augenblicke, in denen man über sein tatkräftiges Auftreten nur staunen kann. Es gibt auch Situationen, in denen man entsetzt und erschüttert ist über das, was dieser Mann Gottes tut.

Nachdem Jonathan und David sich auf dem Feld verabschiedet haben, kehrt Jonathan zurück in die Stadt Gibea, wo sich die königliche Residenz befindet, und David macht sich auf den Weg zu der Priesterstadt Nob, etwa fünf Kilometer südlich von Gibea. Dort finden wir den Priester Achimelech, einen Urenkel Elis (der in Silo diente), mit seiner Sippe.[101]

Das Geschehen in Nob (1. Samuel 21,1-10)

Der beliebte und erfolgreiche Krieger Israels ist ohne Begleitpersonen unterwegs, er ist unbewaffnet und hat Hunger. Als er sich bei Achimelech meldet, ist der bestürzt, weil David allein ist. In seiner Not wird David, Gottes erwählter Mann, schuldig, denn er belügt den Priester und sagt ihm, sein Kommen betreffe eine geheime Mission Sauls, von der niemand erfahren dürfe (»*Der König hat mir etwas befohlen ...*«, V. 3). David nimmt sich keine Zeit für Höflichkeiten, sondern kommt direkt zur Sache: »*Und nun, was hast du zur Hand? Gib mir fünf Brote oder was sonst vorhanden ist*« (V.

101 Siehe Kasten Nob auf S. 108

4). Man merkt ihm an, dass er unter Druck steht. Bis jetzt haben wir bei David nicht wahrgenommen, dass er zu Lügen greift. Wir kennen ihn auch nicht als einen, der ohne Probleme einfach so Gottes Gebote übertritt. In Nob macht er sich beider Dinge schuldig. Als sich herausstellt, dass im Gotteshaus kein gewöhnliches Brot, sondern nur »heiliges Brot« vorhanden ist, scheint das David egal zu sein.

In Nob wird Gottes Gebot in Bezug auf die geweihten Schaubrote übertreten. Von diesen Broten gab es immer zwölf, die für die zwölf Stämme Israels standen. Sie lagen in der Stiftshütte auf dem Schaubrottisch vor Gottes Angesicht und wurden an jedem Sabbat durch neue, noch warme Brote ersetzt, die unter strengen zeremoniellen Regeln hergestellt wurden. Das alte Brot durfte nur von den Priestern gegessen werden.[102] Achimelech, der sich in die Enge getrieben fühlt, weil David offenbar in Not ist und das Schaubrot praktisch von ihm fordert, stellt ihm eine Bedingung für die Herausgabe. Er verlangt von David, dass seine Männer rein sind, was bedeutet, dass sie in den letzten Tagen nicht mit einer Frau geschlafen haben. Und wieder lügt David, denn er behauptet, dass die Leute, mit denen er ausgezogen ist, alle rein sind (V. 4-6). Er ist aber nicht mit anderen, sondern allein unterwegs ...!

In 1. Samuel 22,10 erfahren wir, dass der Priester nicht auf eigene Faust handelt, sondern für David zuerst den Herrn befragt. Normalerweise würde er das Los werfen, denn auf diese Weise wurde Gott damals befragt[103], aber vielleicht hat Achimelech, der in diesem Moment sehr unter Druck steht, sich nur mit einem Stoßgebet an den Herrn gewandt. Er kommt David entgegen und gibt ihm vom Schaubrot. Damit tut der Priester das, was auch Jesus getan hat, als er am Sabbat mit seinen Jüngern durch die Kornfel-

102 Siehe 3. Mose 24,5-9. Siehe auch 2. Mose 25,23-30. In 37,10-16 wird der Schaubrottisch beschrieben.

103 Der Priester trug in der Brusttasche seines Priesterkleides (Ephod) zwei Steine, die Urim und die Thummim, mit denen gelost wurde, um für ein Problem oder in einer Krise eine Anweisung Gottes zu gekommen. Siehe z. B. 2. Mose 28,30.

der ging. Weil die Männer Hunger hatten, erlaubte Jesus es ihnen, unterwegs die Ähren abzustreifen und das Korn zu essen. Als die Pharisäer Jesus auf die Finger klopfen, weil seine Jünger damit die Sabbatgebote übertraten, verweist er auf David *(»Habt ihr nicht gelesen, was David tat, als er und seine Gefährten hungrig waren? Wie er in das Haus Gottes hineinging und die Schaubrote aß ...?«).* Und dann sagt er ihnen, dass der Sabbat für die Menschen geschaffen wurde und nicht die Menschen für den Sabbat.[104]

In Nob gibt Achimelech David von den heiligen Broten, weil er offenbar in Not ist.[105] Dass David in dieser Situation zu einer Lüge greift und Gottes Gesetz mit Füßen tritt, ist eine andere Sache. Es folgt noch eine weitere Lüge, denn bevor David geht, fragt er Achimelech, ob der vielleicht irgendwo einen Speer oder ein Schwert für ihn hat? Er habe sich, so sagt er, wegen der *»Sache des Königs«* so übereilt auf den Weg machen müssen, dass er keine Waffen habe mitnehmen können (V. 9). Hier stockt uns der Atem! Was ist mit dem Mann geschehen, der es mit einem Riesen aufnahm und dabei auf Sauls Waffenrüstung verzichtete, weil er davon überzeugt war, dass sein Herr, der lebendige Gott, ihn retten würde?[106] Wo ist der Mann geblieben, der Goliath tadelte, weil der auf sein Schwert, seinen Speer und seinen Wurfspieß setzte?[107] Wo ist der Mann, für den Gottes Ehre an erster Stelle kam, der mit Gottes Kraft rechnete? Wie kann David dem Priester Achimelech sagen, dass das Schwert Goliaths die beste Waffe ist, die es gibt (V. 10)?

Der Dichter des Buches Sprüche schreibt: *»Vertraue auf den Herrn von ganzem Herzen und verlass dich nicht auf deinen Verstand.«*[108] In dieser Situation macht David genau das, was er

---

104 Matthäus 12,1-8, Markus 2,23-28 und Lukas 6,1-5

105 Als Priester hatte Achimelech die juristische Kompetenz, in Ausnahmefällen anders zu handeln, als das Gesetz es vorschrieb.

106 1. Samuel 17,37-39

107 1. Samuel 17,45

108 Sprüche 3,5

nicht tun soll! Es mangelt ihm sowohl an Gottesfurcht als auch an Gottvertrauen. David scheint davon auszugehen, dass er sich selbst retten muss. Der Erwählte Gottes bewegt sich mit dieser Haltung auf dünnem Eis. In diesen Tagen befragt er Gott nicht, sondern geht eigene Wege. Wir werden ihn bald in einer Situation erleben, in der er so tut, als sei er verrückt, um Gefahren zu entkommen, in die er sich selbst begeben hat.

Die Folgen des Auftritts von David im Gotteshaus in Nob werden nicht ausbleiben, denn es gibt einen Zeugen für seine Begegnung und sein Gespräch mit dem Priester. Es ist Doeg, ein Aufseher über Sauls Hirten. Er ist Edomiter, was seine Anstellung am Hof merkwürdig erscheinen lässt, weil die Edomiter Israels Feinde waren.[109] Es kann sein, dass Doeg ein Proselyt war bzw. dass er zum Judentum übergetreten war (vielleicht um sich seine Stellung am Hof zu sichern). Warum er im Gotteshaus in Nob war, wird nicht deutlich. Bibelausleger kommen auf eine Vielzahl von möglichen Gründen. Als Oberhirte Sauls kann Doeg in Nob gewesen sein, um Schafe für das Opfern abzuliefern. Oder er hat für sich persönlich auf ein Wort (Orakel) Gottes gewartet. Vielleicht hat Saul ihn auch gesandt, um den Priester wegen etwas zu befragen. Auffallend ist das Wort *»eingeschlossen«* in Vers 8. Doeg sei in Nob eingeschlossen gewesen. In Vers 6 wird dasselbe Wort verwendet wie für die Enthaltsamkeit von Frauen. Ob Doeg ins Heiligtum wollte, aber davon abgehalten wurde, weil er unrein war? Hat ihn das dann so verärgert, dass er nicht nur David verriet, sondern die ganze Priesterschaft in ein schlechtes Licht rückte?

Wie auch immer, Doeg nimmt wahr, dass David vom Priester nicht nur die Schaubrote erhält, sondern auch das Schwert Goliaths, mit dem er dem Riesen den Kopf abgeschlagen hatte.[110] Als

---

109 Die Edomiter waren Nachkommen Esaus, des Bruders von Jakob. Sie waren nicht nur Feinde Israels, sondern wurden von Gott wegen ihres Hochmuts und Götzendienstes verworfen.

110 Gegenstände des Feindes, die mit Macht verbunden waren, wurden nach einem Sieg als Trophäe bewahrt. So stellten die Philister die Lade Gottes, die sie von den Israeliten geraubt hatten, in dem Haus ihres Gottes Dagon auf. Siehe 1. Samuel 5,1-2.

David Nob verlässt, macht Doeg sich auf nach Gibea. Dort wird er Saul darüber informieren, dass er David gesichtet hat. Sein Verrat wird dramatische Folgen haben.

Not in Gat (1. Samuel 21,11-16)

Wir treffen David in Gat[111], einer Königsstadt der Philister, etwa fünfunddreißig Kilometer von Nob. Er muss verzweifelt sein, denn die Philister sind die Erzfeinde Israels und Gat ist die Heimatstadt des nationalen Philisterhelden Goliath, den er getötet hat! Wahrscheinlich geht David davon aus, dass Saul ihn nicht in diesem feindlichen Gebiet suchen wird; auch hofft er, dass die Philister ihn nicht erkennen werden und er irgendwie in Philistäa Asyl finden wird. Er hat aber seinen Bekanntheitsgrad unterschätzt, denn als er in Gat ankommt, wird er gleich von den Knechten des Königs als der Held Israels erkannt. Sie nennen ihn sogar *»König des Landes«* und erinnern sich noch an das Lied, das die Frauen Israels beim Reigentanz gesungen haben: *»Saul hat seine Tausende geschlagen, David aber seine Zehntausende!«* (V. 12).[112] Und so bringen sie David vor ihren König Achis, wo er keine andere Möglichkeit sieht, als sich wahnsinnig zu stellen. David macht das so überzeugend, dass Achis seine Knechte fragt, warum sie einen solchen Mann zu ihm bringen. In Psalm 34,1 lesen wir, dass er David vor sich wegtreibt. Im alten Orient hatte man Angst vor Verrückten, da man glaubte, dass ein Geisteskranker von Göttern beschlagnahmt sei und man sich nicht an ihm vergreifen dürfe. Zwar wurden Geisteskranke am Leben gelassen, aber sie wurden womöglich vom gesellschaftlichen Leben ausgeschlossen.

In diesen Tagen ist David nach menschlichem Ermessen auf sich selbst angewiesen. Er hat alle seine Stützen verloren und muss sogar um Brot betteln. Anstatt Gott zu suchen, geht er einen selbst gewählten Weg und rechnet mit der eigenen Kraft und Klugheit.

---

111 Gat war eine der fünf Philisterstädte, die alle ihren eigenen König hatten. Die anderen Städte waren Gaza, Aschdod, Aschkelon und Ekron. Siehe Josua 13,3.

112 1. Samuel 18,7

Damit schädigt er sich selbst. Davids eigenmächtige Entscheidungen und seine eigenen Wege führen ihn in die Irre und sie verstärken seine Angst. Flucht ist niemals Erlösung aus der Not. Es ist unendlich gnädig, dass der Herr nicht nach Davids Unglaube und Sünden handelt, sondern ihn ohne Schaden aus Gat entkommen lässt.

David über seine Erfahrung in Gat

Es gibt zwei Psalmen Davids, die einen direkten Bezug auf seine bangen Stunden in Gat haben. Einer davon ist Psalm 56 (*»ein Miktam Davids; als ihn die Philister in Gat ergriffen«).* Darin beschreibt David seine Not und erkennt, dass Gott ihm geholfen hat.

Bevor der Psalm beginnt, wird angedeutet, dass er nach der Melodie *»Die stumme Taube unter den Fremden«* (V. 1) gesungen werden soll. Uns Lesern sagt das natürlich nichts, wir können uns aber gut vorstellen, dass David sich während seiner Fluchtjahre wie Freiwild gefühlt hat, das bei einer Treibjagd von Jägern (*»Fremden«*) umringt und eingeschlossen wird. Er wird andauernd und überall bedrängt und kann es sich nicht leisten, auch nur kurz lockerzulassen und zu entspannen. In Psalm 55,7, der sich übrigens nicht auf die Not in Gat, sondern auf den Verrat durch eine vertraute Person bezieht, verwendet David auch das Bild einer Taube. Er schreibt: *»O, dass ich Flügel hätte wie die Taube; ich würde davonfliegen, bis ich Ruhe fände!«* In diesem Notruf an Gott klingt durch, dass er dem ständigen Druck kaum mehr gewachsen ist. Auch in Psalm 56 können wir förmlich Davids Verzweiflung »hören«: *»O Gott sei mir gnädig, denn der Mensch wütet gegen mich; den ganzen Tag bekriegt und bedrängt er mich! Meine Widersacher wüten gegen mich den ganzen Tag, ja, viele bekriegen mich voller Hochmut!«* (V. 2.3). David ist emotional am Ende. Nach seiner Flucht war er bei Samuel in Najot, dann kam Nob, dann Gat. Immer wieder musste er weiter. Wie lange wird das so gehen? Was erwartet ihn noch alles? Wird er je wieder sicher wohnen können?

Gott in der Not zu vertrauen, erfordert die Willensentscheidung, sich nicht unseren Gefühlen der Angst zu beugen, sondern uns im Vertrauen an Gott zu wenden und uns ihm zu übergeben. Wir sehen diesen Wechsel in diesem Psalm. David macht seinem Herzen Luft: Er listet auf, was Menschen ihm alles antun und wie man ihm auflauert und sein Leben bedroht, dann aber wendet er seinen Blick entschlossen auf den Gott Israels, der stärker ist als alles, was ihn bedroht. In den Versen 4 bis 5 und 12 spricht die Stimme des Vertrauens: »*Wenn mir angst ist, vertraue ich auf dich!*« und »... *auf Gott vertraue ich und fürchte mich nicht; was kann ein Mensch mir antun?*«

Auch in Psalm 34, ebenfalls ein Psalm, der auf den Ereignissen in Gat basiert, sind die zwei Seiten sichtbar: der Druck und die Rettung, die Angst und das Gottvertrauen. Immer wieder ist entscheidend, welche von beiden das Sagen hat. Der Druck und die Angst halten uns gefangen, wenn wir aber unsere Hände zu dem Herrn ausstrecken, zieht er uns hoch und befreit uns aus unseren Ängsten.

Ergreifend sind Davids Worte in Vers 9: »*Du zählst, wie oft ich fliehen muss, sammle meine Tränen in deinen Schlauch! Stehen sie nicht in deinem Buch?*« In der Antike war es am königlichen Hof Brauch, die täglichen Ereignisse zu notieren und zu bewahren. Aus dem Buch Esther z. B. wissen wir, dass die Perser alle Taten einer Person festhielten, die zukünftig belohnt werden sollten.[113] David findet Trost im Wissen, dass er mit seinen Tränen von Gott gesehen wird. Er weiß, dass Gott jeden Schritt und damit auch jeden Fluchtweg von ihm kennt und bewahrt! Der Herr soll jede Einzelheit seines Elends in seinem Schlauch (dieser Begriff kann auch hindeuten auf eine lederne Flasche, die David aus seinen Hirtenjahren kannte) aufbewahren (V. 9). Das ist ihm wichtig und es tut ihm gut: Was er erlebt und erleidet, wird nicht vergessen, sondern steht in Gottes Buch. Wir finden diesen Gedanken auch bei Hiob, der sich wünscht, dass sein Elend und seine Reaktion darauf für immer in den Felsen gehauen werden.[114]

113 Esther 6,1-2

114 Hiob 19,23-24

David schließt seinen Psalm mit den Worten »*Denn du hast meine Seele vom Tod gerettet, meine Füße vom Gleiten, damit ich wandle vor dem Angesicht Gottes im Licht des Lebens*« (V. 14).

David in der Höhle Adullam (1. Samuel 22,1-5)

In Vers 1 zieht David von Gat in die *Schephela* oder das »Niedrigland«. Damit ist die Übergangszone zwischen den höheren Bergen im Osten und der Küstenebene im Westen gemeint. Wie lange er unterwegs ist, bis er eine Höhle in der Nähe von Adullam (das »*Zuflucht*« bedeuten kann) findet und sich dorthin zurückzieht, wird uns nicht gesagt. David muss auf jeden Fall etliche Kilometer zurücklegen, denn Adullam befindet sich in den westlichen Gebirgsausläufern, etwa 20 Kilometer von seiner Heimatstadt Bethlehem entfernt. Es ist ein fruchtbares Hügelland und ein sehr umstrittenes Grenzgebiet, denn es befindet sich in einer Art Niemandsland zwischen israelischem und Philistergebiet.

Wir müssen uns unter der Höhle Adullam nicht einen einzelnen Raum in dem Felsen vorstellen, sondern einen großen Gewölbekomplex, in dem die Höhlen miteinander verbunden sind. Es ist ein idealer Unterschlupf, denn wer einmal in diesem Komplex ein Versteck gefunden hat, ist sehr schwer auszumachen. David kann also kurz durchatmen. Dass er ganz allein in dem Gebirge bleibt, ist kein Problem für ihn. Er ist ein Mensch, der im Freien zu überleben weiß. In seinen Jahren als Hirte hat er die Tage und Nächte auf den Feldern und im Gebirge rund um Bethlehem verbracht und es gelernt, sich und seine Herde zu versorgen und gegen Raubtiere zu schützen. In der Höhle Adullam hofft er, dass er vor dem wilden Raubtier sicher ist, das ihn verschlingen will: König Saul. Tatsächlich wird David hier nicht von Saul gefunden. Er wird aber von Gott gefunden oder er findet Gott wieder, denn hier wird die Gemeinschaft Davids mit Gott wiederhergestellt. Das wird vor allem sichtbar in Psalm 57, einem der zwei Psalmen Davids, die man mit seinem Aufenthalt in dieser Höhle in Verbindung bringen kann. Der andere Psalm ist Psalm 142.

Davids Höhlenpsalmen

Man vermutet, dass Psalm 142 vor Psalm 57 gedichtet wurde, weil David in diesem Lied offensichtlich schwer unter Stress steht, während er in Psalm 57 zur Ruhe gekommen ist.

In Psalm 142 (*»Ein Maskil von David, als er in der Höhle war. Ein Gebet«*) bewegt David sich zwischen zwei Extremen; es wechseln sich Gefühle tiefer Verzweiflung und Gefühle von Hoffnung auf Gott ab. In einem Moment kommt David die Höhle vor wie ein Kerker oder eine Grube und im nächsten ist sie ihm ein sicherer Ort. Er ist gefangen und in Not, dann wiederum ist er bei Gott geborgen und getrost. Zu bedenken ist, dass David während seiner Flucht aus Gat und anfänglich auch in der Höhle Adullam mutterseelenallein war. Er war in diesen Tagen auf sich selbst angewiesen und muss sich sehr verlassen gefühlt haben.

Der Psalm beginnt mit einem laut gesprochenen Gebet: *»Ich schreie mit meiner Stimme zum Herrn, ich flehe mit meiner Stimme zum Herrn«* (V. 2). David betet nicht leise in seinem Herzen, sondern er schüttet seine Klage und seine Not laut vor Gott aus. In Gedanken sehe ich ihn in der Höhle auf und ab gehen, während er Gott anruft. Manchmal ist sein Gesicht dabei auf die Öffnung der Höhle gerichtet und er sieht Licht, dann aber dreht er sich um und es ist dunkel. David spürt diese Dunkelheit in seiner Seele, denn er fühlt sich total verlassen. Es ist keiner zu sehen, der ihn kennt, keiner, zu dem er Zuflucht nehmen kann, keiner, der nach seiner Seele fragt (V. 5). Seine Verfolger sind ihm zu mächtig, nur Gott kann ihn retten. Er fleht den Herrn an, auf sein Wehklagen zu hören (*»denn ich bin sehr schwach«*, V. 7) und seine Seele aus dem Kerker zu führen (V. 8). Wie tief ist Davids Verzweiflung und wie ehrlich und offen erzählt er Gott davon. Und wie gut tut es, in seiner Verzweiflung doch auch sein Gottvertrauen zu sehen. *»Du kennst meinen Pfad«*, sagt er in Vers 4. Und *»Du bist meine Zuflucht, mein Teil im Land der Lebendigen«* (V. 6).

An diesem Psalm von David können wir ablesen, dass er sich darin üben will, Gott zu vertrauen. In der Not entfernt er sich nicht von Gott, sondern sucht ihn. Er erinnert sich dabei immer wieder an Gottes Allmacht und Treue. Der Herr wird Rettung und Gnade senden, ja, Gott *wird* …! David seinerseits will Gott preisen und ihm lobsingen, ja er *will!* Er muss sich selbst am Kragen packen und dazu aufrufen, den Kopf nicht hängen zu lassen, sondern zu seinem Herrn hinaufzuschauen. Dasselbe gilt für uns! Wenn wir es bewusst üben, Gott zu vertrauen und ihm zu danken, werden wir merken, dass unser Herz mitzieht und fester wird, weil die Freude, die man beim Danken und Lobsingen erfährt, das Herz tröstet, erfüllt und stärkt. Und so werden wir allmählich zu Menschen, die auch andere trösten können. Paulus redet davon in seinem Brief an die Gemeinde in Korinth. Er lobt »*Gott, der Vater der Barmherzigkeit und Gott allen Trostes, der uns tröstet in all unserer Bedrängnis, damit wir die trösten können, die in allerlei Bedrängnis sind, durch den Trost, mit dem wir selbst von Gott getröstet werden.*«[115]

In Psalm 57 (»*Von David, ein Miktam, als er vor Saul in die Höhle floh*«) wechseln sich Sätze, in denen David seine Not beschreibt, mit solchen ab, in denen er eine Glaubensaussage macht. In diesem Lied ist spürbar, dass die Felsenhöhle bei Adullam David viel mehr geworden ist als nur ein Unterschlupf, in dem er ängstlich abwartete, was kommen würde. David hat seine Zuflucht nicht zwischen den Wänden und unter dem Dach der Höhle, sondern bei Gott selbst gefunden. Anders ausgedrückt: Nicht die Höhle Adullam ist Davids Sicherheit gewesen, sondern der Herr.

Während ich diese Sätze schreibe, muss ich daran denken, was mir die junge Mutter eines Kindes sagte, das an schwerem Autismus leidet: »Es gibt Tage, da würde ich am liebsten im Bett liegen bleiben, mir die Decke über den Kopf ziehen und die Welt um mich herum ausschließen.« Ich vermute, dass David ähnliche Gedanken gekannt hat. Und wir auch! Ein Bett, in dem wir uns ver-

115 2. Korinther 1,3

kriechen können, kann sich kuschelig warm, angenehm und sicher anfühlen, aber helfen tut es uns nicht! Während wir vor uns hindösen, werden weder unsere Probleme gelöst, noch werden wir befreit von unseren Sorgen und Ängsten. Die einzige richtige und wirksame Flucht ist die Flucht zu Gott. Damit kannte David sich aus und übte sie. Wenn er in Vers 2 sagt: *»Ich nehme Zuflucht unter dem Schatten deiner Flügel«*, dann bietet er uns das Bild von Küken, die sich erschrocken und ängstlich zu der Mutterhenne flüchten, um sich in aller Eile unter ihren Flügeln in Sicherheit zu bringen. Es ist dieses mütterliche Bild vom Küken, das Jesus für sich verwendete, als er über den Unglauben in der Stadt Jerusalem weinte. Er sagte: *»Jerusalem, Jerusalem (...) Wie oft habe ich deine Kinder sammeln wollen, wie eine Henne ihre Küken unter die Flügel sammelt, aber ihr habt nicht gewollt!«*[116] Hier zeigt sich das Herz unseres Gottes: Er will uns bei sich haben, beschützen, trösten und erquicken[117] und zum Leben auf dieser Erde zurüsten und stärken.

David schreibt nicht nur in Psalm 57, sondern auch in anderen Psalmen über die Flügel Gottes, unter denen Menschen eine sichere Zuflucht finden.[118] Immer wieder verbindet er das Flügelbild mit Schatten, wie in Psalm 57,2. Es ist ein starkes Bild in einer Welt, in der die sengende Hitze der Sonne so intensiv sein kann, dass man zum Überleben den Schatten braucht. Auch der Hass Sauls ist so sengend gewesen.

In Psalm 57 ist Gottes Anwesenheit sehr prominent erwähnt. David ist sicher in seiner Obhut. In den Versen 8 bis 11 kommt es zu einem Jubel: *»Mein Herz ist getrost, o Gott, mein Herz ist getrost, ich will singen und spielen. Wach auf, meine Seele, Harfe und Laute, wacht auf! Ich will die Morgenröte wecken. Herr, ich will dich preisen unter den Völkern, ich will dir lobsingen unter den Nationen! Denn groß bis zum Himmel ist deine Gnade und deine Treue bis zu den Wolken!«* In der Höhle bei Adullam findet David unter Gottes

---

116 U. a. Matthäus 23,37

117 Vgl. Matthäus 11,28

118 Siehe Psalm 57,2; Psalm 61,4-5; Psalm 63,8

Flügeln ein Zuhause für sein unruhiges Herz. Seine Umstände verändern sich durch sein Vertrauen auf Gott nicht, aber sie haben keine Macht mehr über ihn. Gott hat David in der Bedrängnis Raum und Mut gegeben.[119] Die Höhle in Adullam ist ihm zum Heiligtum geworden.

Das Entstehen der »David-Armee«

Wir kehren zurück zu 1. Samuel 22. Wir wissen nicht, wie viel Zeit David allein in der Höhle Adullam verbracht hat, bis das Wunder geschieht und Menschen zu ihm kommen. Die erste Gruppe, die sich bei ihm meldet, sind *»Davids Brüder und das ganze Haus seines Vaters«*, die irgendwie erfahren haben, dass David sich in einer Höhle bei Adullam aufhält (V. 1). Sie wissen, dass Saul Jagd auf David macht und als direkte Verwandte Davids rechnen sie inzwischen wahrscheinlich auch selbst mit der Rache des Königs. Davids ältere Brüder haben dem Heer Sauls den Rücken gekehrt und sind desertiert. Es sind Grenzen erreicht worden, sie können nicht länger einem König dienen, der eine Schreckensherrschaft führt, immer mehr abrutscht und kaum noch fähig zum Königtum ist. Sie wissen von Davids Salbung, sie haben ihn als kompetenten Heerführer erlebt und sie entscheiden sich nun für ihn. Sie sind nicht die Einzigen, die sich bei David melden, denn in diesen Tagen versammeln sich allerlei Männer um ihn, die ebenfalls Grund zur Flucht haben, weil sie *»Not und Schulden«* und ein verbittertes Herz haben (V. 2). Darunter sind auch Männer, die eines Verbrechens schuldig sind und sich aus dem Staub gemacht haben. Andere sind unter Sauls Regierung in Not geraten und wollen den widrigen Umständen im Land entfliehen (wurde ihnen Land genommen, wurden zu hohe Steuern von ihnen verlangt?). Wieder andere sind erfahrene Krieger wie Davids Brüder, die desertiert sind. Das *»verbitterte Herz«* dieser Deserteure gibt uns zu denken! Es ist eine Horde Bedrängter, Verschuldeter und Verbitterter, die ihre Hoffnung auf »den Held Israels« setzen! Sie alle sind auf der

119 Psalm 4,2b

Flucht und sie erinnern sich an die Zeit, als David für das Heer Israels immer wieder Siege errang. Sie wissen, dass er von Saul verstoßen wurde, und sie schließen sich ihm an. Für David sind sie nicht unbedingt die Gesellschaft, die er sich gewünscht hätte. Sie sind keine Ermutiger, sondern Entmutigte. Keine Helfer, sondern Hilflose. Dieses arme, bedürftige Volk findet bei ihm, der selbst ein Verfluchter und Gejagter ist, eine Zuflucht. Von David wird erwartet, dass er trotz seiner elenden persönlichen Umstände tatkräftig aufsteht und sich der Aufgabe stellt, aus diesen geflüchteten und verbitterten Männern ein einmütiges, solides und starkes Heer zu machen.

Jesus und seine Truppe

David ist in vielerlei Hinsicht mit Jesus zu vergleichen. Er trägt wegen seiner Erwählung Schmach und wird gehasst. Man will ihn *»verderben«*[120]. Als die Ersten einer Reihe von Männern zu ihm kommen, um sich ihm anzuschließen, weist er keinen von ihnen ab, sondern nimmt alle ohne Rücksicht auf ihre Vergangenheit an. Vierhundert Mann mit ihren Familien! David nimmt sie in seine Obhut und wird ihr Oberster oder Anführer (V. 2). Im Laufe der Zeit werden sich immer wieder Männer anschließen und es wird eine »David-Armee« entstehen.[121]

Jesus hat am Anfang seines Dienstes zwölf ganz unterschiedliche Männer um sich versammelt. Vier seiner Jünger waren Fischer, einer war ein Zöllner, von den restlichen sieben Männern ist uns der Beruf nicht bekannt. Die Zwölf gehörten nicht direkt zur Crème de la Crème der Gesellschaft, dennoch wurden sie Männer, die Jesus gebrauchen konnte. Er wurde ihr Herr und Meister, sie seine Schüler und Diener. Er lebte mit ihnen und prägte sie, indem er ihnen ein starkes Vorbild war und sie unterrichtete. Auch zu Praktika sandte Jesus die Zwölf aus, sie sollten in seinem Namen auftreten. Danach unterzog er sie einer Evaluierung und es folgten

---

120 Psalm 69,5.8

121 Siehe Infokasten Die Truppe Davids auf Seite 109.

neue Herausforderungen.[122] Die Zwölf wurden zu Männern Gottes, die für die Aufgaben, die ihnen gestellt wurden, tauglich waren. So waren auch bei den Männern, die sich David in der Höhle Adullam anschlossen, solche, die in späteren Jahren, als David König über Israel war, zu seiner Regierung gehörten und seine militärischen Helden waren. In seiner Fluchtphase konnte David seinen Männern nichts bieten. Da galt das, was wir auch bei Jesus sehen: *»Es geschah aber, als sie ihre Reise fortsetzten, da sprach einer auf dem Weg zu ihm: Herr, ich will dir nachfolgen, wohin du auch gehst! Und Jesus sprach zu ihm: Die Füchse haben Gruben und die Vögel des Himmels haben Nester; aber der Sohn des Menschen hat nichts, wo er sein Haupt hinlegen kann.«*[123] Es waren Hingabe und Ausdauer gefragt!

Die Eltern Davids

In 1. Samuel 22 soll uns ein besonderes Detail nicht entgehen und das ist die Fürsorge Davids für seine betagten Eltern. Er will ihnen offensichtlich nicht das Leben zumuten, das ihm und seinen Männern bevorsteht, und entscheidet sich dazu, sie vorübergehend nach Moab zu bringen (V. 3ff). Er geht mit seiner Truppe nach Mizpa in Moab und bittet den König darum, seine Eltern aufzunehmen, *»bis ich erfahre, was Gott mit mir tun wird«* (V. 3). Tatsächlich finden Davids Eltern dort eine Unterkunft. Dass der Moabiterkönig so wohlwollend ist, liegt wahrscheinlich daran, dass David von Saul verworfen wurde. Diese Neuigkeit hat sich auch damals schon sehr schnell verbreitet. Auch dass die Moabiterin Ruth die Urgroßmutter von David war, wird dazu beigetragen haben, dass David die Gunst des Königs von Moab fand.[124] Auch David selbst bleibt in diesen Tagen mit seiner Truppe auf moabiti-

122 Z. B. Lukas 9,1.10f

123 Lukas 9,57-58

124 Israel und Moab waren keine Freunde. Saul führte Krieg gegen sie (1. Samuel 14,47). In späteren Jahren besiegt David sie und macht sie tributpflichtig (2. Samuel 8,2; 1. Chronik 18,2.11).

schem Gebiet: Die Bergfeste, von der in Vers 4 gesprochen wird, vermutet man oberhalb des Toten Meeres.[125] In Vers 5 fordert der Prophet und Seher Gad[126], der auch zu seinem Gefolge gehört, David dazu auf, nach Juda zurückzukehren. Es geht daraufhin in den Wald Haret.[127]

Mord in Gibea und das Massaker in Nob (1. Samuel 22,6-23)

Die Szene wechselt, denn 1 Samuel 22,6ff bringt uns zurück in die königliche Residenz in Gibea. Dort hat Saul unter einer Tamariske seinen Ministerrat um sich versammelt. Die Atmosphäre ist grimmig, denn der König ist schlechter Laune. Die Beliebtheit Davids und sein Verschwinden machen ihm nach wie vor sehr zu schaffen. Möglicherweise hat Saul vernommen, dass David sich wieder in Juda befindet. Wenn Hunderte von Männern sich im Land bewegen, bleibt das ja nur schwer verborgen. Immer wieder werden sie gesichtet, wodurch sich herumspricht, wo sie sich gerade aufhalten.

Saul tadelt seine Diener, weil sie ihm den Bund, den sein Sohn Jonathan mit David geschlossen hat, verschwiegen haben. Wie kann das sein, dass sie sich als Benjaminiter wie er gegen ihn verschworen haben? Was haben sie von David zu erwarten? Hat es denn niemandem unter ihnen leidgetan, dass sein eigener Sohn seinen Knecht David gegen ihn aufgewiegelt hat? Aus Sauls Worten spricht nicht nur Ärger, sondern auch Selbstmitleid und Angst. Der König, der ja geistig nicht in Ordnung ist, fühlt sich immer mehr von allen Menschen verraten (V. 8a). Dennoch kämpft er verbissen weiter, um seine Position als König zu behaupten.

---

125 Es kann das heutige Masada gewesen sein, doch das ist nicht sicher.

126 Der Prophet Gad, der »Seher des Königs« (2. Chronik 29,25), soll aus Hebron stammen. Wir begegnen ihm später wieder, als er David Gottes Gericht für seine Volkszählung ankündigt (2. Samuel 24,10-14) und ihn mit der Errichtung eines Altars auf der Tenne des Jebusiters Ornan beauftragt (1. Chronik 21,18). Gad hat auch eine Rolle bei der Neuordnung des Dienstes der levitischen Sänger gehabt (2. Chronik 29,25).

127 Ein anderer Name für diesen Wald ist Jaar-Heret. Er befand sich im Stammesgebiet Judas.

Während alle betroffen und ängstlich schweigen, sieht Doeg seine Chance. Er meldet sich und erzählt Saul, dass er David in Nob gesehen hat. Der Priester Achimelech soll den Herrn für ihn befragt haben und er hat David Brote und das Schwert Goliaths gegeben. Es geht ein Zittern durch die Reihen, als der König befiehlt, dass Achimelech mit seinem ganzen Haus (d. h. mit allen Priestern aus Nob) zum Hof bestellt werden soll.

In Vers 12 steht die Priesterschaft aus Nob vor König Saul. Achimelech, der von ihm befragt wird, sagt zuerst, dass niemand im Haus Sauls so treu und so hoch angesehen ist wie David, Sauls Schwiegersohn und Vertrauter. Dann sagt er, dass ihn selbst kein Tadel trifft, weil er nicht wusste, was sich zwischen Saul und David getan hatte. Er sei davon ausgegangen, einem hochgeschätzten Diener des Königs zu helfen. Aus Achimelechs Worten können wir entnehmen, dass er regelmäßig für David gebetet hat (V. 15a).

Der König verschließt sich den Worten des Priesters. Die Tatsache, dass man David in Nob geholfen hat, ist für ihn unakzeptabel und muss gerächt werden. Er beauftragt seine Leibwache, die ganze Priesterschaft an Ort und Stelle zu töten. Aber die Männer verweigern ihm den Dienst. Das ist vielsagend. Ihr Verhalten kennzeichnet den Anfang vom Ende der Loyalität der Israeliten gegenüber Saul. Denn gerade jetzt ziehen die ersten Männer aus Israel nach Adullam und schließen sich David an.

Auf die Weigerung seiner Männer hin, die Priesterschaft in Nob zu töten, verlangt Saul von Doeg, dass er diesen Auftrag ausführt. Der Edomiter tötet an diesem Tag 85 Diener Gottes bzw. alle amtierenden Priester (*»die das Ephod trugen«).*[128] Als sei das nicht genug, folgt ein Massaker in der Stadt Nob, bei dem Männer, Frauen, Kinder und sogar das Vieh umgebracht werden. Wer Doeg dabei geholfen hat, bleibt unbeantwortet. Es entkommt nur der Priester Abjatar und der flieht zu David und be-

128 Mit dem Mord an der Priesterschaft in Nob wird ein Wort Gottes an dem Hohenpriester Eli in Silo erfüllt, siehe 1. Samuel 2,31. Das Gericht Gottes lag auf Elis Nachkommen.

richtet ihm von allem, was passiert ist (V. 21). David, der sich daran erinnert, Doeg im Heiligtum gesehen zu haben, ist völlig entsetzt, als ihm bewusst wird, dass seine Notlüge im Gotteshaus in Nob solche dramatischen Folgen gehabt hat. Er erklärt sich gegenüber Abjatar schuldig *»an allen Seelen aus dem Haus deines Vaters«* (V. 22). Dann bietet er dem Priester seinen Schutz an. Er soll sich ihm und seiner Truppe anschließen und das tut er auch. Nun hat David zwei »Geistliche« in seinem Gefolge: einen Propheten (Gad) und einen Priester. Abjatar bleibt bis zu seinem Tod bei ihm.

In Psalm 52 schreibt David über den Verrat Doegs.

Die Priesterstadt Nob

Nachdem Silo, das erste nationale Gottesheiligtum im Gelobten Land (Josua 18,1) sein Ende fand – die Philister besiegten Israel in Aphek und raubten die Bundeslade, bei den Gefechten starben der Hohepriester Eli und seine beiden Priestersöhne (1. Samuel 4) – wurde Nob das neue Heiligtum Israels. Hier finden wir den Priester Achimelech, ein Urenkel von Eli, mit seiner umfangreichen Sippe.

Man vermutet die Priesterstadt Nob, die sich im Gebiet Benjamins befand (Nehemia 11,32), auf einer Anhöhe auf den nördlichen Ausläufern des Ölbergs am alten Weg nach Jericho und in Sichtweite zu Jerusalem. Wenn wir in 2. Samuel 15,32 lesen, dass David auf seiner Flucht vor Absalom »auf die Höhe kam, wo man Gott anzubeten pflegte«, kann der Ort Nob gemeint sein (Quelle: Lexikon zur Bibel, SCM Brockhaus).

In späteren Jahren wurde die Stiftshütte nach Gibeon überführt (2. Chronik 1,3). Diese Stadt wurde *»die bedeutendste Höhe«* oder Anbetungsstätte Israels (1. Könige 3,4).

Die Truppe Davids
In **1. Chronik 12,1-23** wird berichtet, wie im Laufe der Zeit *»alle Tage etliche Männer zu David kamen, um ihm zu helfen, bis es ein großes Heer wurde, wie ein Heer Gottes«* (V. 23).
Angefangen hat es in der Höhle Adullam, wo sich die ersten 400 Männer David anschlossen, darunter *»seine Brüder und das ganze Haus seines Vaters«* (1. Samuel 22,1-2). Nicht lange danach sind sie insgesamt schon 600 Mann (1. Samuel 23,13).
In den Versen 1-2 werden Benjaminiter erwähnt, die in Ziklag in Philistäa (bzw. ab 1. Samuel 27) dazukommen. Sie waren Stammesgenossen Sauls, die dafür bekannt waren, sowohl links- als auch rechtshändig kämpfen zu können: *»Sie waren bewaffnet mit Bogen und geübt mit der Rechten und mit der Linken Steine zu schleudern, auch mit dem Bogen Pfeile zu schießen. Sie waren von den Brüdern Sauls, aus Benjamin«* (V. 2).
Als David sich auf der Bergfeste in der Wüste aufhält (u. a. 1. Samuel 22,4), kommen Männer aus dem Stamm Gad und wiederum einige aus dem Stamm Benjamin zu ihm. Dazu Männer aus Davids Stamm Juda (V. 9-19). Als David die Benjaminiter nach ihren Motiven fragt, was verständlich ist, weil sie zum selben Stamm wie König Saul gehören, kommt der Geist über Amasai, der die Gruppe leitet.[129] Er antwortet: *»Dein sind wir, David, und mit dir halten wir es, du Sohn Isaïs: Friede, Friede sei mit dir und Friede mit deinen Helfern; denn dein Gott hilft dir!«* Nach diesen Worten nimmt David die Männer bei sich auf (V. 19).
Zuletzt werden Männer aus dem Stamm Manasse genannt, die sich David anschließen, als er (in 1. Samuel 29) mit den Philistern gegen Saul in den Kampf zieht. Sie werden beschrieben als tapfere Helden, die ihre Sporen verdient haben als Häupter über Tausendschaften in Manasse (V. 20-22). So entsteht während Davids Fluchtjahren eine private David-Armee, die sich zu einem großen Heer entwickelt.

129 Amasai ist der spätere Hauptmann unter den 30 Helden Davids.

Fragen zu Kapitel 6

1. In Nob:
   Wie schätzen Sie Davids Verhalten in Nob ein? Wie hätten Sie gehandelt?
   David erklärt sich schuldig an der Ermordung der Priesterschaft in Nob (1. Samuel 22,22). Ist das richtig gedacht?
   Wie kommen Sie damit klar, wenn andere unter Ihren Entscheidungen oder Ihrem Verhalten leiden?

2. In Gat:
   Lesen Sie Psalm 34, der sich auf Davids Not in Gat bezieht.
   Was erbittet David von Gott (und was nicht!)? Worum hätten Sie Gott an seiner Stelle gebeten?
   Wie stehen Sie zu der Aussage: Wer Gott in Schwierigkeiten lobt, verschließt seine Augen vor der Realität.

3. In Psalm 142 ruft David Gott mit lauter Stimme an. Welche Erfahrungen haben Sie damit gemacht, laut mit Gott zu sprechen, wenn Sie allein sind?

4. Lesen und überdenken Sie Psalm 57,2; Psalm 61,4-5; Psalm 63,8-9; Psalm 91,1-4.
   Wissen Sie aus eigener Erfahrung, wie es ist, sich in Gott zu bergen? Was bedeutet das konkret, bzw. wie macht man das, was ist dafür nötig?

Kapitel 7
David auf der Flucht von dem Wald Haret über Kehila und Horescha in die Wüste Maon

1. Samuel 23

Da fragte David den Herrn und sprach: »Soll ich hingehen und diese Philister schlagen?«

1. Samuel 23,1

»O Gott, erhöre mein Gebet (…) Denn Fremde haben sich gegen mich erhoben!«

Psalm 54,4.5

»Du nun erdulde die Widrigkeiten als ein guter Streiter Jesu Christi!«

2. Timotheus 2,3

»An dem Tag, da ich rief, hast du mir geantwortet; du hast mir Mut verliehen, in meine Seele kam Kraft.«

Psalm 138,3

Bitte lesen Sie zuerst den Bibeltext

1. Samuel 23

In 1. Samuel 22,5b haben wir erfahren, dass David mit seiner Truppe von der Höhle Adullam zu dem Wald Haret gezogen ist. Etwa fünfzehn Kilometer entfernt von diesem Wald befindet sich Kehila, eine kleine ummauerte Grenzstadt in den westlichen Gebirgsausläufern Judas, ca. 29 Kilometer südwestlich von Jerusalem und 5 Kilometer südöstlich von Adullam. Die Stadt ist von den Philistern angegriffen worden und diese plündern ihre Tennen (23,1). Offensichtlich ist die Erntezeit vorbei, denn die Ernte (die Garben, die man noch dreschen soll, und die Säcke mit Getreide) ist schon auf der Tenne gelagert. Die Stadt ist in großer Not, denn sie droht nicht nur besiegt, sondern auch ihrer lebensnotwendigen Vorräte beraubt zu werden. Man würde erwarten, dass König Saul seinem Volk in Kehila zur Hilfe kommt, aber keine Spur von ihm und seinem mächtigen Heer. Die Stadt ist sich selbst überlassen.

Als David erfährt, was in Kehila vor sich geht, fragt er den Herrn, ob er mit seinen vierhundert Mann hingehen soll, um die Philister zu schlagen (V. 1). Mit diesem »Fragen« ist meistens ein Befragen durch das Los gemeint. Der Hohepriester trug zwei kleine Lose, den Urim (Licht) und den Thummim (Recht), in der Brusttasche in seinem Priesterkleid mit sich, mit deren Hilfe Gott befragt wurde.[130] Meistens erhielt man ein einfaches »Ja« oder »Nein« als Antwort, mitunter bekam man aber auch eine ausführlichere Antwort von Gott. Die Lossteine stehen David zur Verfügung, da der Priester Abjatar, der sich David angeschlossen hat, sein Ephod (Priesterkleid) aus Nob mitgebracht hat (V. 6). Als das Los geworfen wird, ist die Antwort des Herrn eindeutig: David soll die Philister schla-

130 Siehe 2. Mose 28,30 und 3. Mose 8,8

gen und Kehila retten (V. 2). Als die Männer Davids gegen diese Aktion sind, weil sie meinen, den Philistern nicht gewachsen zu sein *(»Wir fürchten uns schon hier in Juda und nun sollen wir sogar nach Kehila gegen die Schlachtreihen der Philister ziehen?«*, V. 3), wird das Los erneut geworfen. Es bringt dieselbe Antwort des Herrn, dieses Mal mit der Zusage: *»denn* ich *will die Philister in deine Hand geben!«* (V. 4).

David rettet seine Volksgenossen in Kehila (V. 1-14)

Beim Kampf in Kehila geht es so, wie Gott gesagt hat. Die Truppe von David schlägt die Philister und die Einwohner der Stadt werden gerettet. Man würde erwarten, dass König Saul sich dankbar erzeigt, weil seine Stadt den Angriff der Philister mit der Hilfe von David und seinen Männern heil überstanden hat. Der König ist aber nach wie vor vom Hass gegen David erfüllt. Dass David sich noch mit seinen Männern in der Stadt befindet, macht ihm Hoffnung, ihn zu erwischen. Seiner Meinung nach ist das ein Kinderspiel, weil David praktisch in der Falle sitzt. Er hat sich mit seiner Truppe in der Stadt verschanzt und die verstärkten Holztüren des Stadttores verriegelt. Schockierend sind Sauls Worte in Vers 7: *»Gott hat ihn in meine Hand ausgeliefert, denn er hat sich selbst eingeschlossen, indem er in eine Stadt mit Toren und Riegeln gegangen ist!«* Wie gemein fromm!

Der König Israels hat offensichtlich kein Problem damit, eine ganze Stadt, in der Menschen aus seinem Volk wohnen, zu vernichten, nur um David erwischen und töten zu können. Er macht sein Heer mobil, um Kehila zu belagern. Doch so weit kommt es nicht. Als David erfährt, was Saul vorhat, befürchtet er, dass die Einwohner Kehilas ihn ausliefern werden, um ihr eigenes Leben zu retten. Wiederum wird der Herr durchs Los befragt und er bestätigt, dass es sich tatsächlich so abspielen wird. Wie kann das sein? Nun, zuallererst wollen die Einwohner einem Angriff Sauls aus dem Weg gehen. Zu bedenken ist aber auch, dass die Einwohnerzahl der Kleinstadt sich durch die Truppe Davids praktisch verdoppelt hat, was sehr belastend für sie gewesen sein muss. Sie werden aber von Davids Anwesenheit befreit, denn auf Gottes Botschaft hin flüchtet er mit seinen Männern, *»wohin sie gehen konnten«* (V. 13). Saul gibt daraufhin seinen Feldzug auf, doch seine Jagd auf David setzt er unvermindert fort, es wird »alle Tage« nach ihm gesucht. Dass David Saul nicht in die Hände fällt, ist Gott zu verdanken (V. 14b).

Von Jonathan überrascht (V. 15-18)

David und seine Truppe sind von Kehila in die Wüste Siph geflüchtet, wo sie sich in einem Ort namens Horescha niedergelassen haben. Die Wüste Siph befindet sich in dem Wüstengebiet Judas zwischen dem Bergland und dem Toten Meer. Sie ist nach der Stadt Siph benannt, die südlich von Hebron liegt. Die Region ist unfruchtbar und zerklüftet und sie hat viele Schluchten und Höhlen. Hier erlebt David eine enorme Ermutigung, denn er wird von seinem Freund Jonathan besucht! Der Sohn Sauls hat es unter Lebensgefahr gewagt, sich auf den Weg zu machen, um David zu finden und ihm Mut zu machen. Hier ist ein Freund, wie ihn Salomo beschreibt: Er *»liebt zu jeder Zeit und als Bruder für die Not wird er geboren.«*[131]

Jonathan kommt nicht mit billigem Trost. Er hat keine Flasche aus dem Weinkeller seines Vaters mitgebracht, um wie in alten Zeiten mit David anzustoßen. Er sagt David weder: »Kopf hoch, du bist ein hervorragender Krieger und Stratege, du wirst es schaffen, den Häschern meines Vaters zu entwischen!«, noch sagt er ihm zu, dass er ihn beschützen wird. Jonathan weiß, dass er David beides nicht garantieren oder versprechen kann. Was er tut, ist viele Male besser: Er ermutigt und stärkt David in seinem Glauben und Gottvertrauen (V. 16). Jonathan betont, dass David Gottes vorgesehener Mann für den Thron Israels ist, auch wenn die Umstände auf das Gegenteil hinweisen, und dass sein Vater Saul Gottes Pläne nicht

131 Sprüche 17,17

vereiteln kann. David soll sich nicht fürchten, denn Saul wird ihn nicht finden, »*sondern* du *wirst König werden über Israel und ich will der Nächste nach dir sein! Auch mein Vater Saul weiß dies wohl*« (V. 17). Aus Jonathans Worten wird klar, dass er damit zu rechnen scheint, dass er in der Zukunft als zweiter Mann Israels neben seinem Freund stehen wird. Es ist Jonathans Verlangen und es kommt ihm auch logisch vor, schließlich ist er der Kronprinz Israels, aber es wird ganz anders kommen. Wie leicht können wir uns irren und meinen, dass Gott gesprochen hat, während es in Wirklichkeit die Stimme unseres Herzens ist!

Was hier, in einem Versteck in der Wüste von Siph, vor sich geht, ist unendlich kostbar. Jonathan ist sich der Bedrohung und der Gefahr, der David andauernd ausgesetzt ist, völlig bewusst. Er selbst hat schon büßen müssen für seine Treue zu David, denn sein Vater hat sich gegen ihn gekehrt und versucht, ihn umzubringen. Jonathan hält aber fest an Gottes Vorhaben. Besseres kann Jonathan seinem Freund nicht geben, als ihm zu sagen, dass Gott den Thron Israels für ihn bestimmt hat. Wenn David an seiner Salbung und an dieser Prophezeiung oder Verheißung Gottes festhält, wird er davor bewahrt werden, sich von den sichtbaren Umständen gefangen nehmen zu lassen und mutlos aufzugeben. Denn was Gott verheißen hat, das wird er tun.

In Vers 18 schließen Jonathan und David (wieder) einen Bund[132], danach verabschieden sie sich und Jonathan kehrt in die königliche Residenz in Gibea zurück.

David wird verraten und verfolgt (V. 19-28)

In der Wüste Siph ist David bald nicht mehr sicher, denn er wird gesichtet und verraten. Die Siphiter ziehen nach Gibea und geben Saul detaillierte Ortshinweise auf das Versteck Davids: »*Ist nicht David bei uns verborgen auf den Bergfesten in Horescha, auf dem*

132 Vgl. 18,3; 20,8

Hügel Hachila[133], *der zur Rechten der Wildnis liegt?«* (V. 19). Es bleibt nicht dabei, denn die Männer bieten Saul an, David an ihn auszuliefern. König Saul reagiert mit frommen Worten. Die Verräter sollen vom Herrn gesegnet sein, weil sie sich über ihn erbarmt haben. Sie sollen zurückkehren und sorgfältig überprüfen, wo genau David sich aufhält, *»denn es ist mir gesagt worden, dass er sehr listig ist«* (V. 22). Sie sollen Davids Verstecke beobachten und erkunden und wieder nach Gibea kommen, wenn sie sich ihrer Sache sicher sind. Das Letztere ist eine fast unmögliche Aufgabe, weil David und seine Männer regelmäßig weiterziehen, damit sie nicht entdeckt werden. Sie halten sich inzwischen in einer anderen Region der judäischen Wüste auf, da sie erfahren haben, dass Saul und seine Männer sie in der Wüste Siph suchen. In dieser Region, der Wüste Maon, östlich vom Ort Maon[134], ziehen sie sofort *»zu dem Felsen«*, um Saul zu entkommen, tatsächlich laufen sie ihm aber fast direkt in die Arme. Ja, Saul ist nun auch in dieser Wüste und er ist David sehr dicht auf den Fersen! Es kommt zu einer sehr gefährlichen Situation. Während David und seine Männer sich auf einem besonders steilen Felsabhang befinden (sie steigen gerade hinab zum Toten Meer), schafft Sauls Truppe es, sie einzuschließen (V. 26). Nach menschlichem Ermessen ist es damit aus für David, es geschieht aber ein großes Wunder, denn es kommt ein Bote an, der Saul darüber informiert, dass die Philister ins Land eingefallen sind. Saul bleibt nichts anderes übrig, als die Verfolgung Davids abrupt abzubrechen und den Philistern mit seinem Heer entgegenzugehen. Dies ist ein Eingreifen Gottes, denn anders kann man diese unerwartete Wendung in Davids Situation nicht deuten! Hier bewahrheitet sich Vers 14 *»Und Saul suchte ihn (David) alle Tage, aber Gott gab ihn nicht in seine Hand.«* Ob der Bote vielleicht ein Engel Gottes gewesen ist?

---

133 Dieser Hügel soll sich irgendwo zwischen Siph und dem Toten Meer befinden.

134 Maon (»Versteck« oder »Aufenthaltsort«) war der Wohnort Nabals, dem wir in 1. Samuel 25 begegnen.

Psalm 54

Mit Psalm 54 haben wir ein Lied Davids, das sich auf den Verrat der Wüstenbewohner oder der Menschen aus Siph bezieht.[135]

Wieder ist Davids Aufenthaltstort bei Saul durchgesickert und er muss sich in Bewegung setzen. Wir wissen aus Psalm 56, der sich auf Davids bange Stunden in Gat bezieht, dass in der Fluchtzeit Davids Tränen geflossen sind (V. 9), und es ist nicht schwer, das zu verstehen. Wie enttäuschend muss es für ihn sein, dass die Krieger Israels, die früher unter seiner Leitung gekämpft haben, nun unter Saul Jagd auf ihn machen. Wie Freiwild muss er sich gefühlt haben, weil Saul andauernd auf der Lauer lag und überall seine Spione hatte. Wie erschöpfend muss es gewesen sein, nie die Zügel locker lassen zu können, weil schon ein Moment der Entspannung lebensgefährlich sein konnte. David konnte es sich nicht leisten, zusammenzubrechen und das Handtuch zu werfen, denn es waren Mut und Tatkraft gefragt. Er musste immer wieder über seinen eigenen Schatten springen und sein Heer motivieren, damit sie dem blutgierigen Saul entkamen.

Wenn Schwierigkeiten und Druck anhalten, besteht das Risiko, dass wir allmählig mürbe werden. Was uns dann bleibt, ist die Klage über unser Elend. Man kann in dieser Klage verharren, aber man kann sich auch dazu entscheiden, sich zu erheben und den Blick auf die unsichtbare Realität des lebendigen Gottes zu richten, der uns liebhat und sieht. Das macht David sehr bewusst in Psalm 54. In Vers 5 schildert er in nur wenigen Worten seine heikle (oder eher lebensgefährliche) Situation: *»Fremde haben sich gegen mich erhoben und Gewalttätige trachten mir nach dem Leben; sie haben Gott nicht vor Augen.«* Nicht nur hat Saul den Gott Israels nicht vor Augen, sondern er kämpft gegen ihn, indem er David vernichten will, der Gottes Erwählter für den Thron Israels ist!

Wiederum zeigt David in seiner Bedrängnis Glaubensmut, indem er sich im Vertrauen an den Herrn wendet und betet: *»O Gott,*

135 Die Siphiter verraten David in 1. Samuel 26 zum zweiten Mal (V. 1).

rette mich durch deinen Namen und schaffe mir Recht durch deine Macht! O Gott, erhöre mein Gebet und achte auf das Reden meines Mundes!« (V. 3.4). David rechnet mit Gottes Hilfe. In den Versen 6 und 7 bezeugt er, dass der Herr sein Leben erhält und seinen Feinden ihre Bosheit vergelten wird. Dieses Wissen bringt ein Lob, das wir in Vers 8 finden.

Vielleicht denken Sie: Das haben wir schon gehabt. Das haben wir in Davids anderen Psalmen schon erlebt, dass er in einem Moment verzweifelt ist, dann aber voller Vertrauen auf Gott; dass er Gott voller Angst anruft, ihn dann aber lobt. Ja, das haben wir tatsächlich schon gehabt. Und es wird wieder kommen, in anderen Psalmen Davids. Und nicht nur dort, denn wir sehen dieses Muster nicht nur bei ihm, sondern auch bei anderen biblischen Personen. Und wir kennen es selbst! Die Realität ist, dass wir nicht mit einem Mal von bedrängenden Umständen, Problemen, Sorgen und Ängsten erlöst werden. Auch lernen wir nicht ein für alle Mal, Gott voll zu vertrauen. Unser Gottvertrauen wird immer wieder geprüft und muss öfter neu errungen werden. Es tröstet uns, wenn wir auch bei Glaubenshelden wahrnehmen, dass Gottvertrauen wachsen muss und manchmal stark angefochten ist; dass man einen Schritt vorwärts geht, dann aber stehen bleibt oder sogar zurückfällt; oder auch, dass das Vertrauen auf Gott manchmal nicht nur wackelt, sondern dem Druck nicht gewachsen ist und in sich zusammenfällt; dass es überwältigt wird von unserer Angst. Darum sollten wir Davids Psalmen nicht schnell überfliegen, sondern sie gründlich lesen und daraus lernen. Es tut gut zu sehen, dass in der Not nicht nur geklagt wird, sondern dass es auch zu einem Jubel kommen kann; und dass beides sein darf: Klagen und Jubel. Wir richten beides an dieselbe Adresse und werden gehört. Unsere Worte kommen bei dem Allerhöchsten an, der im Himmel thront. Wie gut, dass wir ihm gegenüber nichts verbergen müssen, unsere Ängste nicht zu unterdrücken brauchen, weil wir etwa meinen, Gott könnte von uns enttäuscht sein. Wir dürfen ihn fragen und unsere Klagen aussprechen. Ihn überrascht das nicht, weil er uns kennt. Wie gut, dass Gott uns in unserer Not entgegenkommt und sich uns als Zufluchtsort anbietet. Dass wir bei ihm durchatmen können und er uns daran erinnert: Er ist der Allerhöchste, der uns auch in der Not bewahrt. Nichts kann uns aus seiner Hand reißen. Wie gut, dass David dieses Wissen immer wieder zurückgewinnt, oder eher: dass dieses Wissen bei David präsent ist, auch wenn er es manchmal suchen oder sich daran erinnern muss. Seine Lebensgeschichte ist echt und in ihrer Echtheit manchmal rau und beängstigend. Davids Alltag kennt Probleme, die überwältigend und bedrohlich sein können. Genau wie bei uns. Vielleicht fragen wir uns manchmal, ob Gott uns sieht, weil das für uns nicht direkt wahrnehmbar ist. Rufen Sie ihn an! Und vertrauen Sie ihm. Unser Gott ist da, vertrauenswürdig und zum Helfen bereit. Denken Sie an die Worte in 2. Chronik 16,9: *»Denn die Augen des Herrn durchstreifen die ganze Erde, um sich mächtig zu erweisen an denen* (oder in der Elberfelder Übersetzung: *um denen treu beizustehen, deren Herz ungeteilt auf ihn gerichtet ist).«* Das Wissen, dass unserem Gott nichts entgeht und dass er seine Kinder nicht aus den Augen verliert und ihnen beisteht, tut unendlich gut und macht uns Mut. Wir sind nicht uns selbst überlassen, sondern werden von unserem himmlischen Vater gesehen, der uns in unserer Not antwortet. *»An dem Tag, da ich rief, hast du mir geantwortet«*, schreibt David in einem seiner Psalmen, *»du hast mir Mut verliehen, in meine Seele kam Kraft.«*[136]

Während ich diese Worte aufschreibe, erinnere ich mich an eine Frau, die ich vor vielen Jahren kennenlernte. Sie erzählte mir, dass ihre Mutter starb, als sie noch jung war. Ihr Vater blieb mit fünf oder sechs Kindern zurück, nur die älteste Tochter war schon zur Ausbildung außer Haus. Es gab zwar immer wieder Menschen, die ihre Hilfe anboten, aber im Großen und Ganzen meisterte die Familie diese Situation allein. Woran sich diese Frau aus dieser Zeit erinnerte, war vor allem, dass ihr Vater jeden Morgen, wenn er beim Rasieren vor dem Spiegel stand, die Worte Jeremias zitierte:

136 Psalm 138,3

»Aber der Herr ist mit mir wie ein starker Held!«[137] »Wir hörten diese Worte jeden Morgen«, sagte die Frau mir, »und es hat uns alle geprägt. Unser Vater, der sicherlich Momente gekannt hat, in denen er verzweifelt war und nicht wusste, wie es weitergehen sollte, sagte seinem Spiegelbild jeden Morgen, dass der Herr mit ihm war. Das haben wir nicht nur gehört, sondern auch erfahren, und wir haben es nie vergessen!«

Wüsten

Bei Wüsten denken wir meist automatisch an Sandwüsten. Die Wüsten im Gelobten Land (Kanaan) waren aber von einer anderen Sorte. Es waren karge Regionen, steinig, gebirgig und trocken. Gefährlich, auch das. In den Tälern gab es eine spärliche Vegetation mit widerstandsfähigen Baumsorten wie Tamarisken oder Akazien und Dorn- und Distelsträuchern. Das Flussbett der Gewässer war meist ausgetrocknet. Wenn es (selten) regnete, wuchs Gras und die Herden (Schafe, Böcke) fanden Nahrung. Dies ist die Gegend, in der sich David während seiner Flucht vor Saul immer wieder aufgehalten hat. In seiner Geschichte wird von Bergfesten, Bergland, Berghöhen, Felsen und Höhlen gesprochen. Tiere, die in diesen Gegenden leben, sind u. a. Steinböcke, Klippdachse (Psalm 104,18), Gämsen, Murmeltiere, Adler, Geier, Raben, Schlangen, Skorpione, Spinnen und Insekten.

137 Jeremia 20,11

Fragen zu Kapitel 7

1. Jonathan war ein Mann, der sein Leben für seinen Freund David gewagt hat.
   In unserer Zeit und Kultur wird Menschen gesagt, dass sie an sich denken und sich abgrenzen sollen.
   Wie sehen Sie das? Was darf man von seinen Freunden erwarten? Und was für ein Freund/eine Freundin sind Sie anderen? Lesen Sie dazu Johannes 15,13 und Matthäus 5,41.

2. Lesen Sie Philipper 2,4. Denken Sie dabei an Jonathan, der nicht nur akzeptierte, dass David seinem Vater auf den Thron folgen würde, sondern ihm auch treu zur Seite stand. Was war der Grund dafür, dass er das schaffte?

3. Lesen und überdenken Sie Psalm 54.

4. In welchem Verhältnis stehen in Ihren Gebeten Klagen und Fragen gegenüber dem Danken und Loben?

5. Was hilft uns dabei, unser Gottvertrauen zu stärken? Und was ist dafür erforderlich?

6. In schwierigen Umständen neigen wir oft dazu, die Hände in den Schoß zu legen und abzuwarten, wie sich die Dinge entwickeln. David zeigt uns den richtigen Weg. Er befragt Gott und nimmt seine Verantwortung wahr: Er steht auf und handelt nach Gottes Wort. Wie sieht das bei Ihnen aus?

Kapitel 8
David verschont das Leben von Saul
1. Samuel 24

»Du sollst nicht der Menge folgen zum Bösen.«

2. Mose 23,2

»… und bewahrt ein gutes Gewissen (…) Denn es ist besser, dass ihr für Gutestun leidet, wenn das der Wille Gottes sein sollte, als für Bösestun.«

1. Petrus 3,16-17

»Und nun siehe, ich weiß, dass du gewiss König werden wirst und dass das Königreich Israels in deiner Hand bestehen wird.«

Sauls Worte an David
in 1. Samuel 24,21

Bitte lesen Sie zuerst den Bibeltext

1. Samuel 24

David und seine Männer sind von der Wüste Maon zu den Berghöhen von En-Gedi (»Zickleinquelle«) gezogen. En-Gedi ist bis heute eine wunderschöne Oase mit ausreichend Süßwasser westlich des Toten Meeres. Sie war in biblischen Zeiten berühmt für ihre aromatischen Pflanzen und Parfüms: In Hohelied 1,14 wird von Cyperblumen und Weinbergen in En-Gedi gesprochen. Auch soll es hier große Anpflanzungen von Balsambäumen gegeben haben. Die Gegend rundum En-Gedi ist ganz anders; es ist eine karge und unwirtliche Wüste. Der in dieser Region dominierende Kalkstein ist von Höhlen durchzogen, die teilweise vielen Menschen gute Verstecke bieten.

David, der sich mit seiner Truppe in einer dieser Höhlen aufhält, weiß nicht, dass sie wieder verraten wurden und dass Saul sich mit einer Elitetruppe von 3000 *»auserlesenen Männern«* auf den Weg gemacht hat, um ihn zu suchen. Er ist schon in unmittelbarer Nähe ihres Verstecks. Und dann geschieht das fast Unglaubliche: In Vers 4 sondert Saul sich von seinen Truppen ab und wählt sich gerade die eine Höhle, in der sich David und seine Männer befinden, um *»seine Füße zu bedecken«*.[138] Man kann es auch so sagen: Der König Israels sucht sich ein stilles Örtchen, um sich zu erleichtern. Es folgt eine sehr spannende Geschichte.

In der Höhle

Als Saul allein in die Höhle geht, um sich zu erleichtern, ist er noch von der Sonne geblendet und so bleiben die Männer, die sich im

138 In Richter 3,24 wird der moabitische König Eglon ermordet, als er in seinem privaten und kühlen Obergemach *»seine Füße bedeckt«* bzw. seine Notdurft verrichtet.

hinteren, dunklen Teil der Höhle befinden, für ihn unsichtbar. Saul selbst dagegen befindet sich in der Felsöffnung direkt im Licht. Dort ist er für David und seine Männer nicht nur gut sichtbar, sondern in diesem Moment auch eine leichte Beute. Die Männer Davids sehen den König von ihrem Versteck aus in einer wohl sehr wehrlosen (und für ihn peinlichen) Lage. Man kann sich ihre Aufregung vorstellen. Es ist, als würde ihnen der König wie auf einem Silbertablett serviert, sie brauchen nur noch zuzugreifen. Die Männer stoßen sich an, es entsteht ein aufgeregtes Getuschel.

Dass sich David und seine Männer unterhalten, ohne dass Saul davon etwas mitbekommt, kommt uns wahrscheinlich merkwürdig vor. Aber das ist es nicht! In Vers 4 lesen wir nämlich von Schafhürden am Weg. Diese weiden in der direkten Umgebung der Höhle und sind von Saul und seiner Truppe gestört worden. Das wird ein lautes Gemecker gegeben haben! Auch die Soldaten Sauls (3000 Mann!) werden nicht stumm auf ihren König gewartet haben. Man lief hin und her, es wurde geredet, vielleicht hat man sich gegenseitig etwas zugerufen. Also, ganz still kann es in dieser Stunde nicht gewesen sein!

In der Höhle wird nun leise, aber dringlich gesprochen. Oder besser gesagt: Davids Truppe redet energisch auf ihn ein. Er soll nicht sitzen bleiben, sondern aufstehen und aktiv eingreifen. *»Da sprachen die Männer Davids zu ihm: ›Siehe, das ist der Tag, von dem der Herr dir gesagt hat: Siehe, ich will deinen Feind in deine Hand geben, dass du mit ihm machst, was dir gefällt!«* (V. 5). Wir halten den Atem an. Es hört sich wunderbar an: David kann sich mit einem Schlag von allem Elend befreien. Es braucht nur einen Dolchstich und Sauls unselige Jagd auf David und seine Truppe gehört der Vergangenheit an. Das ist doch nicht zu fassen, beinahe unglaublich, dass der Herr die Dinge so wunderbar leitet und der Feind nun David wehrlos ausgeliefert ist. Schau, David, das ist doch ein Gottesgeschenk: Saul bietet sich dir praktisch an. Zögere nicht länger, sondern sei ein Mann, nimm dein Schwert und schlag zu!

In dieser Stunde sehen wir den Mann Gottes in David. Es ist bewundernswert, dass er der Versuchung widersteht und Saul nicht tötet. Trotz des Drängens seiner Truppe ist er nicht bereit, dem König von Israel etwas anzutun. In dieser Situation steht er allein seinen Männern gegenüber. Bei denen besteht kein Zweifel daran, was nun zu tun ist. David beweist viel Mut, als er es wagt, als Einziger anderer Meinung zu sein. Das Risiko ist groß, dass seine Männer ihn als Versager sehen oder sogar verachten und abweisen werden. Dennoch bleibt er bei seiner Position. In dieser Stunde tut David, wovon in 2. Mose 23,2 die Rede ist: *»Du sollst nicht der Menge folgen zum Bösen.«*

David bleibt nicht sitzen, sondern er schleicht sich an der Felswand entlang zu Saul. Als er hinter ihm steht, gelingt es ihm, einen Zipfel seines Königsmantels abzuschneiden und von ihm wegzutreten, ohne dass Saul auch nur etwas davon mitbekommt.

Man spürt das Entsetzen der Männer Davids. Wir dürfen nicht vergessen, dass einige dieser Männer hoch verschuldet waren bzw. gesucht wurden. Sie hatten so einiges auf dem Kerbholz. Andere waren geübte Krieger, die aus Sauls Heer desertiert waren, weil sie ihm nicht länger dienen wollten. Sie alle hatten an Saul etwas auszusetzen, denn unter seiner Regierung war vieles nicht gut gelaufen. Hatten sich einige der Männer so verschuldet, weil Saul zu hohe Steuern von seinen Untertanen verlangte? Waren einige aus dem Heer desertiert, weil der König tyrannisch, labil und unzuverlässig war? Fühlten sich die Männer bedrängt, weil die Umstände unter Sauls Regierung widrig waren? Wie auch immer, für sie war Saul ein Feind.

Wenn statt David diese erbitterten Männer nach vorn in die Höhle gegangen wären, dann wäre Saul sicherlich nicht am Leben geblieben. David aber trifft die Entscheidung, dem Mann, der rücksichtslos Jagd auf ihn macht und der ihm jetzt zum Greifen nah ist, nichts Böses zu tun. Seiner entsetzten Truppe erklärt er seine Beweggründe so: *»Das lasse der Herr ferne von mir sein, dass ich so etwas tue und meine Hand an meinen Herrn, den Gesalbten* *des Herrn, lege; denn er ist der Gesalbte des Herrn«* (V. 7). Zweimal nennt David Saul den Gesalbten des Herrn und damit hat er recht: Der Prophet Samuel hat Saul im Auftrag Gottes zum ersten König über Israel gesalbt.[139] So will David ihn sehen, auch wenn er weiß, dass Gottes Geist von Saul gewichen ist und er von Gott verworfen wurde. In Davids Augen bleibt der König Gottes Gesalbter, auch jetzt noch, wo ein böser Geist in ihm wohnt und er unzurechnungsfähig und mordgierig geworden ist. Auch jetzt, wo Saul ihn hasst und sein Feind geworden ist.[140] Saul wurde von Gott berufen und bleibt deswegen Gottes Verantwortung. Hier einzugreifen, das wagt David nicht und das will er auch nicht. Er ist selbst ein Gesalbter Gottes, dennoch hält er sich zurück. Ein Mensch soll das Recht nicht in die eigene Hand nehmen; Gott wird die Bosheit der Menschen rächen.[141] So ist auch die Rache an Saul Gottes Sache. Es ist die Ehrfurcht vor Gott, die aus Davids Worten und aus seiner Haltung spricht. Der Bibelausleger Martin Holland fasst Davids Verhalten in der Höhle so zusammen: »David hört nicht auf verführerische, kluge und scheinbar fromme Stimmen; er hat ein waches Gewissen, das an Gott gebunden ist und das sich deshalb auch nicht durch scheinfromme Gottesworte verführen lässt; er setzt ein Zeichen seines Gehorsams; er verbietet den Mord durch seine Anhänger; er überlässt Gott das Gericht und vertraut ihm, dass er ihn rächen wird.«[142]

Gnade anstatt Rache

In Vers 6 lesen wir, dass David in diesen Minuten innerlich aufgewühlt und aufgeregt ist: *»… da schlug ihm sein Herz.«* David tut Saul nichts Böses, er nähert sich nur dem König und schneidet den Zipfel seines Königsgewands ab. Er setzt damit ein Zeichen: Das Königtum von Saul wird ihm vom Herrn weggenommen oder *ab-*

139 1. Samuel 10,1

140 1. Samuel 18,29b

141 U. a. Römer 12,19

142 Die Wuppertaler Studienbibel zu 1. und 2. Samuel, SCM Brockhaus Verlag.

gerissen werden.[143] Wir sind beeindruckt, dass David sich beherrscht und nicht mehr als nur das tut. David selbst aber empfindet nachträglich, dass er unüberlegt gehandelt und eine Grenze überschritten hat. Wie das Oberkleid des Hohenpriesters[144] hatte auch das Kleid Sauls wahrscheinlich am Saum eine Dekoration, die seine Position und Autorität symbolisierte. Dass David davon ein Stück abgeschnitten hat, macht ihm Gewissensnot. Er hat sich durch diese Handlung an Saul vergriffen, ja, seine Stellung und Autorität als König angetastet.[145] Es ist Gottes Sache, an Saul zu handeln, nicht die von David!

In dieser Stunde ist David seinen Männern ein großes Vorbild. Zwar ist es als Wunder zu betrachten, dass Saul sich gerade in dieser Höhle abgesondert hat und sich David praktisch anbietet, dennoch will David sich nicht an Saul rächen. Auch dann nicht, als seine Männer ihm sagen, es sei verrückt, wenn er Saul gehen ließe. Selbst als sie jetzt murren, weil sie es nicht wahrhaben wollen, dass David seinen (und ihren) Feind am Leben gelassen hat, hält er an seinem Standpunkt fest. Sie hätten von ihrem Anführer ein tatkräftiges Auftreten erwartet; er hätte ein für alle Mal mit Saul abrechnen sollen! Ihr Respekt für David ist in diesem Moment auf dem Nullpunkt, auch ihre Stimmung! Davids Männer sind blind dafür, dass dies ein heiliger Moment ist.

Wie gut, dass David trotz allem, was er erlebt hat, in seinem Herzen Raum für Gottes Stimme bewahrt hat. Das starke Drängen seiner Truppe kann die Weisung des Heiligen Geistes nicht

---

143 Bei der letzten Begegnung Samuels mit Saul hat Saul den Propheten beim Zipfel seines Obergewandes ergriffen, um zu verhindern, dass Samuel ihn verlässt. Als dabei ein Zipfel des Obergewandes von Samuel abgerissen wurde, hat Samuel das als eine anschauliche Darstellung Gottes betrachtet für das, was Saul geschehen würde. Er hat Saul gesagt: *»Der Herr hat heute das Königreich Israel von dir abgerissen und es deinem Nächsten gegeben, der besser ist als du«* (siehe 1. Samuel 15,27-28).

144 2. Mose 28,31-34

145 In Fußnote 61 sagte ich schon, dass die Kleidung für die Person bzw. für ihre Identität und Funktion steht. Interessant ist, dass es in Mesopotamien als Zeichen einer Scheidung galt, wenn ein Mann den Saum des Kleides seiner Frau abschnitt. Sie verlor damit ihre Identität als seine Ehefrau.

übertönen. Als David Sauls Silhouette in der Öffnung der Höhle vor dem Hintergrund der *roten Berge Moabs* sieht, sieht er einen Mann, den Gott zum König gemacht hat. Der kanadische Theologe Eugene Peterson schreibt: »*Die Szene hätte leicht geschmacklos und vulgär wirken können: der König von hinten betrachtet, der sich auf seinem ›Thron‹ erleichterte. Doch David stand zwar mit beiden Beinen auf dem Boden der Tatsachen, aber er war nicht vulgär. Er verwandelte die Szene in einen Akt der großmütigen Würdigung, in einen heiligen Moment, in ein Beispiel für eine außerordentliche, grenzenlose Ehrfurcht vor dem Leben.*«[146]

In Vers 8a hält David seine Männer zurück, um zu verhindern, dass sie auf Saul losstürmen und ihn erledigen. Es hat ihn sicherlich einiges an Überzeugungsarbeit gekostet, um sie zu bändigen und zu beruhigen. Man kann dankbar sein, dass es David gelungen ist. Denn wenn seine Männer Saul eigenhändig umgebracht hätten, hätte das wahrscheinlich zu einer großen Schlacht geführt. Schließlich wartete Sauls Elitetruppe von 3000 Mann auf die Rückkehr ihres Königs!

Nachdem Saul die Höhle verlassen hat, macht sich auch David auf und ruft Saul nach. Er nennt ihn »*Mein Herr und König*«, und als Saul sich umdreht und ihn sieht, neigt David sein Angesicht zur Erde und verbeugt sich. Anschließend stellt er Saul die Frage, warum er auf Menschen hört, die behaupten, David wolle ihn töten. Hat er nicht gerade das Gegenteil bewiesen, als er Sauls Leben verschonte? »Meine Truppe hat mich dazu gedrängt, dich umzubringen«, sagt er, »*aber es war mir leid um dich, denn ich sprach: Ich will meine Hand nicht an meinen Herrn legen; denn er ist der Gesalbte des Herrn.*« In Vers 12 spricht David Saul mit »*mein Vater*« an und zeigt ihm den Zipfel seines Obergewandes, den er in der Höhle abgeschnitten hat. Er habe Saul nichts angetan, während der unablässig darauf aus ist, ihm das Leben zu nehmen. »*Der Herr sei Richter zwischen mir und dir; und der Herr räche mich an dir, aber*

146 Eugene Peterson, Wer den Himmel sucht, muss die Erde lieben. Brunnen Verlag, Gießen. S. 96

*meine Hand soll nicht über dir sein. Wie man nach dem alten Sprichwort sagt: ›Von den Gottlosen kommt Gottlosigkeit‹ – aber meine Hand soll nicht gegen dich sein!« (*V. 13-14). David schließt ab mit einer Frage: »*Wen verfolgst du, König von Israel? Wem jagst du nach? Einem toten Hund! Einem Floh!«*[147] David drückt nicht nur seine Bescheidenheit aus, indem er Saul den Gesalbten des Herrn und seinen Vater nennt, sondern auch seine Gefühle: Er fühlt sich wie ein »*toter Hund*«, das wohl schlimmste orientalische Schimpfwort.

Ich sehe vor mir, wie Saul wie erstarrt dasteht und es seinen Männern die Sprache verschlägt, als der Mann, auf den sie schon so lange Jagd machen, aus der Höhle tritt, den Zipfel von Sauls Königskleid in der Hand. Saul muss total schockiert gewesen sein. Ihm ist mit einem Schlag klar, in welch akuter Gefahr er in der Höhle gewesen war, aber auch, wie unglaublich es ist, dass David ihn am Leben gelassen hat. Der König bricht in Tränen aus. Es folgt eine wirklich lange Rede von Saul, in der er David lobt. Er nennt ihn »*mein Sohn*« und sagt ihm, dass er gerechter ist als er selbst (»*Du hast mir mit Gutem vergolten, ich aber habe dir mit Bösem vergolten*« V. 18). Es ist ein seltsamer Moment, in dem Saul ganz überraschend zwei Aussagen macht: Er gibt zu, dass er David gegenüber ungerecht gehandelt hat. Und er sagt, er wisse, dass David der König von Israel werden wird (V. 21). Dass Saul diese Dinge in Anwesenheit von seinen Männern laut ausspricht, muss für alle ein großer Schock sein. Man hält den Atem an.

Wenn man Sauls Worte in diesem Kapitel betrachtet, dann spürt man ihnen ab, dass er Angst vor David hat und sein Herz noch immer nicht wirklich offen für ihn ist. Denn was in dieser außerordentlichen Situation fehlt, ist eine Bitte Sauls um Vergebung gegenüber Gott oder David. Es ist nirgendwo die Rede von einer Einladung Sauls an David, wieder in seine Heimat zurückkehren zu dürfen. Es wird auch nicht erwähnt, dass Saul davon absehen wird, David zu verfolgen. Es bleibt alles beim Alten. Die

---

147 Vgl. 1. Samuel 26,20b

Angst, dass David Saul sein Königtum nehmen wird, sitzt nach wie vor tief bei Saul. Aber nicht nur das. Der König muss ahnen, dass Davids Königtum unabwendbar ist. Saul bangt nicht nur um seine eigene Zukunft, sondern auch um die seiner Nachkommen. In Vers 22 verlangt er von David, bei dem Herrn zu schwören, dass er seine Familie nicht ausrotten und seinen Namen nicht vertilgen wird! Es ist gnädig, dass David auf Sauls Bitte eingeht und Saul fest zusagt, worum er ihn bittet.

Saul und David trennen sich

In Vers 23 ziehen die beiden Männer und ihre Truppen wieder des Weges. Saul, der von Gott verworfene König, kehrt zurück zur königlichen Residenz in Gibea; David, Gottes erwählter König, steigt mit seinen Männern hinauf auf die Bergfeste (V. 23). Die Jagd auf ihn ist trotz der schönen Worte von Saul noch nicht vorbei. In 1. Samuel 26 werden der König und seine Männer sich wieder in die Wüste Siph begeben, um nach David zu suchen. Für David ist das keine Überraschung. Als er mit Saul sprach, hat er wahrscheinlich geahnt, dass Sauls Einsicht nur eine Momentaufnahme sein könnte. David kennt den König, er hat am Hof seine Launen erlebt und weiß, dass sich seine Freundlichkeit von einem Augenblick zum andern in Wut verwandeln kann. Darum bleibt er auf der Hut und in der Wildnis.

Die einzige Hoffnung, die David bleibt, und das Einzige, das ihn in diesen Umständen durchträgt, ist das Wissen, dass Gott ihn sieht und kennt und für ihn aufkommen wird. Saul gegenüber hat es David folgendermaßen formuliert: *»Der Herr sei Richter und entscheide zwischen mir und dir und er sehe danach und führe meine Sache und verschaffe mir Recht von deiner Hand!«* (V. 16). David nimmt jetzt und auch später das Recht nicht in die eigene Hand. Er harrt aus, hält durch und wartet auf Gottes Handeln.

Fragen zu Kapitel 8

1. David bekam eine einzigartige Gelegenheit, mit einem Schlag den Mann loszuwerden, der ihm wie ein Raubtier auflauerte und ihm das Leben schwer und bitter machte.

   Können Sie anhand eines aktuellen Beispiels schildern, wie das ist, wenn man stark bedroht oder bedrängt wird? Wie würden Sie unter solchen Umständen handeln, vor allem dann, wenn es eine Möglichkeit gäbe, Ihrem Peiniger einen Schlag zu verpassen?

   Was können wir von David lernen? Was hat ihn dazu gebracht, Saul nichts anzutun?

   Was bedeutet es praktisch, an Davids Aussage in Vers 16 festzuhalten: *»Der Herr sei Richter und entscheide zwischen mir und dir und er sehe danach und führe meine Sache und verschaffe mir Recht von deiner Hand!«*

2. In 2. Mose 23,2 steht, dass man nicht der Menge (oder der Mehrheit) zum Bösen folgen soll. David hatte den Mut, als Einziger anderer Meinung zu sein und danach zu handeln. Haben Sie vielleicht auch schon mal erlebt, dass Sie als Christ mit ihrer Meinung allein dastanden? Wie sollte man in solchen Situationen vorgehen?

3. Die Reue, die Saul zeigte, war leider nicht von langer Dauer. Woran erkennt man wahre Reue?

Kapitel 9
Lass dich nicht vom Bösen überwinden

1. Samuel 25

»Seht darauf, dass niemand Böses mit Bösem vergilt, sondern trachtet allezeit nach dem Guten, sowohl untereinander als auch gegenüber jedermann!«

1. Thessalonicher 5,15

»Wie viel besser ist es, Weisheit zu erwerben, als Gold, und Einsicht zu erwerben, ist begehrenswerter als Silber!«

Sprüche 16,16

»Eine tugendhafte Frau, wer findet sie? (...) Ihren Mund öffnet sie mit Weisheit und freundliche (gütliche) Weisung ist auf ihrer Zunge.«

Sprüche 31,10.26

»Wer Einsicht besitzt, hat eine Quelle des Lebens, aber mit ihrer Torheit strafen sich die Narren selbst.«

Sprüche 16,21

Bitte lesen Sie zuerst den Bibeltext

1. Samuel 25

Nach der emotionalen Begegnung König Sauls mit David in En-Gedi ist der König in seine Residenz zurückgekehrt. Kurz darauf erreicht David in Masada (oder »Bergfeste«)[148] *die Nachricht, dass der Prophet Samuel gestorben ist.*[149] *Es ist nicht schwer sich vorzustellen, dass sein Tod David sehr betroffen macht. Der Prophet, der über Jahre der geistliche Leiter Israels gewesen ist, hat ihn ja in Bethlehem gesalbt, was der Beginn einer unumkehrbaren Wendung in Davids Leben war. Später sind sich die beiden Männer wieder begegnet, als David Hals über Kopf vom Hof flüchten musste und bei der Prophetensiedlung in Najot anklopfte, wo Samuel ihn aufnahm. Jetzt ist dieser große Mann nicht mehr da. Das bringt nicht nur Trauer, sondern auch Einsamkeit.*

Während ganz Israel um den Tod Samuels trauert und Menschenmassen zu Samuels Wirkungsstätte Rama reisen, um den großen Richter-Propheten zu beweinen und zu beerdigen, zieht David von En-Gedi hinab in die Wüste Paran. Er muss innerlich sehr aufgewühlt sein und außerdem frustriert, weil für ihn eine Reise nach Rama ausgeschlossen ist. Zwar hat König Saul sich David gegenüber dankbar gezeigt, weil er ihm in En-Gedi nichts angetan hat. Aber David kennt Saul gut genug, um zu wissen, dass der seine Meinung von heute auf morgen ändern kann. Daher ist es zu riskant für David, sich in Rama blicken zu lassen. Es bleibt David nichts anderes übrig, als Samuels Beerdigung zu verpassen und seinen Tod allein zu verarbeiten. Dass es ihm in diesen Tagen äu-

148 Die Bergfeste Masada war ursprünglich Teil eines hohen Plateaus, das sich über das südwestliche Ufer des Toten Meeres erhob.

149 Samuels Tod wird auch in 1. Samuel 28,3 erwähnt.

ßerst schwerfällt, seine Gefühle im Zaum zu halten, merken wir an dem Vorfall, der in 1. Samuel 25 beschrieben wird. Der Mann, der so vorbildlich aufgetreten ist, als Saul sich ihm in der Höhle in En-Gedi praktisch als Beute anbot, ist nun dünnhäutig und hat sich dieses Mal nicht im Griff. Als ein Schafbesitzer auf eine Bitte von David abweisend reagiert, wird er extrem jähzornig und zieht hitzköpfig sein Schwert. Es ist eine Frau, die den Gesalbten Gottes davor bewahrt, dass er sich versündigt und ein Gemetzel anrichtet. Ihr Name ist Abigail, sie lebt in Maon.

Abigail und Nabal

Die Wüste Paran (V. 1), wo David und seine Männer hingezogen sind, ist ein ausgedehntes Wüstengebiet zwischen Midian und Ägypten.[150] Hier erfährt David, dass in Karmel ein Schafschurfest stattfindet.[151] Es soll ein großes Fest sein, denn die Tiere gehören dem vermögenden Geschäftsmann Nabal. Dieser ist ein Kalebiter[152], er lebt in Maon, aber sein Geschäft hat er in Karmel.[153] Er besitzt dreitausend Schafe und tausend Ziegen, die von seinen Hirten an verschiedenen Orten der Wüste umhergetrieben werden (V. 2).

David ist Nabal persönlich noch nicht begegnet, aber er weiß von ihm, da er in der Wüste mit seinen Hirten Kontakt hatte. Über ihren Chef Nabal werden diese wahrscheinlich nicht mit ihm gesprochen haben. Und wenn, dann wird es nichts Gutes gewesen

---

150 Aus unserem Text (1. Sam. 25) ist zu entnehmen, dass auch das Gebiet südlich der Wüste Juda dazugerechnet wurde, sodass die Wüste Zin einen Teil der Wüste Paran bildete. Die Wüste Paran war der Aufenthaltsort Ismaels (1. Mose 21,21). Das Volk Israel hat hier gelagert, nachdem es aus der Wüste Sinai aufgebrochen war (4. Mose 10,12). In 4. Mose 13,26 befindet Gottes Volk sich in der Wüste Paran, in 20,1 in der Wüste Zin (hier starb Mirjam).

151 Siehe Infokasten Schafschurfest auf Seite 149.

152 Nabal stammt von Kaleb ab, der ein Nachkomme Judas und einer der zwei Kundschafter Israels war, die das Volk ermutigten, das Gelobte Land (Kanaan) im Vertrauen auf Gott einzunehmen. Kaleb war ein aufrechter Mann Gottes (siehe 4. Mose 14,24 und 32,12), was man von Nabal nicht behaupten kann.

153 Die Stadt Karmel liegt in Juda (Josua 15,55) 12 km südöstlich von Hebron. Das Gebiet ist leicht hügelig mit einem fruchtbaren Wiesenboden, der ideal ist für die Schafszucht.

sein. Nabal ist ein harter, boshafter Mensch, dem Erfolg, Macht und Geld wichtiger sind als alles andere. Seine Angestellten gehen ihm, wenn möglich, aus dem Weg. Sie haben lieber mit seiner Frau zu tun, die ein ganz anderer Mensch ist. Abigail hat eine sanfte, freundliche Art und wird als eine Frau mit gesundem Verstand und von schöner Gestalt beschrieben (V. 3).

Davids Sohn Salomo hat gesagt, dass wir mehr als alles andere unser Herz behüten sollen.[154] Nun, gerade das hat Nabal unterlassen. Wir wissen nicht, ob er schon von klein auf hart und schroff war oder ob er sich so entwickelte und warum das so war. Wie auch immer, in Nabals Herzen haben sich Egoismus, Habsucht und Stolz eingenistet und breitgemacht. Dass seine Frau so ganz anders ist, finde ich beeindruckend. Man hätte es verstehen können, wenn Abigail aus Enttäuschung über ihre Ehe einen harten Panzer um ihr Herz gelegt hätte, schließlich ist ihr Mann *»roh und boshaft in seinem Tun«* (V. 3). Es wäre verständlich, wenn sie von Selbstmitleid erfüllt gewesen wäre und ihren Mann verabscheut oder gehasst hätte, weil er für sein Ego lebte, seine Arbeiter grob behandelte und ihr nicht die Aufmerksamkeit oder Liebe gab, nach der sie sich sehnte. Abigail aber hat ihr Herz behütet und nicht zugelassen, dass diese Gefühle dort Zutritt fanden.

Ein Bibelausleger nennt Abigail und Nabal ganz treffend »die Schöne und das Biest«[155]. Sie sind zwei ganz unterschiedliche Menschen, die unter einem Dach leben. Der eine ist vollbeschäftigt damit, sein persönliches Reich, seine Macht und sein Vermögen zu vergrößern, und verletzt andere dabei und schiebt sie zur Seite. Die andere ist eine bescheidene und freundliche Person, die ihrem Haus ein Segen ist.

---

154 Sprüche 4,23

155 Dr. Herbert Lockyer, All the women of the Bible. Zondervan, Grand Rapids 1967.

Eine freundliche Bitte

Das alles ist David selbstverständlich nicht bekannt. Er weiß nur, dass es in Karmel ein großes Schafschurfest gibt (V. 4). Ihm läuft das Wasser im Munde zusammen, als er an das viele gute Essen denkt und an den Wein, der zu einem solchen Fest gehört. Als er als hoch angesehener Diener Sauls am Tisch des Königs saß, hat er immer gut gegessen, aber das hat sich völlig geändert, seitdem er auf der Flucht ist. Doch nun macht die Hoffnung sich breit, dass man in Karmel etwas für ihn und seine Truppe übrig hat. Es wäre David gegenüber eine freundliche Geste, schließlich hat er indirekt Nabals Geschäft positiv beeinflusst. Die Herden Nabals haben von Davids Anwesenheit in der Wüste profitiert, denn als er sich mit seiner Truppe in ihrer Gegend aufhielt, waren sie vor Angriffen von »Wüstenterroristen« geschützt und brauchten sich nicht vor Überfällen zu fürchten. David und seine Männer haben selbst den Hirten Nabals nichts angetan. Sie haben weder durch Drohen versucht, Schafe von ihnen zu bekommen, noch haben sie sie bestohlen.

David hofft, dass Nabal ihn und seine Männer, wenn nicht aus Freundlichkeit, dann als Dank für ihren freiwilligen Dienst als Bewacher seiner Hirten und Herden, mit einem guten Essen versorgen wird. Und so schickt er voller Erwartung zehn seiner Männer nach Karmel. Sie sollen Nabal in Davids Namen nach seinem Wohlergehen fragen und ihm und seinem Haus Frieden wünschen. Sie sollen ihm auch sagen, dass David und seine Männer die Hirten Nabals beschützt haben, und dann sollen sie ihn bitten, *»deinem Sohn David und deinen Knechten«* zu schenken, wozu er in der Lage ist. Also eine Belohnung für freiwillige Dienste.

Auf den ersten Blick erinnert mich Davids Bitte an das Vorgehen einer kriminellen Bande, die vor Jahren in den Niederlanden ihr Unwesen trieb. Es kam vor, dass Menschen, die in Amsterdam oder einer anderen Großstadt ihren Wagen geparkt hatten, bei der Rückkehr einige große, starke Männer antrafen, die Geld forderten, weil sie »auf das Auto aufgepasst hatten«. Zwar hatte man sie nicht darum gebeten, aber die Männer argumentierten, dass der Wagen nur deswegen noch dastand, weil sie vor Ort gewesen seien. Es war ratsam, in dieser Situation nicht zu protestieren, sondern gleich zu bezahlen. Denn sonst musste man damit rechnen, dass das Auto schwer beschädigt oder man verprügelt wurde. Es war unverschämt und gemein, kam aber öfter vor.

Bei David sieht es anders aus: Es wird nichts gefordert, dennoch findet man bei einigen wenigen Bibelauslegern den Gedanken, dass in der Bitte Davids eine subtile Drohung verborgen ist, weil Davids Frage eine nicht zu leugnende Erwartung enthielt, die erfüllt werden sollte. Das ist möglich, dennoch kann man es auch anders sehen. Im Orient war (und ist bis heute) Gastfreundschaft etwas Selbstverständliches. Man muss nicht einmal darum bitten, meistens wird ein Essen oder ein Bett angeboten, noch bevor man danach fragt. So wie bei Abram, bei dem um die Mittagszeit drei fremde Männer wie aus dem Nichts auftauchten. Abram zögerte nicht, sondern ließ ein Kalb schlachten und eine Mahlzeit bereiten.[156] Oder wie bei Maria und Martha, die überraschend Besuch erhielten von Jesus, seinen Jüngern und sicherlich noch einigen anderen, weil sich jeden Tag Menschen Jesus anschlossen. Martha empfing sie alle und eilte direkt in die Küche, um ihnen einen Imbiss zu bereiten.[157] So darf auch David im Grunde davon ausgehen, dass Nabal sich ihm gegenüber gastfreundlich und großzügig zeigt und etwas von seinem reich gedeckten Tisch an die Truppe sendet, die seine Hirten und Herden beschützt hat.

Davids Männer tun, was David ihnen gesagt hat, und gehen nach Karmel. Als sie auf Nabal treffen, erkundigen sie sich höflich nach seinem Wohlergehen und bringen ihm den Friedenswunsch. Dann sagen sie, sie hätten erfahren, dass das Schafschurfest im Gange sei, und bitten Nabal in Davids Namen um Freundlichkeit und begründen diese Bitte noch: *»... deine Hirten sind bei uns gewesen; wir haben ihnen nichts zuleide getan und nicht das Geringste*

---

156 1. Mose 18,1-8

157 Lukas 10,38-42

haben sie vermisst (...) Lass meine Burschen in deinen Augen Gunst finden, denn wir sind an einem Festtag gekommen!« Und dann: *»Gib nun deinen Knechten und deinem Sohn David, was deine Hand findet« (*bzw. wozu du in der Lage bist, V. 8). Nach diesen Worten schweigen Davids Männer und warten ab, denn sie rechnen mit einer positiven Antwort. Es dürfte für Nabal kein Problem gewesen sein, ein paar Schafe mehr oder weniger zu schlachten. Und vom Kuchen und anderen Leckereien wird es bestimmt auch reichlich gegeben haben.

Eine schroffe, abweisende Antwort

Leider hat David die Rechnung ohne den Wirt gemacht. Nabal ist ein harter und geiziger Mensch, der nichts für Fremde übrig hat. Auch von David hält er nichts, das wird gleich klar. Nabals Antwort auf die freundliche Bitte der Männer Davids ist eine schroffe Beleidigung. *»Wer ist David und wer ist der Sohn Isaïs? Heutzutage gibt es immer mehr Knechte, die ihren Herren davonlaufen!«* (V. 10). Davids Geschichte – sein Sieg über Goliath und seine weiteren militärischen Erfolge – das alles ist weit und breit bekannt. Dass er von Saul wegen seines Erfolgs und der Zuneigung des Volkes verworfen wurde und dem Hof entfliehen musste, hat sich sicherlich auch bis zu Nabal herumgesprochen. Auch in der Wüste hörte man Nachrichten – von vorbeiziehenden Handelsleuten oder wenn man in der Stadt unterwegs war, um seine Geschäfte zu tätigen. Ein Mann wie Nabal muss also über die Vorkommnisse am Hof und die Entfremdung zwischen Saul und David informiert gewesen sein. Wieso reagiert er so abweisend? Liegt es nur an seiner Habgier oder kann es sein, dass David Ablehnung erfährt, weil Nabal auf der Seite von Saul steht? Seine Botschaft ist auf jeden Fall grob und herablassend. David ist für Nabal nicht mehr als einer von vielen Knechten, die ihren Herren davonlaufen. Für solche Schwächlinge hat er nichts übrig: *»Sollte ich mein Brot und mein Wasser nehmen und mein Fleisch, das ich für meine Scherer geschlachtet habe, und es Leuten geben, von denen ich nicht weiß, wo-*

her sie sind?« (V. 11). Hier zeigt sich der Charakter und das Herz Nabals: Er ist völlig von sich selbst überzeugt und extrem egoistisch. In einem Satz kommt dreimal das Wort »ich« und viermal »mein« vor! Wir warten gespannt auf das, was kommt.

David, von Wut gepackt

Als die Männer Davids zu ihm zurückkehren und berichten, wie Nabal auf seine Bitte reagiert hat, kommt eine explosive Wut in ihm hoch. David ist völlig außer sich und fest entschlossen, nicht nur Nabal, sondern sein ganzes Haus zu ermorden. Er wetzt das Messer, um es dem Mann heimzuzahlen, der das Gute, das er ihm getan hat, mit Bösem vergilt (V. 21). Was ist in David gefahren, dass er so außer sich ist und wüst reagiert? Dass er Saul gegenüber rücksichtsvoll handelt, der ihn so erbarmungslos verfolgt, und auf die beleidigende Provokation eines unbekannten Mannes aus Karmel unbeherrscht und mörderisch reagiert?

Wir Menschen sind ein Rätsel; die Mechanismen, die in uns ablaufen, sind uns selbst manchmal nicht klar. In dieser Situation jedenfalls macht sich die Hochspannung bemerkbar, unter der David schon so lange steht. Die Frustration und der Ärger, die Wut und der Kummer, alles kommt auf einmal hoch. David verliert die Fassung und ist nicht mehr zu halten. In Vers 13 befiehlt er vierhundert seiner Männer, sich mit dem Schwert zu gürten. Er selbst tut das auch und dann macht sich die Truppe auf den Weg nach Karmel, um Nabal »einen Besuch abzustatten«. Das Ziel ist, alle Männer, die zu ihm gehören, umzubringen. David schwört, dass am nächsten Morgen nicht ein einziger Mann des Hauses Nabal mehr am Leben sein wird (V. 22). Zweihundert Männer bleiben zurück beim Tross.

Nicht nur Nabal ist in Gefahr, sondern auch David selbst. Wenn man seine Wut oder seinen Jähzorn nicht zügeln kann, wenn Gefühle der Rache oder der Vergeltung das Sagen haben, dann ist man nur einen kleinen Schritt davon entfernt, sich – wie die Bibel das nennt – zu versündigen. Man reagiert unbesonnen und sagt oder tut Böses, das man später oft bereut, aber nicht wiedergutmachen kann. Das wäre David passiert, wenn Abigail nicht gehandelt hätte. Und zwar rasch. Und mutig.

Abigail

Abigail erfährt von einem Knecht ihres Mannes, was zwischen ihrem Mann und den Boten Davids vorgefallen ist. Der ahnt, dass sie alle in unmittelbarer Gefahr sind, und warnt die Frau seines Herrn. Er erklärt ihr detailliert, was sie, als Hirten der Herden Nabals, den Männern Davids zu verdanken haben. Selbst mit Nabal zu reden, wagt er nicht, weil der *»ein solcher Sohn Belials ist, dass man nicht mit ihm reden kann«* (V. 17). Das ist eine sehr heftige Aussage, denn das hebräische Wort *beliya'al* bedeutet »Nutzlosigkeit« oder »Wertlosigkeit«. Im Alten Testament wird es verwendet als Beschreibung von Menschen, die absichtlich das Gesetz brechen[158], im Neuen Testament ist Belial eine Bezeichnung für den Satan.[159]

Es muss Abigail sehr peinlich sein, dass man so negativ über ihren Ehemann denkt. Sie kann es aber nicht leugnen. Darum tadelt sie den Knecht auch nicht und versucht gar nicht erst, ihren Mann zu verteidigen, denn sie kennt ihn ja. Und der Knecht kennt sie! Und er vertraut ihr. Er schämt sich nicht dafür, eine Frau um Hilfe zu bitten. Das sagt nicht nur etwas über seine Not und Angst aus, sondern sicherlich auch etwas über die Person Abigail. Der Knecht rechnet damit, dass die Frau seines Chefs das drohende Unheil abwenden kann. Er bittet Abigail darum, sich zu besinnen und zu entscheiden, welche Schritte unternommen werden sollten. Seine Worte *»So bedenke nun und sieh, was du tun kannst«* (V. 17) zeigen, wie groß sein Vertrauen in die Frau von Nabal ist.

Wer ist diese Abigail? In Vers 3 wird sie beschrieben als eine Frau *»von gesundem Verstand und von schöner Gestalt«*. Sie ist aber nicht nur klug, sondern sie besitzt auch eine Weisheit, die von Gott kommt. Davids Sohn Salomo hat es so ausgedrückt: *»Wer ein wei-*

158 Z.B. Richter 19,22 und 1. Samuel 2,12

159 2. Korinther 6,15

ses Herz hat, wird verständig genannt und liebliche Rede fördert die Belehrung.«[160] Im Gegensatz zu ihrem Mann hat Abigail einen lebendigen Glauben und sie rechnet mit Gott. Durch die Verbindung zu ihm ist sie aufrecht geblieben, trotz der verheerenden und sicherlich schmerzhaften Umstände in ihrer Ehe mit dem gottlosen, harten Nabal. Und darüber hinaus ist sie auch weise. Der Name Abigail bedeutet *»die Freude bringt«*. Abigail kann auch in negativen Situationen freudig sein und anderen Freude bringen. Ihre Freude gründet sich nicht auf ihre Umstände, sondern auf ihren Herrn. Das alles macht sie zu einem Segen in einem Haus mit einem bösartigen Hausherrn. Sie macht Eindruck; bei den Knechten ihres Mannes wie auch bald bei David, den sie in dieser äußerst prekären Situation für sich gewinnt.

In Sprüche 19,14 wird gesagt: *»Haus und Besitz erbt man von den Vätern, aber eine verständige* (in anderen Übersetzungen: *einsichtsvolle) Ehefrau kommt von dem Herrn.«* In Sprüche 31,26 lesen wir: *»Ihren Mund öffnet sie mit Weisheit und freundliche (gütliche) Unterweisung ist auf ihrer Zunge.«* Vielleicht hat Davids Sohn Salomo, der Autor der Sprüche, bei diesen Zeilen an Abigail gedacht. Sie wird ja später eine der Frauen von David.

Segen oder Fluch

Nach den Worten von Nabals Knecht lässt Abigail keine Zeit verstreichen. Sie erkennt die Gefahr, in der ihr Haus schwebt, und packt gleich an. Uns wird dabei ein Blick in die Küche des Hauses von Nabal gestattet, und was wir dort sehen, ist atemberaubend. Unfassbar, was dort alles für das Schafschurfest bereitliegt! Und noch wird andauernd nachgekocht …

Abigail lädt zweihundert Brote, zwei Schläuche Wein, fünf zubereitete Schafe, fünf Scheffel (das ist zirka 40 Liter) gedörrtes Korn, hundert Rosinenkuchen und zweihundert Feigenkuchen auf Esel und ruft ihre Knechte (V. 18). Diese machen sich auf den Weg, ohne dass Nabal davon erfährt. Abigail wird ihnen nachkommen.

---

160 Sprüche 16,21

Es ist äußerst spannend, was passieren wird, denn irgendwo, irgendwann werden die beiden Trupps aufeinandertreffen: David und seine Männer, schwer bewaffnet und fest entschlossen, Nabal umzubringen, und Abigail, die ganz andere »Waffen« bei sich hat: Esel, beladen mit »Sühneopfern«. Man kann es auch so formulieren: Fluch und Segen gehen aufeinander zu; Wut und Freundlichkeit; tödliche Waffen und das, was Leben und Freude bringt. Hass und Frieden.

Wir erleben einerseits einen schwer belasteten Moment, der andererseits auch sehr verheißungsvoll ist. Hätte jemand diese Szene gezeichnet, dann würden wir das Bild eines schwer bewaffneten Heeres betrachten, das einer wehrlosen Frau auf einem Esel entgegenzieht. In Vers 20 wird diese Szene so beschrieben: *»Und es geschah, als sie auf dem Esel ritt und im Schutz des Berges hinabzog, siehe, da kamen David und seine Männer herab, ihr entgegen, und so begegnete sie ihnen«* (V. 20). Die beiden Trupps ziehen bergab auf sich gegenüberliegenden Hügeln aufeinander zu. Unten werden sie sich begegnen. Abigail ist unbewaffnet oder doch auch nicht. Denn sie hat den Schild des Glaubens und sie kommt David als Botschafterin Gottes entgegen. Uns stockt der Atem beim Beobachten dieser Szene, die so unendlich heilsam ist. Abigail ist eine Friedensbotin, die durch ihr Wesen, ihre Art und ihre Worte einen blutgierigen Heerführer entwaffnen wird.

»Offenbar sind die Werke des Fleisches«, schreibt Paulus im Galater 5,19. Es folgt eine Liste dieser Werke, darunter einige, die in dieser Situation auf David und seine Truppe zutreffen: Zügellosigkeit, Feindschaft, Streit, Zorn und Mord. In Vers 22 werden ganz andere Dinge aufgelistet, sie treffen auf Abigail zu. Es sind die Werke des Heiligen Geistes: Liebe, Freude, Friede, Langmut, Freundlichkeit, Güte, Treue, Sanftmut, Selbstbeherrschung. Nein, Abigail war keine Heilige, sie war, wie David, eine Sünderin. Wie in David steckt auch in ihr das Böse. Sie hätte auch ganz anders reagieren können und David gewähren lassen, wodurch sie sich beispielsweise aus ihrer schweren Ehe befreit hätte. Aber sie entscheidet sich

anders. Ich bin mir sicher, dass sie inmitten dieses heillosen Durcheinanders zu Gott gebetet hat. Dass sie ihn um Hilfe angeschrien hat, während ihre hundert Rosinenkuchen und zweihundert Feigenkuchen auf Esel geladen wurden. Diese Frau ist uns ein großes Vorbild. Wir haben immer eine Wahl: Wir können unserer Frustration und der Wut das Feld überlassen oder uns dazu entscheiden, uns zu zügeln. Das Letztere ist möglich, wenn wir nicht gleich losbrüllen, sondern tief durchatmen und Gott um Hilfe bitten.

Salomo schreibt: *»Besser ein Langmütiger als ein Starker, und wer sich selbst beherrscht, als wer eine Stadt bezwingt.«*[161] David gelingt es nicht, langmütig zu sein und sich zu beherrschen. Wie unendlich gnädig von Gott, dass er ihm eine Friedensbotin entgegensendet, die ihn beruhigen und ein Massaker in Maon vorhindern kann.

David und Abigail begegnen sich (V. 23-35)

Während Nabal sich schroff und beleidigend über David geäußert hat, sehen wir bei Abigail eine ganz andere Haltung. In Vers 23 steigt sie von ihrem Esel und bringt David Ehre: »... *sie fiel vor David auf ihr Angesicht und neigte sich zur Erde und sie fiel ihm zu Füßen und sprach: ›Ach, mein Herr, auf mir sei diese Schuld‹*« (V. 24). Abigail, die für das Verhalten ihres Mannes keine Schuld trägt, tritt vor David als Vertreterin ihres Hauses und nimmt Nabals Schuld auf sich. Sie bittet David darum, nicht zu achten auf *»diesen Mann Belials, den Nabal, denn er ist, wie sein Name heißt ...«* (V. 24-25). Nabal ist ein boshafter Mensch, der seinem Namen alle Ehre macht (Nabal bedeutet »Tor« oder »unverständig« im Sinne von gottlos).

In Gedanken sehe ich Abigail aufgeregt und außer Atem vor David stehen. Sie weiß ja nicht, ob es ihr gelingen wird, ihn und seine Männer von ihrem Vorhaben abzubringen und ein Blutbad abzuwenden. Ihr ist aber alles daran gelegen, dieses Böse nicht geschehen zu lassen. Auge in Auge mit David und seinen Männern

161 Sprüche 16,32

verteidigt sie ihren Mann nicht, auch bittet sie nicht um Rettung. Abigail macht etwas ganz anderes. Sie macht deutlich, dass David sich nicht versündigen darf. Denn damit macht er sich vor Gott schuldig. Sie will um jeden Preis verhindern, dass er Rache übt und es zu einem Blutvergießen kommt (V. 31), nur weil ihr Mann so bösartig ist. Ihr Zusammentreffen mit David, bevor er in Karmel ankommt, sieht sie als ein Geschenk und ein Eingreifen Gottes: *»Mein Herr (...), so wahr der Herr lebt und so wahr deine Seele lebt, der Herr hat dich daran gehindert zu kommen, um Blut zu vergießen und dir mit eigener Hand zu helfen!«* (V. 26).

Wie Nabal weiß auch Abigail, dass David vor Saul geflüchtet ist. Sie sieht in ihm aber mehr als nur *»irgendeinen davongelaufenen Knecht«*. Abigail erkennt die Geschichte hinter Davids Geschichte. Sie erkennt, dass David der von Gott Gesalbte ist. Dass Gott Großes mit ihm vorhat. Und das bringt sie auch zur Sprache: *»Denn der Herr wird gewiss meinem Herrn ein beständiges Haus bauen«* (V. 28). Davids Leben sei *»ins Bündel der Lebendigen eingebunden bei dem Herrn, deinem Gott; aber das Leben deiner Feinde schleudere er mitten aus der Schleuderpfanne«* (V. 29). Mit dem Bild des Bündels der Lebendigen beschreibt Abigail die Sitte, wertvolle Gegenstände in ein Bündel zu wickeln, damit sie nicht beschädigt werden. So wird David, der in Gottes Augen sehr wertvoll ist, von Gott sorgfältig bewahrt. Seine Feinde aber werden vom Herrn weggeschleudert, ein Bild, das David sehr bekannt ist. Als Hirte hatte er ja immer seine Schleuder bei sich.

In diesen Versen, wie auch in Vers 30 *(»Der Herr wird handeln nach all dem Guten, das er dir versprochen hat, und dich zum Fürsten über Israel bestellen«)*, wird David ein weiteres Mal bestätigt, dass der Herr ihn zum König über Israel bestimmt hat.[162] Dass es ihm hier so klar von einer ihm unbekannten Frau aus Karmel zugesprochen wird, muss ihn wohl sehr überrascht und auch gestärkt haben.

Abigails Einsicht sagt viel über ihr geistliches Leben. Ihr Alltag

---

162 1. Samuel 23,16.17 (Jonathan); 1. Samuel 24,21 (Saul)

ist sicherlich mühsam gewesen, aber anstatt sich vom Negativen mitreißen zu lassen, hat sie Gott gesucht und ist bewusst mit ihm gewandelt. In einer dunklen Situation hat sie das Licht gesucht. Sie hat wahrscheinlich viel gebetet und ist geistlich gereift. Vielleicht haben ihre widrigen Umstände auch dazu beigetragen, dass sich bei ihr eine Antenne für Gottes Wirken und Reden entwickelt hat. Nun erkennt sie Gottes Hand in Davids Leben. Abigail weiß darum, was in der Zukunft geschehen wird, und rechnet mit Gottes Verheißungen. Und nicht nur das, sie handelt auch danach.

David steht da, seine fassungslose Truppe hinter ihm, und atmet auf. Er preist Gott, der – das erkennt er – Abigail zu ihm gesandt hat. Er preist ihre Klugheit, er preist sie als Mensch und als Frau, weil sie ihn davon abgehalten hat zu morden. Ihr gegenüber gibt er ganz offen zu, was er vorhatte, es wäre ein Gemetzel geworden (V. 34). Dass David im Beisein seiner Truppe vor einer Frau zugibt, dass sein Vorhaben falsch und böse war, ist sehr beeindruckend. Wir sehen, dass David noch immer offen ist für geistliche Weisung und Korrektur. Abigail hat ihn entwaffnet, er kann seine Mordpläne fallen lassen. Über ihre Begegnung werden sich beide ihren Teil gedacht haben. Für David ist Abigail ein Engel, von Gott gesandt. Für sie müssen Davids Höflichkeit und Dankbarkeit ihr gegenüber trostreich und heilsam gewesen sein.[163] Sie ist es nicht gewöhnt, dass man sie lobt und ihr dankt, im Leben ihres Mannes spielt sie keine Rolle. Nun aber, in der Wüste ihres Lebens, darf sie erfahren, dass sie David und seiner Truppe zum Segen wird. Der wilde Krieger lobt Gott, weil er sie zu ihm gesandt hat, und er lobt Abigail, weil sie ihn davon abgehalten hat, das Schreckliche, das er vorhatte, in die Tat umzusetzen (V. 32-34). Gott hat Abigail wertgeachtet, eingesetzt und gesegnet. In Vers 35 nimmt David Abigails Geschenke an, dann sendet er sie nach Hause und sagt ihr Frieden zu (V. 35).

---

163 Sprüche 16,24

Zurück in Karmel (V. 36-38)

Als Abigail nach Hause kommt, hat ihr Mann ein großes Festmahl für sich bereiten lassen. Während das Schafschurfest draußen auf seinem Gut im Gange ist, liegt er satt und betrunken auf der Couch. Man fragt sich, ob ihm überhaupt bewusst war, dass Abigail nicht zu Hause war. In diesem Moment ist er jedenfalls in einer solchen Verfassung, dass er kaum etwas von ihrer Rückkehr merkt, wenn überhaupt. Abigail redet nicht mit ihm, das macht jetzt auch keinen Sinn. Sie geht schlafen und wird morgen mit ihrem Mann sprechen, wenn sein Rausch vorbei ist. Nach all der Anspannung der letzten Stunden und den freundlichen Worten, mit denen David sich von ihr verabschiedet hat, muss ihre Rückkehr ihr wie eine kalte Dusche vorgekommen sein. Ihr Mann, dessen Leben sie gerade gerettet hat, schnarcht auf der Couch und wird in den nächsten Stunden nicht ansprechbar sein. Seine Betrunkenheit wird für Abigail keine neue Erfahrung sein, aber die Situation schmerzt.

In Vers 37 erfahren wir, dass Abigail ihrem Mann am nächsten Morgen alles erzählt, was vorgefallen ist. Nabal ist dermaßen geschockt, dass *»sein Herz in seinem Inneren erstirbt«* und er *»wie ein Stein«* wird. Ob er einen Schlaganfall bekommen hat und gelähmt war (unbeweglich wie ein Stein)? Danach sieht es aus. Er bleibt noch zehn Tage am Leben, danach *»schlug der Herr den Nabal, dass er starb«* (V. 38).

Ein Happy End? (V. 39-44)

Die Geschichte hat auf den ersten Blick ein Happy End für Abigail. Als David hört, dass Nabal gestorben ist, preist er Gott dafür, dass der ihn gerächt hat (V. 39). Er wartet nicht lange, sondern sendet Boten zu Abigail, die sie in seinem Namen darum bitten, seine Frau zu werden. Obwohl … Davids Antrag ist eher ein Befehl als eine Bitte. Zwar steht in Vers 39, dass David um Abigail warb, in Vers 40 aber sagen seine Knechte zu Abigail: *»David hat uns zu dir gesandt, um dich zu seiner Frau zu nehmen.«* Abigail steht daraufhin auf und erklärt sich bereit, zu ihm zu kommen. Dabei ist sie sehr bescheiden, denn sie sagt, dass sie den Knechten Davids die Füße waschen wird, womit sie sich als eine Sklavin bezeichnet. Mit fünf Dienerinnen zieht sie den Boten Davids nach und wird seine Frau. An diesem Tag geht der Besitz Nabals an David über (Nabal und Abigail hatten keine Kinder). Da David sich nirgends fest niederlassen kann, weil Saul ihn noch immer jagt, ist wahrscheinlich ein Verwalter angestellt worden, um den Betrieb zu führen. In späteren Jahren hat David seine königliche Residenz in Hebron errichtet, da war er Karmel relativ nahe. Diese Stadt, die in einer leicht hügeligen Landschaft lag, war etwa 13 Kilometer südsüdöstlich von Hebron.

Ich habe über diesem Abschnitt hinter die Worte »Happy End« ein Fragezeichen gesetzt. Das hat mehrere Gründe. Natürlich hört es sich wie ein Märchen an, dass eine Frau aus einer elenden Ehe befreit wird und einen zukünftigen König heiratet. Wir dürfen aber nicht vergessen, dass David in diesen Tagen ein Flüchtling ist. Abigail kommt aus einem vermögenden Haus und ist es gewöhnt, von Dienern umringt zu sein. Als sie David heiratet, verändert sich ihre Lage komplett. Er hat ihr im Grunde nichts anzubieten, denn er ist vogelfrei, er wird gejagt, er verfügt über keinerlei Mittel und hat auch kein Zuhause. Kurz gesagt, als Frau von David erwartet Abigail ein Leben, in dem es ums nackte Überleben geht. Das alles scheint sie in Kauf zu nehmen, denn sie kennt Davids Umstände ja. Sie ist bereit, auf Komfort und Sicherheit zu verzichten, weil sie weiß, dass der Herr mit David ist und Großes mit ihm vorhat (V. 30). Abigail sagt nicht nur Ja zu diesem Mann, sondern auch zu Gottes Absichten mit ihm und sie nimmt bewusst Anteil daran. Sie weiß, auf was es zugeht, und hält Ausschau nach der Verwirklichung der Pläne Gottes. Was Abigail übrigens noch in Kauf nehmen muss, ist, dass sie Davids dritte Frau wird. Davids erste Frau ist Sauls Tochter Michal, die David in Gibea zur Flucht verhalf und selbst zurückblieb. Was David wahrscheinlich (noch) nicht weiß, ist, dass Saul Michal inzwischen einem anderen Mann gegeben hat, womit der König gezeigt hat, dass er David nicht mehr als Schwiegersohn anerkennt (V. 44). Davids zweite Frau ist Achinoam aus Jesreel, einem Ort nördlich des Berges Bilboa.[164] Wann David sie geheiratet hat, erfahren wir nicht, sie ist auf jeden Fall jetzt schon bei ihm. Im Laufe der Jahre wird Abigail entdecken, dass David viele Frauen um sich haben will. Er heiratet mehrere Male und hat in späteren Jahren einen Harem mit mindestens dreißig Nebenfrauen.

Schafschurfest

Eine Schafschur fand im Frühling und oft noch einmal im Frühherbst statt. Das Fest, das aus diesem Anlass gefeiert wurde, war immer verbunden mit gutem Essen und gutem Wein. Es konnte mitunter eine Woche dauern. Der Gastgeber war der Besitzer der Tiere, die Gäste waren seine Hirten, Verwandte und Freunde. Man feierte in diesen Tagen die »Ernte«, die dem Besitzer gutes Geld einbringen würde. Sowohl Schafwolle als auch -felle waren gute Handelsprodukte. Aus Wolle wurde Faden gesponnen, mit dem man Kleidung herstellte. Aus den Fellen wurden Zelte gemacht und sie schützten vor Wind, Kälte und Regen. Schafe und Lämmer dienten auch und vor allem als Nahrung. Sie waren nach dem jüdischen Gesetz reine Tiere und ihr Fleisch und die Milch gehörten zur täglichen Speise in Israel. Auch dienten Schafe und Lämmer als Opfertiere.

Aus dem Alten Testament kennen wir auch das Schafschurfest von Laban, das drei Tagesreisen entfernt von seinem Wohnsitz stattfand. Jakob nutzte dieses Fest, um mit seiner Familie aus Haran zu flüchten (siehe 1. Mose 31,19.20). Ein weiteres Schafschurfest wird später in der Geschichte von David erwähnt (2. Samuel 13,23ff).

164 Auf diesem Gebirge fällt Saul später mit drei seiner Söhne im Kampf gegen die Philister (1. Samuel 31). Siehe auch 1. Samuel 29,1.

Fragen zu Kapitel 9

1. Nabal zeigt uns, dass Reichtum und Besitz die Kraft haben, uns gefangen zu nehmen. Lesen und überdenken Sie 1. Timotheus 6,6-10. Was bedeuten Ihnen Geld und Besitz und woran ist das sichtbar?

2. Abigail hat einen Ehemann, der nichts von Gott hält und der von seinen Angestellten gefürchtet wird. Sie dagegen ist eine Frau, die anderen Freude und Hoffnung bringt.

   Was ist Abigails Geheimnis? Und wie kann sie uns ein Beispiel sein?

3. Als Abigail erfährt, dass ihr Mann und Haus in Gefahr sind, wartet sie das Unheil nicht mit Angst und Zittern ab, sondern tut das Ihre, um Böses abzuwenden. Was sagt der Text über ihre Motive? Was hätten Sie an ihrer Stelle getan?

4. Wie wichtig ist es Ihnen, dass sich Menschen nicht »versündigen«?

   Sind Sie dazu bereit, sich dafür von Gott einsetzen zu lassen (V. 32)?
   Wie soll das vor sich gehen?

5. *»Lass dich nicht vom Bösen überwinden, sondern überwinde das Böse durch das Gute«* ist ein Wort des Apostels Paulus aus Römer 12,21.
   Versuchen Sie anhand von Beispielen aus der Praxis deutlich zu machen, wie man das leben kann.

6. Wie soll man das »*Sich mit eigener Hand helfen*« (V. 26.33) verstehen?

7. Lesen und überdenken Sie Sprüche 16,16-32.

Kapitel 10
David verschont Sauls Leben zum zweiten Mal
1. Samuel 26

»Die Sünde lauert vor der Tür und ihr Verlangen ist auf dich gerichtet; du aber sollst über sie herrschen.«

1. Mose 4,7b

»Mein ist die Rache, ich werde vergelten, spricht der Herr.«

5. Mose 32,35

»Sucht das Gute und nicht das Böse, damit ihr lebt; dann wird der Herr, der Gott der Heerscharen, so mit euch sein, wie ihr es immer sagt!«

Amos 5,14

»Darum seid barmherzig, wie auch euer Vater barmherzig ist.«

Lukas 6,36

Bitte lesen Sie zuerst den Bibeltext

1. Samuel 26

Wir befinden uns in der Wüste Siph. Und wieder, zum zweiten Mal, wird David von den Siphitern (Einwohner der Wüste oder der Wüstenstadt Siph, in der Gegend von Karmel) verraten. Und erneut macht Saul sich auf, um ihn zu suchen, und wie in En-Gedi hat er auch jetzt seine Elitetruppe von 3000 auserlesenen Männern bei sich (V. 2).[165] *Als David Kundschafter aussendet und diese ihm nicht nur bestätigen, dass Saul ihn tatsächlich wieder jagt, sondern auch, dass er in der Nähe lagert, macht David sich auf zu einem großen, waghalsigen Abenteuer* (V. 5). *Es wird dieses Mal nicht Saul sein, der Davids Zufluchtsort ausfindig macht und ihn »besucht«, sondern David, der sich auf die Suche nach Saul macht, der »am Weg auf dem Hügel Hachila, der vor der Wildnis liegt« sein Lager aufgeschlagen hat* (V. 3).[166] *Er macht sich auf, um festzustellen, wo genau sich der König und sein Vetter und Heerführer Abner befinden.*

Besuch in der Nacht

König Saul und Abner sind gut geschützt. Sie befinden sich im Zentrum des Lagers, das immerhin 3000 Mann umfasst! Es ist extrem risikoreich oder eher unmöglich, sich ihnen unbemerkt zu nähern. Trotzdem hat David vor, genau das zu tun. Er fragt zwei seiner Männer, ob sie dazu bereit sind, sich mit ihm in die Höhle des Löwen zu wagen. Achimelech, ein Hethiter[167] und Gefährte Da-

165 1. Samuel 24,3

166 Die genaue Lage dieses Hügels ist unbekannt, er befindet sich irgendwo zwischen Siph und dem Toten Meer, an der Grenze zur Wüste Siph.

167 Die Hethiter waren Einwohner Kanaans. Abraham kaufte das Grundstück, das zur Grabstädte der Familie wurde, von einem Hethiter (1. Mose 23); die Kundschafter berichteten Mose von Hethitern, die im Bergland Kanaans wohnten (4. Mose 13,29, vgl. Josua 3,10); der Mann von Bathseba war ein

vids, geht nicht darauf ein. Abisai aber sagt zu (V. 6). Er ist einer der drei Söhne von Davids ältester Schwester Zeruja[168] und ein treuer Gefährte seines Onkels. Sein Name steht auf der Liste der Helden Davids.[169] Abisai ist ein tüchtiger Krieger, der im Unterschied zu David keinen Feind schont. Er taucht mehrere Male in der Davidgeschichte auf.

In Vers 7 schleichen Onkel und Neffe in der Nacht durch das Lager von Saul. Sie treffen den König im Tiefschlaf an, am Kopfende steckt sein Speer in der Erde. Sauls Heerführer Abner befindet sich ebenfalls schlafend in seiner direkten Nähe. Und wieder kommt die große Versuchung, Saul zu töten. Dieses Mal ist es Abisai, der David dazu drängt. Er ist davon überzeugt, dass Gott seine Hände mit im Spiel hat. Der König ist wehrlos und alles schläft. Der Speer steht bereit, David braucht nur zuzugreifen und den König damit zu töten. Also David, erkenne Gottes Führung und rechne endgültig mit deinem Feind ab!

Der Druck, tatsächlich zuzuschlagen, ist groß. Aber zu Abisais Entsetzen macht David nichts. Ein Bibelausleger meint, dass sich hier Davids Realitätssinn zeigt. Saul zu töten, wäre ein zu großes Risiko, weil Lärm dabei unvermeidbar wäre. Es würden Menschen aufwachen und die Flucht wäre angesichts des ganzen Wirbels im Lager für David und Abisai unmöglich.[170] David selbst erklärt seine Weigerung, Saul zu töten, als einen Akt des Gehorsams Gott gegenüber. Es muss sehr verlockend für ihn gewesen sein, trotz des hohen Risikos Saul etwas anzutun. David will sich aber nicht versündigen, indem er Gottes Gesalbten tötet. Was mit Saul geschieht, bleibt nach wie vor Gottes Verantwortung. Auf das Drängen seines Neffen Abisai hat er ein klares Wort: »*So wahr der Herr lebt, sicherlich wird der Herr ihn schlagen oder seine Zeit wird kommen, dass*

Hethiter (2. Samuel 11) und in 1. Könige 11,1 erfahren wir, dass Salomo in seinem Harem hethitische Frauen hatte.

168 1. Chronik 2,16

169 2. Samuel 23,18 und 1. Chronik 11,20

170 Wuppertaler Studienbibel, SCM Brockhaus

er stirbt oder in einen Krieg zieht und umkommt. Der Herr lasse es fern von mir sein, dass ich meine Hand an den Gesalbten des Herrn lege!« (V. 10). Gott kann Saul schlagen, wie er es mit Nabal getan hat. Oder Saul kann in einem Kampf umkommen. David wird auf jeden Fall nicht derjenige sein, der ihn tötet.

Wir erleben eine fast unerträgliche Spannung. Abisai, dessen Herz bis zum Hals schlägt, weiß vor lauter Schock und Entsetzen kein Wort herauszubringen. Er hat fest damit gerechnet, dass David Saul erledigen wird. Sie beide haben sich in der Nacht aufgemacht, um Saul zu finden, sie haben es geschafft, ungesehen und unbemerkt sein Lager zu betreten, sie sind an Hunderten von Zelten vorbeigeschlichen und bis zum Feind vorgerückt. Was für einen Sinn macht ihre lebensgefährliche Aktion, wenn David jetzt nicht handelt? Wie um Himmels willen ist das möglich, dass sein Onkel nicht bereit ist, das zu tun, was so offensichtlich auf der Hand liegt, ja, was Gott für ihn vorbereitet hat!

Als David Abisai darum bittet, den Speer und den Wasserkrug vom Kopfende Sauls an sich zu nehmen, tut er das nicht. Vielleicht ist ihm das zu wenig und er will es einfach nicht wahrhaben, dass das alles ist, was sie hier tun werden. Vielleicht ist es ein stiller Protest aus Enttäuschung. So nimmt David selbst den Speer und den Wasserkrug an sich und dann gehen er und Abisai weg.[171] Noch immer hat man sie nicht bemerkt, die ganze Mannschaft von 3000 Mann schläft so tief, dass sie nichts von der Aktion der zwei Männer, die in das Lager eingedrungen sind, mitbekommen! Das ist auf das Wirken Gottes zurückzuführen: *»Ein tiefer Schlaf von dem Herrn war auf sie gefallen«* (V. 12). Das hebräische Wort *tardema* (ein tiefer Schlaf von dem Herrn) wird auch in 1. Mose 2,21 verwendet. Dort schläft Adam so tief, dass er nichts davon mitbekommt, als Gott eine seiner Rippen entfernt und daraus Eva bildet.

---

171 Wenn man einem Mann seinen Speer und den Wasserkrug wegnahm, war das lebensgefährlich für ihn. Denn unbewaffnet und ohne Wasser war es praktisch unmöglich, in der Wüste zu überleben.

Saul, warum verfolgst du mich?

Sobald David und Abisai sich in sicherer Entfernung zum Lager von Saul befinden, meldet sich David. Mit lauter Stimme ruft er nach der Truppe und Abner, dem Obersten des Heeres von Israel. Er kennt Abner, denn als junger Mann hat er im Heer des Königs unter ihm gedient. Nun blamiert er Abner, indem er ihm vorwirft, er habe seinen König nicht bewacht. »*Bist du nicht ein Mann?*«, ruft David ihm zu. »*Und wer ist dir gleich in Israel? Warum hast du dann deinen Herrn, den König, nicht bewacht?*« (V. 15). Es sei einer vom Volk in das Lager gekommen, um den König zu töten. Der Beweis? Abner soll schauen, wo der Speer und der Wasserkrug geblieben sind, die am Kopfende des Königs standen (V. 16). Für Abner sind Davids Worte ein Dolchstich. Sauls Heerführer wird vor seinen Männern von David gedemütigt, weil er bei der Bewachung des Königs jämmerlich versagt hat. Auffallend ist, dass nicht Abner, sondern Saul auf Davids Worte reagiert. Der König ist gerade aus seinem tiefen Schlaf erwacht und kann kaum fassen, was genau vor sich gegangen ist. Ihm ist aber bewusst, dass er gerade einer akuten Gefahr entkommen ist. Auch erkennt er die Stimme des Mannes, der Abner Versagen vorwirft. Saul ruft ihm zu: »*Ist das deine Stimme, mein Sohn David?*« (V. 17). David bestätigt das und fragt Saul daraufhin, warum der ihn verfolgt? Wenn der Grund dafür eine Sünde seinerseits ist und Gott ihm durch Sauls Jagd auf die Finger klopft, dann will er Gott ein Speisopfer bringen. Wenn Saul ihn aber verfolgt, weil Menschen oder seine Mitarbeiter Lügen über ihn verbreitet haben, dann sollen diese Menschen sterben (»*so seien sie verflucht vor dem Herrn*«, V. 20). Ich bin, sagt David in Vers 19, aus der Gemeinschaft am Erbteil Gottes verstoßen. Ja, David ist in seiner eigenen Heimat unerwünscht, eine Persona non grata. Er will aber nicht gezwungen sein, außerhalb von Israel zu leben, weil er sich nicht mit anderen Völkern und ihren Götzen verbinden will. Und er will auch nicht in der Fremde sterben. Wenn man ihm die Möglichkeit nimmt, das Gotteshaus (bzw. das Heiligtum) im Gelobten Land zu besuchen, bleiben ihm nur die Tempel der heidnischen Götzen (V. 19b). Man kann Davids Worte so verstehen: Wer David aus Israel vertreibt, der trennt ihn von Jahweh, dem Gott Israels.[172] Dieser Gedanke ist unerträglich für ihn. Wie völlig anders als Saul ist dieser Mann, der kaltblütig die ganze Priesterschaft des Gotteshauses in Nob ermorden ließ!

Liebe und Hass

Es ist auffallend, dass Saul David *»mein Sohn David«* nennt (V. 21.25). Er tat das auch in En-Gedi und weinte dabei.[173] Zwar war er beide Male sehr emotional, weil ihm bewusst war, dass er nur knapp dem Tod entkommen war, dennoch hat man den Eindruck, dass Saul noch immer Liebe für David empfand, auch wenn er ihn hasste. Das ist nichts Außergewöhnliches. Zwar sind Liebe und Hass entgegengesetzte Emotionen, die Menschen haben aber beide in sich. Normalerweise empfindet man nur entweder Hass oder Liebe für einen Menschen. Wenn beide Emotionen gleichzeitig nebeneinander bestehen, spricht man von einer »emotionalen Ambivalenz«. Diese kommt meistens bei Menschen mit einer psychischen Störung vor, wie z. B. bei Schizophrenie, Depression, Neurosen oder Psychosen. Meist sind es Menschen, die von Eifersucht oder Neid zerfressen sind. Der Hass ist dabei ein Selbstschutz, der in Kraft tritt, wenn ein Mensch sich seiner eigenen Verwundbarkeit stark bewusst ist bzw. sich bedroht fühlt. Dass ein schwaches Selbstbild dabei auch eine Rolle spielt, ist nicht verwunderlich.

Wir haben es hier mit Saul zu tun, der an einer psychischen Störung litt: Er hatte heftige Stimmungswechsel, die öfters zu extremen Wutausbrüchen führten. Er gewann den jungen David lieb, weil der ihn durch sein Wesen und mit seiner Musik beruhigen konnte. Er machte ihn zu seinem Waffenträger und ließ Davids

172 Im Alten Orient glaubte man, dass die Götzen an einen bestimmten Ort oder ein Land gebunden waren. Zog man von einem Gebiet in ein anderes, dann hatte man mit den Götzen des neuen Gebietes zu tun.

173 1. Samuel 24,17

Vater berichten, er wolle ihn bei sich behalten.[174] David durfte sogar am königlichen Tisch mitessen.[175] Als David aber der Held des Volkes wurde und auch Sauls eigene Kinder ihn liebten, fühlte er sich überflügelt und bedroht und es kamen Gefühle von Neid auf. Der König, der die eigene Verwundbarkeit erfuhr (der Herr war von ihm gewichen, bei David war er sichtbar anwesend), wehrte sich dagegen mit glühendem Hass.

Dass unter Sauls Gefühlen von Hass immer noch Liebe für David schlummerte, sehen wir nicht nur hier im Lager von Saul, sondern auch in der Höhle in En-Gedi, wo David das Leben von Saul ebenfalls verschont hat. Dort reagieren beide, David und Saul, emotional. David ruft Saul nach und nennt ihn sowohl *»mein Herr und König«* als auch *»mein Vater«*, während Saul David unter Tränen *»mein Sohn David«* nennt.[176] Es sind vielsagende Momentaufnahmen, die aber nicht anhalten, denn immer wieder siegt in Saul doch der Hass auf David. Bei David dagegen bleibt immer der Respekt für Saul und auch die Liebe für ihn. Nach Sauls tragischem Tod sehen wir weder Erleichterung noch Schadenfreude bei David. Seine Trauer um den Mann, der ihn rücksichtslos jagte, geht tief und sie ist aufrecht.[177]

Sauls »Reue«

In Vers 21 bekennt Saul, dass er gesündigt, töricht gehandelt und sich schwer vergangen hat. Das Hebräische, das wir hier vorfinden, bedeutet »eine Fehlentscheidung treffen« oder »unbewusst Schuld auf sich laden«. Da hat Saul wohl Worte gewählt, die fehl am Platz sind. Er hat recht, wenn er sagt, dass er töricht gehandelt hat. *Töricht* in der Bibel bedeutet, dass man nicht auf Gott gehört oder vertraut hat und eigene Wege gegangen ist. Das hat Saul getan, da hat er recht. Dennoch verharmlost der König mit seinen Worten,

174 1. Samuel 16,21-22

175 1. Samuel 18,2 und 20,24-27

176 1. Samuel 24,9.12.17

177 2. Samuel 1,17ff

was er wirklich getan hat: Seine rücksichtslose Jagd auf David dient nur dem einen Zweck, ihn umzubringen. Noch vor Kurzem war er mit einer Elitetruppe von 3000 Mann unterwegs und jetzt schon wieder! Saul ist David gegenüber nicht aufrichtig, sondern versucht eher, sich aus einer für ihn wohl sehr peinlichen Situation zu retten. Er sagt nicht offen, was er konkret getan hat, und er verleugnet die harte Wahrheit seiner Sünde gegen David mit einladenden Worten und der Zusage, dass er David in Zukunft nichts antun wird. David soll seine Flucht aufgeben und »zurückkommen«, Saul wird ihn nicht mehr verfolgen, weil *»heute mein Leben in deinen Augen wertvoll gewesen ist«* (V. 21). Hat Saul wirklich vor, die Jagd auf David aufzugeben? Nein, wir erleben hier lediglich einen momentanen emotionalen Ausbruch! Saul ist nach wie vor fest entschlossen, David loszuwerden und damit sein Königtum zu retten. Es wird ihm aber nicht gelingen, denn er *»ist ausgezogen, um einen Floh zu suchen, wie man einem Rebhuhn nachjagt auf den Bergen!«* (V. 20). Mit diesen Worten macht David klar, dass er nicht zu finden und unmöglich zu fangen ist. Das Geschehen in dieser Nacht bestätigt es, denn der König hat durch das Husarenstück von David wieder mal den Kürzeren gezogen. Dass David nicht auf Sauls Einladung eingeht, ja nicht einmal darauf reagiert, kann man dann auch gut nachvollziehen. Es ist ihm seit seiner Flucht aus Gibea (und schon davor) unverkennbar klar geworden, dass er Saul nicht vertrauen kann. David legt sein Leben lieber in Gottes Hände, als sich Saul anzuvertrauen. In Vers 22 sagt er dem König, dass der seinen Speer abholen lassen kann. Den Wasserkrug behält David anscheinend für sich, vielleicht will er ihn als Trophäe bewahren.

Am Ende unseres Textes spricht David noch Abschiedsworte, in denen er nochmals betont, dass er Sauls Leben verschont hat, dass Gott die Sache klären wird und dass er, David, mit Gott rechnet. Vers 23: *»Der Herr aber wird jedem vergelten nach seiner Gerechtigkeit und seiner Treue.«* In Vers 25 gibt Saul David einen Segen: *»Gesegnet seist du, mein Sohn David! Du wirst es gewiss tun und vollenden!«* Saul erkennt und sagt vor allen Anwesenden, dass

Gottes Weg mit David feststeht. Das ist überraschend. Saul kann es nicht mehr leugnen, er hat es auch schon in En-Gedi gesagt: *»Ich weiß, dass du gewiss König werden wirst und dass das Königreich Israels in deiner Hand bestehen wird.«*[178] Wie tragisch, dass Saul es trotz dieses Wissens nicht schafft, das Seine zu tun und sein vermeintliches Recht auf das Königtum Israels abzugeben. Indem Saul krampfhaft an dem festhält, was ihm schon genommen wurde, bekämpft er nicht David, sondern Gott selbst.[179]

Nach den Segensworten Sauls an David trennen sich die Wege der beiden Männer. Saul kehrt zurück in seine Residenz in Gibea, David zieht weiter. Die zwei Männer werden sich nicht mehr wiedersehen.

Nach dieser Begegnung setzt Saul die Jagd auf David unvermindert fort. Es war lediglich eine Momentaufnahme, als Saul sich David gegenüber dankbar zeigte, nachdem ihm bewusst geworden war, dass der sein Leben verschont hatte. Es war die Erleichterung, die aus seinen Worten sprach. Eine innere Umkehr war es nicht. In 1. Samuel 27 werden wir erfahren, dass David seine Zuflucht bei den Feinden Israels sucht. Dieser Schritt zeigt uns, wie verzweifelt David gewesen sein muss.

178 1. Samuel 24,21

179 Vgl. 1. Samuel 15,26b.28

Fragen zu Kapitel 10

1. Wie schätzen Sie Davids Verhalten ein? Warum wollte er in Sauls Lager eindringen?

2. Wie wird Sauls Heer diese Situation erlebt haben?

3. Was für einen Sinn hat diese Mission gemacht?

4. In Vers 23 sagt David zu Saul: »*Der Herr hat dich heute in meine Hand gegeben.*« Wie ist das zu verstehen? Warum würde der Herr das tun?

5. Worin liegt der Unterschied zwischen Bedauern und Reue?

6. Woran kann man merken, ob jemand aufrichtig ist?

Kapitel 11
Im Land der Philister

1. Samuel 27-29

»Habt acht, ihr Brüder, dass nicht in einem von euch ein böses, ungläubiges Herz sei, das im Begriff ist, von dem lebendigen Gott abzufallen!«

Hebräer 3,12

»... Ich bin versunken in tiefem Schlamm und habe keinen Stand; ich bin in tiefes Wasser geraten und die Flut überströmt mich. Ich bin müde von meinem Schreien ...«

David in Psalm 69,3.4

Besser ist's, bei dem Herrn Schutz zu suchen, als sich auf Menschen zu verlassen; besser ist's, bei dem Herrn Schutz zu suchen, als sich auf Fürsten zu verlassen!«

Psalm 118,8.9

»Vertraue auf den Herrn von ganzem Herzen und verlass dich nicht auf deinen Verstand; erkenne ihn auf allen deinen Wegen, so wird er deine Pfade ebnen. Halte dich nicht selbst für weise; fürchte den Herrn und weiche vom Bösen! Das wird deinem Leib Heilung bringen und deine Gebeine erquicken!«

Sprüche 3,5-8

»Darum legt die Lüge ab und redet die Wahrheit, jeder mit seinem Nächsten ...«

Epheser 4,25

Bitte lesen Sie zuerst den Bibeltext

1. Samuel 27-29

Der erste Satz von 1. Samuel 27 ist sehr enttäuschend. Nach allen gescheiterten Versuchen von Saul, David zu fangen, oder anders ausgedrückt: Nach allen Rettungsaktionen und Segnungen Gottes, die David erfahren hat, ist er in diesen Stunden davon überzeugt, dass Saul ihn eines Tages doch erwischen und töten wird (V. 1). Er weiß, dass Gott ihn zum König über Israel erwählt und bestimmt hat, er hat das sogar aus Sauls Mund gehört. Aber nach seiner letzten Begegnung mit Israels König ist ihm offensichtlich das Herz in die Hose gerutscht. David ist müde und mürbe, er will nicht länger andauernd auf der Hut sein müssen, er sehnt sich nach einem Leben, in dem er nicht mehr auf der Flucht sein muss. Sein Gottvertrauen ist scheinbar auf Sparflamme geschaltet oder es ist ihm sogar entglitten, denn er rechnet wohl nicht mehr mit Gottes Verheißungen und seiner Hilfe. David sucht Gott auch nicht, sondern findet selbst eine Lösung für das »Problem Saul«.

Unser Herz ist unbeständig und trügerisch, es kann Gott gehören und uns trotzdem Botschaften senden, die sich nicht auf Gottes Wort gründen, sondern auf unsere Umstände oder Emotionen. In diesen Tagen haben bei David die Mutlosigkeit und die Angst das Sagen. Sie reden ihm ein, dass es unvermeidlich ist und nur noch eine Frage der Zeit, bis Saul ihn erwischen und töten wird. Und wie reagiert David? Er hört auf sie. Anstatt sich in seinem Herrn zu stärken und an Gottes Plänen mit ihm festzuhalten, anstatt in Juda zu bleiben, wohin der Herr ihn von Moab aus zurückgesandt hat[180], entscheidet David sich dazu, sein Heil und das Heil seiner Männer im Land der Philister zu suchen. Seiner Meinung nach ist das die

180 1. Samuel 22,5

beste Lösung (»*Es gibt nichts Besseres für mich, als ...*«, V. 1), denn Saul wird sich sicherlich nicht in dieses Gebiet wagen, weil er sich damit einem großen Risiko aussetzen würde. Die Philister sind ja die Erzfeinde Israels, die sucht man nicht freiwillig auf! Der Übergang Davids in das Philistergebiet ist ein lebensgefährlicher Schritt. Er hat sich aber etwas ausgedacht, womit er die Gunst des Philisterkönigs Achis gewinnen und sich und sein Heer in Sicherheit bringen kann. Für David fängt eine Zeit des Lügens und Betrügens an. Er führt König Achis fast anderthalb Jahre lang konsequent hinters Licht. In Philistäa werden wir Zeuge eines gefährlichen Katz- und Mausspiels, bei dem die Maus immer wieder siegt. Aber auf Dauer kann das nicht gut gehen.

David im Land der Philister (1. Samuel 27)

Jede Krise ist ein Katalysator oder ein Beschleuniger in die richtige oder in die falsche Richtung. Bei David erleben wir in dieser Situation leider das Letztere. Er hat sich vor einiger Zeit vor Achis, dem König der Philister, wahnsinnig gestellt, um seine Haut zu retten, nun sucht er genau diesen König wieder auf und bietet sich ihm mit beeindruckenden Zusagen als sein Vasall an. Der Auserwählte Gottes verleugnet seine Identität als Diener oder Knecht Gottes, indem er sich den Erzfeinden Israels anschließt. Er und seine Männer werden für sie kämpfen.

Wie kann das sein, dass König Achis nicht argwöhnisch ist? Der Mann, der sich ihm als *Knecht* anbietet, ist derselbe Mann, der den Vorkämpfer der Philister, Goliath, im Terebinthental getötet und das Heer der Philister gejagt und geschlagen hat![181] Er ist der große Held Israels! Und der soll auf einmal zum Feind überlaufen? Ja, das täuscht David vor und König Achis glaubt ihm das sogar, weil Davids veränderte Lebensumstände sein Überlaufen glaubwürdig machen. Überall ist bekannt, dass David und König Saul verfeindet sind und dass Saul Jagd auf ihn macht. Achis preist sich glücklich, den Held Israels auf seiner Seite zu haben, und darum

181 1. Samuel 17,48-53

nimmt er ihn und seine Männer in Philistäa auf. Für David wird das »Spiel« jetzt ernst. Er hat Achis angelogen und wird ihn nun weiterhin konsequent hinters Licht führen müssen, immer mit dem Risiko, irgendwann einen Fehler zu machen und mit seinem Leben dafür zu bezahlen.

Wer seine Zuflucht zu einer Lüge nimmt, wird früher oder später mit den Konsequenzen konfrontiert werden. Die Sicherheit, die David als vermeintlicher Vasall von Achis erwartet, ist eine falsche Sicherheit. Seine Entscheidung, sich durch Betrug zu retten, trifft er eigenmächtig, Gott wird nicht befragt. Der Apostel Paulus nennt eine solche Entscheidung einen Entschluss der Vernunft, der *»im Fleisch«* gefasst wird.[182] Er spricht von Menschenweisheit, von der der natürliche Mensch sich führen lässt, während der geistliche Mensch sich von Gottes Geist steuern lässt. Der natürliche Mensch sucht seine Rettung bei sich, der geistliche Mensch rechnet mit Gottes Kraft.[183] Der Schritt, den David hier macht, bringt ihn auf einen Weg, der abwärtsführt. Und nicht nur ihn. Denn Davids Entscheidung hat auch Konsequenzen für die Männer, die sich ihm samt ihren Frauen und Kindern anvertraut haben. Auch Davids zwei Frauen Achinoam und Abigail sind dabei (V. 3). Der Philisterkönig nimmt die ganze Truppe *»bei sich in Gat«* auf (V. 3). Und tatsächlich geschieht, womit David gerechnet hat: Saul sieht davon ab, ihn zu verfolgen (V. 4).

Als Nächstes erfahren wir, dass David König Achis um einen Platz im Land bittet (V. 5), vermutlich weil er außer Sichtweite des Königs und seines Heeres sein will. König Achis geht auf seine Bitte ein und überlässt ihm und seinem Heer die Grenzstadt Ziklag als Garnisonsstadt. Die Stadt gehört zum Erbteil des Stammes Juda im Gelobten Land, sie steht zu dieser Zeit aber unter der Kontrolle der Philister.[184] Ziklag liegt im Negev, etwa 21 Kilometer nordwest-

182 2. Korinther 10,5

183 1. Korinther 2,5

184 Die Stadt gehörte zum Erbteils des Stammes Juda im Gelobten Land (Josua 15,20.31; 19,5), stand aber zu dieser Zeit unter der Kontrolle der Philister.

lich von Beerscheba und damit dicht genug am Gelobten Land, um auf dem Laufenden zu bleiben, was die Situation dort betrifft.

David und seine Männer werden insgesamt ein Jahr und vier Monate im Philistergebiet bleiben (V. 6) und in dieser Zeit geht König Achis davon aus, dass die Männer gegen Israel kämpfen. In Wirklichkeit aber lässt David sein eigenes Volk in Ruhe. Er überfällt Stämme und Städte, die mit den Philistern befreundet und alte Feinde Israels sind. Es werden die Geschuriter und die Girsiter erwähnt wie auch die Amalekiter, die Erbfeinde Israels.[185] Wir finden diese Völker im Süden Kanaans und im Norden Sinais.

David geht sowohl listig als auch rücksichtslos vor. Listig ist, dass er in Ziklag in sicherem Abstand zum Hof operiert, wodurch sein Handeln ungesehen bleibt. Rücksichtslos ist, dass David und seine Männer nach ihren Überfällen keine einzige Person – ob Mann, Frau oder Kind – am Leben lassen. Das tun sie, damit es niemanden gibt, der gegen sie aussagen könnte. Die errungene Beute verschafft David, seinen Männern und ihren Familien die notwendigen Lebensmittel: Schafe, Rinder, Esel, Kamele, Kleider, Gold und Silber, Schmuck (V. 9). Nach jedem Einfall meldet David sich bei Achis; vermutlich bringt er ihm bei diesen Besuchen Geschenke aus seiner Beute mit. Dem Philisterkönig erklärt er, dass er in den Gebieten südlich des Berglandes (d. h. in der Negev Wüste in der Umgebung Beerschebas) war, womit er suggeriert, er wäre in Juda gewesen (V. 10).[186] Davids Information ist bewusst vage und sie kann schwer überprüft werden, weil die Region, in der er gekämpft hat, von Gat weit entfernt ist. König Achis fragt auch nicht nach, sondern nimmt Davids Information einfach zur Kenntnis: *»Und Achis glaubte David und dachte: Er hat sich bei seinem Volk Israel sehr verhasst gemacht, darum wird er für immer mein Knecht bleiben!«* (V. 12). Hätte Achis Davids Beute überprüft, dann hätte

185 Siehe Infokasten Amalekiter auf Seite 197.

186 Die Jerachmeeliter, die David besiegt haben soll, waren Judäer, die Keniter waren vermutlich ein midianitischer Stamm (Verwandte der Frau von Mose). Siehe Richter 1,16 und 4,11.

er anhand der Merkmale der Tiere oder auch an der Kleidung und anderen Gegenständen feststellen können, wo diese herkamen bzw. welche Stämme David überfallen hatte.

Den Halt verloren

Diese Phase in Davids Leben ist kritisch zu betrachten, er ist an einem extremen Tiefpunkt angelangt. David betreibt in Philistäa nicht nur Schaukelpolitik, sondern er verhält sich wie eine Bestie. Der Mann, der zwei Mal das Leben seines Feindes Saul verschont hat, überfällt und plündert nun ganze Dörfer und löscht sie aus. Dass er sogar Frauen und Kinder nicht verschont, zeigt, wie rücksichtslos er vorgeht.

Wenn wir uns fragen, womit diese Phase in Davids Leben begann, dann ist die Antwort: mit Angst vor Menschen und einem Mangel an Gottvertrauen. Der Gesalbte Gottes hat sich vom Strom der bitteren Erfahrungen und der Angst mitreißen lassen. In Psalm 69,3-4 schreibt David Worte, die hier gut zutreffen: »*... Ich bin versunken in tiefem Schlamm und habe keinen Stand; ich bin in tiefes Wasser geraten und die Flut überströmt mich. Ich bin müde von meinem Schreien ...*« In seinem Kampf, nicht von den Wellen überspült zu werden und zu ertrinken, hat David sich in der Hoffnung auf Rettung an ein Stück Treibholz geklammert. Dieses Treibholz (Betrug) gibt David zwar das Gefühl, in Sicherheit zu sein, aber es ist eine falsche Sicherheit. Denn David ist am falschen Ufer gelandet bzw. in feindliches Gebiet geraten. Hätte er doch nur aufgeschaut, dann hätte er über sich den starken Baumzweig bzw. den ausgestreckten Arm dessen gesehen, bei dem man Halt und Zukunft findet![187] Hätte er nur Gott angerufen! Nun aber steht er nicht auf der Seite Gottes, sondern auf der des Feindes.

In Philistäa geht es nur bergab mit ihm, denn David betrügt König Achis nach allen Regeln der Kunst und er scheut nicht vor extremer Grausamkeit zurück. Diese Geschichte zeigt uns, wie es gehen kann, wenn wir unseren Sorgen und unserer Angst das Feld

---

187 Vgl. 2. Samuel 22,17

überlassen, anstatt Gott zu vertrauen. Sie zeigt uns, dass eigenmächtige Entscheidungen und Unwahrhaftigkeit zu heillosen Wegen führen können. Und dass auf einen falschen Schritt öfter weitere falsche Schritte folgen, bis man so tief im Schlamm der bösen Taten versunken ist, dass man kaum noch herauskommt. Davids Weg in Philistäa ist ein Abwärtspfad, der ihn zugrunde richten wird. Dass er, der *»liebliche Psalmdichter Israels«*[188], in Philistäa keine Psalmen (Gebete) gedichtet hat, darf uns nicht verwundern. David hat in dieser Zeit den Blick auf Gott verloren. Er ist auf Distanz zu seinem Herrn gegangen und wird in dieser Zeit keinen inneren Frieden gehabt haben. *»Der Verkehrte ist dem Herrn ein Gräuel«*, sagt Salomo, *»aber mit den Aufrichtigen hat er vertrauten Umgang.«*[189]

Legt die Lüge ab!

Die Lüge, durch die sich David eine Bleibe in Philistäa verschafft hat, hat zu abscheulichen, mörderischen Szenen geführt. Bevor wir ihn dafür verurteilen und uns fragen, wie ein Mann Gottes so betrügerisch vorgehen kann, machen wir einen kleinen Exkurs ins Land der Lügen, das jeder von uns aus eigener Erfahrung kennt.

Kein Mensch wird sagen können, dass er noch nie gelogen hat. Wenn wir in der Klemme sitzen, ist eine Notlüge schnell gesagt. Wenn man irgendwo zu spät ankommt und sich dafür entschuldigen will, sind Klassiker der Stau auf der Autobahn, der Zug, der verspätet war, die Eisenbahnschranke, die geschlossen war, oder in den wasserreichen Niederlanden die Brücke, die sich für die Durchfahrt eines Schiffs geöffnet hatte. Wenn man eine Einladung nicht annehmen will oder seine Zusage rückgängig machen will, gibt es Gelegenheitslügen: Man hat schon einen anderen Termin, man fühlt sich nicht wohl oder es ist etwas dazwischengekommen. Man will sich ent-schuldigen, macht sich dabei aber einer Lüge schuldig! Not- und Gelegenheitslügen werden oft verharmlost, weil

---

188 2. Samuel 23,1

189 Sprüche 3,32

man davon ausgeht, dass man damit niemandem schadet. Sie sind aber nicht harmlos, denn in Gottes Augen gibt es keine kleinen oder großen Lügen. Eine Lüge ist eine Lüge. Wenn eine Unwahrheit ausgesprochen wird, wird die Wahrheit verhüllt.

Jeder Mensch hat den Hang zur Sünde, dazu gehören auch Lügen und Betrug. Man sieht das schon bei Kain, dem ältesten Sohn von Adam und Eva. Er ermordet seinen Bruder Abel, und als Gott ihn fragt, wo der ist, kommt ihm schnell eine Lüge über die Lippen: *»Ich weiß es nicht!«*[190] Jakob, der Enkel Abrahams und der Erzvater Israels, täuscht seinen Vater, indem er ihm vorspielt, er sei Esau, sein Zwillingsbruder. Seine Lüge *»Ich bin Esau«* hat zur Folge, dass er aus seinem Elternhaus im Gelobten Land fliehen muss und erst nach zwanzig mühsamen Jahren wieder zurückkehrt.[191] In späteren Jahren versucht David, seinen Ehebruch mit der Frau eines seiner Krieger zu vertuschen. Der Krieger muss dafür sterben.[192] David selbst bezahlt einen hohen Preis für seinen Betrug und den Mord an Uria.[193] Die Strafe Gottes zieht sich bis zu seinem Lebensende durch und zieht u. a. ernsthafte Probleme und Gewalttätigkeiten innerhalb seiner Familie nach sich.

Die erste Sünde, von der das Neue Testament berichtet, ist die Lüge eines Ehepaares, das zur ersten Jesus-Gemeinde in Jerusalem gehörte. Sie verkauften ein Grundstück und spendeten der Gemeinde einen Teil des Ertrags. Ihre noble Geste hatte leider eine dunkle Seite, denn Ananias und Saphira taten so, als schenkten sie der Gemeinde den vollen Betrag, den sie beim Verkauf erzielt hatten. Das war Betrug und als solcher eine Schmach in der ersten Gemeinde Christi, die gerade entstanden war. Der Apostel Petrus fragt Ananias daraufhin: *»Ananias, warum hat der Satan dein Herz erfüllt, sodass du den Heiligen Geist belogen hast und von dem*

---

190 1. Mose 4,9

191 1. Mose 27,19 und 35,27

192 2. Samuel 11

193 2. Samuel 12,9ff

Erlös des Gutes etwas für dich auf die Seite geschafft hast?«[194] Es ging nicht darum, dass Ananias und Saphira etwas Geld für sich behalten hatten, denn das durften sie, es war ja ihr Geld. Der springende Punkt war, dass sie beide nicht nur ihre geistlichen Geschwister, sondern auch Gott belogen und den Heiligen Geist betrübt hatten. Auch diese Menschen bezahlten einen hohen Preis für ihren Betrug, denn beide fielen vor Petrus tot um. Ihre Geschichte, die wir in Apostelgeschichte 5,1-11 finden, sollte der neuen Gemeinde eine starke Warnung sein. Und auch uns! Sie zeigt uns, dass Gott die Sünde ernst nimmt. Und dass Lügen in seinen Augen nicht harmlos sind. Der Vorfall mit Ananias und Saphira erschütterte die Christen in Jerusalem, denn es »*kam eine große Furcht über die ganze Gemeinde*« (V. 11).

Der Apostel Paulus schreibt in seinem Brief an die Christen in Ephesus in Kleinasien, dass Menschen, die Christus kennen, den alten Menschen ablegen. Sie werden erneuert im Geist ihrer Gesinnung und ziehen den neuen Menschen an, »*der Gott entsprechend geschaffen ist in wahrhafter Gerechtigkeit und Heiligkeit*«. Gleich darauf sagt er: »*Darum legt die Lüge ab und redet die Wahrheit, jeder mit seinem Nächsten …*«[195] Als Christen sind wir von der Dunkelheit ins Licht gekommen und nun sollen wir auch im Licht wandeln bzw. »*Kinder des Lichtes werden*«[196] und »*die schändlichen Heimlichkeiten ablehnen und nicht mit Hinterlist umgehen*«[197]. Nur so kann Gott uns gebrauchen. Die Unwahrheit hasst er![198]

Heillose Wege

Die sechzehn Monate, die David im Land der Philister lebt, sind eine schwarze Seite in seinem Lebensbuch. Israels zukünftiger König lebt das, wovon Jesus in Johannes 3,20 spricht: »*Jeder, der Böses*

---

194 Apostelgeschichte 5,3

195 Epheser 4,22-25

196 Johannes 12,36

197 2. Korinther 4,2

198 Sacharja 8,16-17

tut, hasst das Licht und kommt nicht zum Licht, damit seine Werke nicht aufgedeckt werden.« Es ist unendlich gnädig, dass Gott David in diesen Jahren nicht verwirft, sondern an seiner Verheißung für ihn festhält. David seinerseits lässt Gott nicht los. Ja, es gibt heillose Wege und die sechzehn Monate in Philistäa gehören dazu, dennoch ist Davids Herz nicht definitiv für Gott verschlossen, wie es bei Saul der Fall ist.

Gottes Wort verhüllt Davids »Lügenjahre« in Philistäa nicht. Und auch nicht anderes Verkehrtes aus seinem Leben. Die Bibel ist ein ehrliches Buch, das die schwarzen Flecken im Leben der Kinder Gottes aufgenommen hat, damit wir daraus lernen. Wir sollen Gott danken für seine Gnade, die in den dunklen Geschichten aufleuchtet. Gott übersieht das Böse nicht, aber er ist barmherzig und geduldig. Wenn wir unsere Sünden vor ihm bekennen, ist er bereit, uns zu vergeben, das schwarze Blatt in unserem Lebensbuch umzuwenden und uns einen neuen Anfang zu schenken.[199] Mit den Folgen haben wir zu leben, denn diese nimmt Gott nicht weg. Dass es David später nicht erlaubt wird, Gott einen Tempel zu bauen, obwohl dies sein Herzenswunsch ist, ist darauf zurückzuführen, dass David nach Gottes Worten *»als Kriegsmann Blut vergossen hatte«*.[200] Davids Sohn Salomo wird an seiner Stelle den Tempel in Jerusalem bauen.[201] Für David muss das sehr schmerzlich gewesen sein.

Eine wichtige Frage ist, wie es sein kann, dass niemand in der Truppe Davids es gewagt hat, ihn auf sein Vorgehen in Philistäa anzusprechen. Schließlich waren sie alle davon betroffen. Davids Männer gehörten zum Volk Gottes, David selbst war ein Gesalbter des Herrn! Sie mussten irgendwie überleben, das stimmt. Aber in Philistäa gingen sie durch ihren Betrug und ihr mörderisches Vorgehen mit dem Teufel einen Pakt ein. Warum meldete sich sogar der Priester Abjatar nicht, der ja zur Truppe Davids gehörte? Wa-

---

199 1. Johannes 1,8-9

200 1. Chronik 28,2-3

201 2. Chronik 6,7-11

rum ließ auch er zu, dass David diesen Irrweg ging und seine Männer mitriss? Und was war mit dem Propheten Gad?

Warum lassen auch wir oft das Böse unter uns zu (in der Gemeinde oder im Freundeskreis), ohne etwas zu sagen? Der Apostel Paulus macht uns unmissverständlich klar, dass wir gegenseitig Verantwortung füreinander tragen. In Galater 6,1 z. B. schreibt er: *»Brüder, wenn auch ein Mensch von einer Übertretung übereilt würde* (wörtlich »eingefangen« im Sinne von »verstrickt«), *so helft ihr, die ihr geistlich seid, einem solchen im Geist der Sanftmut wieder zurecht; und gib dabei acht auf dich selbst, dass du nicht auch versucht wirst!«* David ist in seine Sünde verstrickt gewesen, aber anstatt ihn zurechtzuweisen bzw. ihm zu helfen, ließen alle seine Männer sich von ihm auf diesen heillosen Weg mitnehmen.

Krieg gegen Israel & Saul bei einer Totenbeschwörerin (1. Samuel 28)

In Philistäa hat David freie Hand, solange ihm König Achis blind vertraut und die Sache keinen Haken hat. Dann aber passiert Folgendes: Die Philister bereiten ihre gesamten Heere auf einen Krieg gegen Israel vor und König Achis geht davon aus, dass er mit David und seiner Truppe rechnen kann. Sicherlich erwartet er sich einen großen Sieg, wenn der Held Israels mitzieht. Außerdem wird es eine Demütigung für Israel sein, wenn David seine eigenen Landsleute als Krieger des Philisterheeres bekämpft.

Als Achis David zum Kampf einbestellt, reagiert der mit einer etwas kryptischen Antwort. Für Achis aber sind Davids Worte *»Wohlan, so sollst auch du erfahren, was dein Knecht tun wird!«* (V. 2) eine Bestätigung dafür, dass er mit ihm gegen Israel ziehen wird. Er ist dermaßen erfreut über Davids Loyalität, dass er David *»für die ganze Zeit«* zu seinem Leibwächter (wörtlich: zum Hüter seines Hauses) macht (V. 3). Hätten wir in Davids Haut gesteckt, dann wären wir jetzt richtig nervös geworden! Davon merken oder hören wir aber nichts.

Während die Philisterheere ihr Lager bei Schunem, 25 Kilometer südwestlich vom See Genezareth, aufschlagen, lagert König Saul sich mit seinem Heer in Gilboa, einer Gebirgskette südlich von Schunem. Beim Anblick des Philisterheeres wird er von Angst gepackt (*»sein Herz wurde ganz verzagt«*, V. 5). In seiner Not befragt er Gott, bekommt aber keine Antwort, *»weder durch Träume, noch durch die Urim* (das Los), *noch durch die Propheten«* (V. 6). Das liegt daran, dass der Herr ihn verstoßen und den Heiligen Geist von ihm genommen hat.[202] Offensichtlich hat Saul keinen Zugang mehr zu Propheten. Und das Ephod oder Priesterkleid, in dem sich die Steine befanden, mit denen das Los geworfen wurde, ist in den Händen des Priesters Abjatar, der das Massaker in Nob überlebt und sich David angeschlossen hat. Saul ist in jeder Hinsicht sich selbst überlassen, was nicht nur jetzt, sondern immer wieder zu großer Angst führt.

In den Versen 3-25 wird davon berichtet, dass Saul sich in seiner Not an eine Totenbeschwörerin wendet und sie darum bittet, den verstorbenen Propheten Samuel, der ihn ja einige Jahre treu begleitet hat, herzurufen und zu befragen. Diese Episode zeigt uns, wie verzweifelt Israels König ist. Samuel lebt nicht mehr, die ganze Priesterschaft in Nob ist nicht mehr, wen kann er jetzt noch konsultieren? Es kommt zu einem Akt der Verzweiflung. Saul hat selbst okkulte Praktiken in Israel verboten und Wahrsager und Zeichendeuter aus dem Land vertrieben (V. 3b), nun aber macht er sich auf die Suche nach einer »Hexe«, die ihre Praxis illegal und im Geheimen fortsetzt. Seine Knechte wissen von einer Frau in Endor und Saul vermummt sich und lässt sich von ihnen zu ihr bringen. In dieser Nacht bekommt Saul durch Samuel eine erschütternde Botschaft zu hören.[203] Der Herr ist von Saul gewichen und sein Feind geworden, er hat Saul sein Königtum genommen und es David ge-

---

202 1. Samuel 16,14

203 Dieser Vorgang ist einmalig, er wird ausnahmsweise von Gott gestattet. Der Besuch Sauls bei der »Hexe von Endor« ist damit kein Freibrief für Gläubige, sich auf okkulte Praktiken einzulassen. Kinder Gottes haben im Totenreich nichts zu suchen und sollen alles Okkulte radikal aus ihrem Leben entfernen.

geben. In dem bevorstehenden Kampf wird er sowohl Saul als auch sein Volk in die Hand der Philister geben und Saul und seine Söhne werden am nächsten Tag in der Schlacht sterben (V. 19). Saul fällt nach diesen Worten in Ohnmacht. Er kommt wieder zu Kräften, als die Totenbeschwörerin in aller Eile eine Mahlzeit bereitet und sie ihm und seinen Knechten anbietet. Nachdem sie gegessen haben, verlassen sie ihr Haus (V. 25).

David wird abgewiesen (1. Samuel 29)

Wir nehmen die Davidgeschichte wieder auf, die in 1. Samuel 28 unterbrochen wurde. Es steht die Schlacht gegen Israel bevor und die Philisterheere versammeln sich bei Aphek, das etwa 38 Kilometer nördlich von Gat liegt und etwa 80 Kilometer von Ziklag entfernt ist. Zu bedenken ist, dass die Philister fünf Stadtstaaten hatten (Aschkelon, Aschdod, Gaza, Ekron und Gat), die alle ihren eigenen König und ihr eigenes Heer hatten. Diese fünf Heere stellen sich nun in Schlachtordnung auf (*»Die Fürsten der Philister zogen vorüber nach Hunderten und nach Tausenden«*, V. 1-2). David und seine Männer bilden mit König Achis die Nachhut. Die Truppe Davids hat sich inzwischen erheblich vergrößert, weil sich ihm immer wieder Männer angeschlossen haben, sogar auch in Philistäa.[204] Dass es viele sind, macht deutlich, dass schon vor Davids Salbung zum König in Hebron in weiten Kreisen des Volkes die Überzeugung herrschte, dass David auf dem Weg zum Königtum war.

Was David in diesen Stunden, in denen er sich mit den Philisterheeren auf die Schlacht gegen Israel vorbereitet, durch den Kopf geht, erfahren wir nicht. Aber wir halten den Atem an! Wie kann er gegen sein eigenes Volk in den Krieg ziehen? Doch so weit kommt es, Gott sei Dank, nicht, denn als die Philisterfürsten David und seine Truppe mit Achis aufziehen sehen, wenden sie sich empört an Achis und fragen ihn, was diese Hebräer[205] bei ihnen zu

204 Siehe Infokasten Das Heer Davids auf Seite 178.

205 Die Philister nennen die Israeliten öfters Hebräer. Auch schon früher finden

suchen haben? Achis, der noch immer vollstes Vertrauen zu David hat, erwidert, dass »*David, der Knecht Sauls, des Königs von Israel*« inzwischen schon so lange bei ihm ist, dass er keinen Grund hat, an seiner Aufrichtigkeit zu zweifeln. David ist ja von Saul abgefallen (V. 3). Die Philisterfürsten lassen sich aber nicht überzeugen und erwarten von Achis, dass er David »*an seinen Ort*« zurücksenden soll. Es mag sein, dass er von Saul abgefallen ist, aber im Kampf gegen Israel könnte er auf einmal anders denken und die Seiten wechseln (»*Es könnte uns den Kopf kosten, wenn er zu Saul, seinem Herrn, überliefe*«[206]). Die Philisterfürsten verleihen ihren Worten Nachdruck, indem sie Achis an das Lied erinnern, das in Israel gesungen wurde, als David dort im Heer diente und von einer gewonnenen Schlacht gegen die Philister zurückkehrte: »*Saul hat seine Tausende erschlagen, David aber seine Zehntausende.*«[207]

Obwohl König Achis die Sache anders sieht als die Fürsten seines Landes, gibt er nach. Weil sie direkt vor einem Krieg gegen Israel stehen, kann er sich keine Uneinigkeit mit seinem Heer erlauben. Er schickt David zurück nach Ziklag. Er soll in Frieden gehen und nichts tun, was den Argwohn der Philister noch fördern wird. Auffallend sind seine Worte in Vers 6: »*So wahr der Herr lebt …*« Ein Philister erinnert David an seinen Gott!

David, von dem man erwarten würde, dass er ziemlich erleichtert ist und einfach geht, bleibt seiner Rolle treu. Er zeigt sich beleidigt und betont seine Unschuld. Was er Achis sagt, ist listig und durchtrieben: »*Was habe ich denn getan … dass ich nicht kommen und gegen die Feinde meines Herrn, des Königs kämpfen soll?*« (V.

---

wir diese Bezeichnung vor und immer ist sie so gemeint, dass die Israeliten sich von anderen Völkern unterscheiden. In 1. Mose 14,13 ist die Rede von Abram, dem Hebräer. In Ägypten ist Joseph ein Hebräer (z. B. 1. Mose 39,14-17) und die israelitischen Sklaven sind die Hebräer (2. Mose 2,11). Jona ist im Gegensatz zu den Schiffsleuten ein Hebräer (Jona 1,9) und die Israeliten in Philistäa sind Hebräer (1. Samuel 4,6). Die Hebräer unterscheiden sich von anderen Völkern, weil sie keinen Götzen dienen, sondern das Volk des lebendigen Gottes sind.

206 1. Chronik 12,20b

207 1. Samuel 18,7

8). König Achis antwortet ihm, dass er in seinen Augen ein Engel Gottes ist, er aber nicht anders kann, als auf seine Fürsten zu hören. David soll früh am nächsten Morgen mit seiner Truppe, inklusive der Männer vom Stamm Manasse, die sich ihm erst kürzlich angeschlossen haben, nach Ziklag zurückkehren, während die Philister nach Jesreel ziehen werden. Es ist ein Wunder Gottes, denn David wird davor bewahrt, mit den Philisterheeren gegen Saul und Israel kämpfen zu müssen. Er wird auch davor bewahrt, dass er sich selbst aus dieser prekären Situation retten muss. Hätte er sich in letzter Minute geweigert, mit in den Kampf zu ziehen, oder hätte er nicht richtig mitgekämpft, dann hätte er das wahrscheinlich nicht überlebt. Wie unendlich gnädig zeigt sich Gott hier, indem er David aus dieser heiklen und lebensgefährlichen Situation rettet.

Das Heer Davids

In 1. Chronik 12 finden wir eine Liste von Männern, die sich David während seiner Fluchtjahre angeschlossen haben. Es lassen sich in den Versen 1-22 vier Gruppen unterscheiden:

In Ziklag gesellen sich *»die Brüder Sauls«*, d. h. Männer aus dem Stamm Benjamin, zu David (V. 3-7). Sie werden als tüchtige Krieger beschrieben: *»Sie waren bewaffnet mit Bogen und geübt, mit der Rechten und der Linken Steine zu schleudern, auch mit dem Bogen Pfeile zu schießen«* (V. 1-2).

Eine zweite Gruppe sind die Gaditer, Männer aus dem Stamm Gad (V. 8-15). Diese schließen sich David an, als er sich auf der Berghöhe in der Wüste befindet. Hier ist nicht Adullam, sondern der unfruchtbare östliche Teil des judäischen Berglandes gemeint. Die Gaditer werden beschrieben als Häupter im Heer, starke Helden und Kriegsleute, die Schilde und Speere führen. Es wird gesagt, dass sie Löwen ähneln und so schnell sind wie die Gazellen auf den Bergen. Sie haben ihre Stärke und Mut bewiesen, indem der Kleinste unter ihnen es mit hundert und der Größte mit tausend Gegnern aufgenommen hat, und als sie *»im ersten Monat über den Jordan gingen, als er über alle seine Ufer getreten war«* und alle verjagten, *»die in den Tälern gegen Osten und Westen wohnten«* (V. 16).

Eine dritte Gruppe sind einige aus Benjamin und Juda (V. 17); sie gehören zu den frühen Sympathisanten Davids und haben sich wahrscheinlich schon auf der Bergfeste Adullam bei David eingefunden. Diese Männer hat David als Oberhäupter über die Streifscharen eingesetzt (V. 19).

Die vierte Gruppe sind Männer aus dem Stamm Manasse, die sich bei David einfanden, als die Philister im Tal Jesreel waren (womit sie schon wichtige Teile des Gebietes von Manasse besetzt hatten). In Vers 21 lesen wir, dass sie David gegen die Männer halfen, die Ziklag ausgeraubt und vernichtet hatten.

Dieser Textabschnitt in 1. Chronik 12 wird abgeschlossen mit der Mitteilung, dass täglich etliche zu David kamen, um ihm zu helfen, *»bis es ein großes Heer wurde, wie ein Heer Gottes«* (V. 23).

Fragen zu Kapitel 11

1. Worauf basiert Davids Entscheidung, nach Philistäa überzusiedeln?

2. Dass David seine Zuflucht beim Feind in Philistäa sucht, hat Konsequenzen für die Menschen in seinem direkten Umfeld. Seine 600 Männer und ihre Familien ziehen ja mit ihm und werden so in die Lügen Davids hineingezogen.
Unsere Entscheidungen und Taten, ob gut oder schlecht, werden Folgen haben für die Menschen, die sich auf uns verlassen. Können Sie aus Ihrem eigenen Leben Menschen nennen, bei denen das der Fall war (oder ist)?

3. In Philistäa geht David heillose Wege, trotzdem lässt Gott ihn nicht fallen. Was sagt uns das über Gott? Und wie sollen wir es verstehen, dass David über einen so langen Zeitraum eine Lüge lebt und Menschen umbringt und Gott es zulässt?

4. Haben Sie Freunde, die es wagen würden, Sie zu warnen oder zurechtzuweisen, wenn Sie auf einen falschen Weg geraten sind? Sind Sie selbst ein solcher Freund/eine solche Freundin für andere? Wie gehen Sie vor, wenn eine Zurechtweisung oder Korrektur in Ihren Augen dran wäre? Und wie reagieren Sie, wenn Freunde Sie warnen und zurechtweisen?

5. Lesen Sie Galater 6,1.
Welche Verben sind in diesem Vers wesentlich, wenn man jemanden auf eine Übertretung ansprechen möchte?

6. Lesen Sie dazu auch Hebräer 3,12-13.
Lesen Sie Sprüche 3,5-8.
Was haben diese Worte Ihnen heute zu sagen?

7. Gott hasst die Sünde, aber den Sünder liebt er und will ihm vergeben und Gnade schenken, wenn er Buße tut.
   Lesen und überdenken Sie Psalm 103,1-14 und 1. Johannes 1,8-9.

8. In Psalm 69,3-4 schreibt David: »... *Ich bin versunken in tiefem Schlamm und habe keinen Stand; ich bin in tiefes Wasser geraten und die Flut überströmt mich. Ich bin müde von meinem Schreien ...*«
   Kann es sein, dass Sie in tiefen Schlamm oder in tiefes Wasser geraten sind? Es können Probleme sein, die Sie überwältigt haben; Sünde, von der Sie sich haben mitreißen lassen; persönliches Versagen in Beziehungen oder im beruflichen Umfeld; erdrückende Umstände ... Was wäre notwendig und was müsste geschehen, damit Sie daraus befreit werden?

Kapitel 12
Drama in Ziklag und das Ende Sauls

1. Samuel 30-31

»Auch kamen alle Tage etliche zu David, um ihm zu helfen, bis es ein großes Heer wurde, wie ein Heer Gottes.«

1. Chronik 12,23

»So starb Saul samt seinen drei Söhnen und seinem Waffenträger und allen seinen Männern an jenem Tag.«

1. Samuel 30,6

»So starb Saul wegen seiner Treulosigkeit, die er gegen den Herrn begangen hatte, wegen des Wortes des Herrn, das er nicht eingehalten hatte, und weil er die Totenbeschwörerin gesucht und befragt hatte; den Herrn aber hatte er nicht gesucht. Darum tötete er ihn und wandte das Königreich David, dem Sohn Isaïs, zu.«

1. Chronik 10,13-14

»David aber stärkte sich in dem Herrn, seinem Gott.«

1. Samuel 30,6

Bitte lesen Sie zuerst den Bibeltext

1. Samuel 30-31

Während der Abwesenheit von David und seinen Männern sind die Amalekiter in das Südland und in Ziklag eingefallen. Was David in Philistäa getan hat, kommt nun wie ein Bumerang zu ihm zurück. Der Einfall der Amalekiter ist wahrscheinlich eine Racheaktion, da auch sie Opfer der Überfälle Davids gewesen sind. Ziklag einzunehmen, ist relativ einfach gewesen, da die Philisterheere und auch Davids Truppe nach Norden zum Kampf gegen Israel abgezogen waren, wodurch ein großes Gebiet, auch das südlich gelegene Ziklag, ohne Schutz war. Die Amalekiter haben die Stadt überfallen, geplündert und verbrannt. Was geblieben ist, sind geschwärzte Reste von Häusern, Scherben von Steingut, kleine Feuerherde, die nachschwelen, und Rauch, der gen Himmel zieht. Kurz gesagt: Die Stadt liegt in Schutt und Asche.[208] *Von den Frauen und Kindern keine Spur.*

Die Konfrontation mit der verlassenen und ausgebrannten Garnisonsstadt und dem Verschwinden der Frauen und Kinder ist für David und seine Männer unerträglich. Die Truppe, die einen dreitägigen Rückmarsch aus der Jesreel-Ebene hinter sich hat, steht erschüttert da. Der Anblick der Verwüstung macht sie stumm vor Entsetzen. Die Männer weinen, bis sie nicht mehr können (*»bis keine Kraft zu weinen mehr in ihnen war«*, V. 4), und dann wenden sie sich wütend und erbittert gegen David. Er ist verantwortlich für diese Katastrophe, er ist schuld daran, dass sie Haus und Herd, ihre Frauen und Kinder und ihren Besitz mit einem Schlag verloren haben. Es war seine Idee, sich als Vasallen dem Philisterkönig

---

208 David und seine Männer kehren später nach Ziklag zurück (siehe 2. Samuel 1,1). Das ist ein Hinweis darauf, dass nicht die ganze Stadt zerstört worden war. Sonst hätten sie dort nicht mehr bleiben können.

anzubieten. Er ist mit seinen Männern aus Ziklag weggezogen, ohne dafür zu sorgen, dass die Stadt samt ihren Einwohnern geschützt war. Der Mann, der von Saul und seinen Truppen gejagt wird, wird jetzt von seinen eigenen Männern bedroht: »*Und David war sehr bedrängt, denn das Volk wollte ihn steinigen, weil die Seele des ganzen Volks erbittert war; jeder wegen seiner Söhne und wegen seiner Töchter*« (V. 6).

David stärkt sich in Gott

In 1. Samuel 28 war König Saul sehr bedrängt. In seiner Not suchte er seine Zuflucht bei einer Totenbeschwörerin und ließ sie Kontakt zu dem verstorbenen Samuel aufnehmen, in der Hoffnung, Wegweisung von ihm zu bekommen. Dieser Schritt in die okkulte Welt hat Sauls Verzweiflung nur noch größer gemacht. In 1. Samuel 31,4 werden wir erfahren, dass er sich während des Kampfes gegen die Philister auf dem Bergland Gilboa das Leben nimmt.[209] Nun ist auch David schwer bedrängt, er reagiert aber anders als der König Israels. Die Trümmer in Ziklag bewirken in ihm eine Umkehr. Nach sechzehn Monaten, in denen er sich durch Lügen, Betrug und Morden behauptet und keine Verbindung zu Gott gesucht hat, wendet sich David an Gott und stärkt sich in ihm (V. 6).[210] Auge in Auge mit den Trümmern seiner Stadt, abgewiesen und bedroht von den eigenen Männern und erschüttert über die Entführung der Frauen und Kinder, vertraut David sich dem Einen an, der immer derselbe ist und der sich gnädig über die erbarmt, die ihn fürchten.[211] Davids Gebet, dessen Inhalt uns verborgen bleibt, ist ein entscheidender Moment, denn es führt dazu, dass seine Beziehung zu Gott wiederhergestellt wird und er neue Kraft bekommt. Davids Inneres wird befreit vom Druck und er ist wieder der

---

209 Sauls Tod ist Gottes Urteil über ihn, weil er ihm untreu war, sein Wort verwarf und eine Totenbeschwörerin befragte (1. Chronik 10,13-14).

210 Wir kennen das »Sich Stärken in Gott« aus 1. Samuel 23,16. Dort wurde David, der sich in der Wüste Siph vor Saul verborgen hielt, von Jonathan besucht und der hat »*seine Hand in Gott gestärkt*«.

211 Psalm 103,11.13

Mann, der seine Truppe führen kann. Das Erste, das er tut, ist Gott um Wegweisung zu bitten. Das was eine Zeit lang nicht mehr vorgekommen (V. 8).

Trümmer

Solange wir auf dieser Erde sind, werden wir Umstände erleben, die uns bedrohen oder Angst machen. Umstände, in denen »unsere Stadt«, d. h. unsere Sicherheit oder das, was uns vertraut ist und worauf wir bauen, in Flammen aufgeht: Das kann ein schmerzlicher Verlust sein, eine Scheidung, eine Kündigung, ein finanzielles Drama oder eine gesundheitliche Krise, die uns jede Hoffnung nimmt. Wir stehen vor den Trümmern und weinen, bis wir nicht mehr können. Trauer ist gut und richtig, sie ist notwendig und wichtig. Entscheidend ist aber die Richtung, in die wir schauen, während wir trauern. Die Trümmer unseres Lebens wollen uns den Mut nehmen, uns zerschlagen. Sie lassen uns glauben, dass nun nichts mehr geht und es nie mehr gut wird. Wer aber seinen Blick von den Trümmern weg in eine andere Richtung lenkt und sich bewusst in Gott stärkt, wird erfahren, dass ihm eine neue Hoffnung und eine neue Perspektive geschenkt wird. Unserem Gott geraten die Dinge nicht außer Kontrolle, auch ist er nie ratlos. Er kann in jeder Lage Neues wirken.

Es ist wahr, Ziklag lässt sich nicht einfach wieder neu aufbauen. Aber das muss auch nicht sein, es würde sogar kontraproduktiv wirken, denn Gott hat andere Wege für David im Sinn. Die Vernichtung von Davids Wohnort bei den Philistern wird dazu führen, dass er und seine Männer aufbrechen. Und genau das ist jetzt dran. David soll zurückkehren in seine Heimat Juda im Gelobten Land. Es wird eine Phase beendet und neue Türen werden aufgehen. Gott bereitet Davids Weg zu seinem Königtum vor.

Während seine Männer schreien und toben und ihn steinigen wollen, bittet David den Priester Abjatar um das Ephod[212]. Man

212 Im Priesterkleid befanden sich die Urim und die Thummim. Durch das Los mit diesen Gegenständen bekam man ein Ja oder ein Nein als Antwort auf eine konkrete Frage.

wirft das Los und befragt den Herrn: *»Soll ich dieser Schar* (den Amalekitern) *nachjagen? Werde ich sie einholen?«* (V. 7-8). Die Antwort ist ein eindeutiges Ja. David bekommt nicht nur eine klare Wegweisung, sondern auch eine Verheißung: *»David, jage den Amalekitern nach. Ich werde die Gefangenen befreien«* (V. 8).

Den Amalekitern wird nachgejagt

Die Zeit, sich direkt auf den Weg zu machen, drängt, denn sonst ist der Feind entflohen und man wird die Frauen und Kinder nicht mehr finden.[213] Es gelingt David, seine Männer zu beruhigen und neu zu motivieren. Sie müssen die geistliche Veränderung in ihm wahrgenommen haben. David hat sein Vertrauen wieder auf Gott gesetzt und ihn um Wegweisung gebeten, sie ihrerseits setzen ihr Vertrauen neu auf ihn und lassen sich von ihm führen. Sie machen sich auf, um den Amalekitern[214] nachzujagen und ihre Familien zu retten und zurückzubringen. Zu diesem Zeitpunkt schließen sich David neue Männer vom Stamm Manasse an, die ihm helfen *»gegen die Schar der Plünderer«*. Sie sind Häupter über Tausendschaften in ihrem Stamm und werden beschrieben als tapfere Helden.[215]

Beim Bach (oder Wadi) Besor, einer tiefen Schlucht mit steilen Wänden südwestlich von Beerscheba[216], wird beschlossen, dass 200 Männer zurückbleiben, weil sie erschöpft sind und keine Kraft mehr haben. Die Truppe ist ja gerade von Aphek nach Ziklag zurückgekehrt, das sind etwa 100 Kilometer Luftlinie oder drei Tage Fußmarsch in glühender Hitze. Und am Ende der Reise dann der absolute Tiefpunkt: ihr Wohnort in Trümmern und Frauen und Kinder entführt. Diese 200 Männer sind erschöpft, nicht nur körperlich,

---

213 Frauen, die weggeführt wurden, wurden vom Feind als Frauen, Nebenfrauen oder Sklavinnen für sich genommen, andere (und Kinder) wurden als Sklaven verkauft. Ein Beispiel dafür ist das junge Mädchen, das aus Israel geraubt wurde und eine Sklavin im Haus eines syrischen Hauptmannes wurde. Siehe 2. Könige 5.

214 Siehe Infokasten Amalekiter auf Seite 197.

215 1. Chronik 12,21-22

216 Der Bach Besor war ein Wadi oder ein Flusstal, das mit dem Wadi Gerar die südliche Grenze Kanaans bildete.

sondern auch emotional. David erkennt das und er überfordert sie nicht. Sie dürfen zurückbleiben und sich ausruhen. Sie bekommen die Aufgabe, beim Tross zu bleiben und ihn zu bewachen.

In Vers 11 lesen wir, dass David und seine Männer unterwegs einen erschöpften Ägypter antreffen. Der Mann hat seit Tagen nichts mehr gegessen oder getrunken und ist erst ansprechbar, nachdem sie ihm Brot, Wasser, ein Stück Feigenkuchen und zwei Rosinenkuchen gegeben haben. Wie überraschend und gnädig ist es, dass man in einer dringlichen Situation, die keinen Aufschub duldet, bei einem Kranken Halt macht und ihn versorgt. Hier sehen wir bei David das Herz eines Hirten. Er hat es 200 Männern erlaubt, beim Bach Besor zurückzubleiben, weil sie übermüdet waren; nun erweist er einem Fremdling Barmherzigkeit, wie es der Samariter aus dem Gleichnis Jesu an dem verwundeten Reisenden tat.[217]

Die Begegnung mit dem Ägypter kann kein Zufall sein, denn er wird David und seine Männer zu ihren Feinden führen. Gott, der sich während Davids mörderischen Monaten abseits gehalten hat, schenkt ihm nun einen Wegweiser. Als der Kranke zu Kräften gekommen ist und wieder reden kann, stellt sich heraus, dass er ein Knecht der Amalekiter ist. Nach einem großen Raubzug im Südland haben sie Ziklag überfallen und vernichtet. Er ist dabei gewesen und mit den Amalekitern samt ihrer Beute und den Frauen und Kindern aus Ziklag weggezogen. Weil er krank wurde, hat man ihn, ohne ihn zu versorgen, zum Sterben zurückgelassen. Und nun wird er von David gefunden, am Leben gelassen und versorgt. Als Knecht der Amalekiter ist er ein Feind Davids, aber er rettet sein Leben dadurch, dass er bereit ist, David und seine Männer zu den Amalekitern zu führen (V. 15). Sie treffen die Bande bei einer überschwänglichen Siegesfeier an. Aus den Worten »*Sie lagen über das ganze Land zerstreut, aßen und tranken und feierten*« (V. 16) ist klar ersichtlich, dass die Truppe in diesen Stunden alle Wachsamkeit hat fallen lassen und kampfunfähig ist!

217 Lukas 10,30-37

Es folgt eine wilde Schlacht, die von der Morgendämmerung bis zum Abend dauert. Nur vierhundert Amalekitern gelingt es zu entkommen. David und seine Männer befreien ihre Frauen und Kinder und spüren auch ihr ganzes Hab und Gut wieder auf. Darüber hinaus finden sie vieles, das die Amalekiter bei anderen großen Überfällen geraubt hatten. Beute aus Philistergebieten und auch östlich davon aus Juda und aus dem Südland Kalebs (noch weiter östlich, südlich von Hebron). So ist David und seinen Männern nicht nur nichts verloren gegangen, sondern sie bekommen vieles dazu. Dass in Vers 20 von *Davids* Beute gesprochen wird, beweist seine Position und seine Autorität: Er hat als Anführer seiner Armee ein Recht darauf. Er wird die Beute später verteilen.

David gelingt in dieser Schlacht gegen die Amalekiter nachträglich das, wozu Gott Saul beauftragt hatte: Das Andenken an dieses Volk, den Erzfeind Israels, sollte vertilgt werden. Dass Saul das unterlassen hat, war mit ein Grund dafür, dass Gott ihn verwarf.[218]

Unfriede am Bach Besor (V. 21-22)

Als David und seine Männer mit ihren Frauen, Kindern, dem Vieh und der restlichen Beute an den Bach Besor zurückkehren, kommen ihnen die Zurückgebliebenen schon entgegen. David gibt ihnen den Friedensgruß und erkundigt sich nach ihrem Wohlergehen. Und dann passiert es. Es entsteht ein Murren unter den Männern, die in der Schlacht gegen die Amalekiter mitgekämpft haben. Einige von ihnen lassen keinen Zweifel darüber bestehen, dass die Zurückgebliebenen kein Recht auf die Beute haben, nicht einmal auf einen kleinen Anteil, denn sie haben ja nicht mitgekämpft. Ihre Frauen und Kinder sollen sie in Empfang nehmen, aber dann können sie gehen: »*Weil sie nicht mit uns gezogen sind, wollen wir ihnen von der Beute, die wir den Feinden entrissen haben, nichts geben, sondern jeder nehme seine Frau und seine Kinder; die können sie mitnehmen und gehen*« (V. 22).

218 Siehe Infokasten Amalekiter auf Seite 197.

Auffallend ist, dass die Männer, die sich hier so aufregen, in Vers 22 *»Männer Belials«* genannt werden. Wir kennen diese Bezeichnung schon; Abigail hat ihren Mann Nabal einen *»Mann Belials«* genannt[219], was so viel bedeutet wie ein nutzloser, wertloser oder böser Mensch. Wir dürfen nicht vergessen, dass David in seinem Gefolge Männer hatte, die geflüchtet waren, weil sie hoch verschuldet waren oder aus anderen Gründen gesucht wurden. Es waren harte, zum Teil auch verbitterte Kerle. Banditen und Verbrecher. Und die wollen jetzt verhindern, dass die eroberte Beute mit einer – in ihren Augen – Gruppe von Taugenichtsen geteilt wird, die beim Bach gefaulenzt haben, während sie ihr Leben im Kampf gegen die Amalekiter riskiert haben. Sie selbst waren auch müde und erschlagen, als sie die Trümmer Ziklags hinter sich ließen, aber sie haben sich aufgerafft, sind den Amalekitern nachgejagt und haben den Gefahren getrotzt, während die anderen ihre Tage und Nächte beim Bach in Sicherheit verbracht haben. Sie verdienen keinen Respekt und erst recht keinen Anteil an der Beute. Sie haben ja nur auf das Gepäck aufgepasst, was ist das schon?

Wie hart sie urteilen, aber auch wie menschlich. Da wird eine große Veranstaltung organisiert und es helfen viele mit. Einige stehen vorn an der Front, sie sind unentbehrlich und für alle sichtbar. Sie bekommen einen Platz in der ersten Reihe, sie werden öffentlich gelobt und man dankt ihnen für ihren Dienst, man spendet ihnen Applaus und sie werden fotografiert. Aber was ist mit denen, die in der Garderobe Dienst taten oder die Toiletten geputzt haben? Die, die Kuchen gebacken oder den auswärtigen Mitarbeitern eine Unterkunft angeboten haben? Diese Menschen waren ebenfalls unentbehrlich, sie werden aber oft vergessen. Sie haben ja nichts Wichtiges bzw. Sichtbares geleistet. Sie bekommen keine Blumen, sondern stehen daneben, wenn die anderen gelobt und beschenkt werden. Es tut weh, wenn man einfach so beiseitegeschoben wird. Aber es kommt vor! Damals wie heute. In den Jahren, als ich als Moderatorin bei einem niederländischen Radio-

---

219 1. Samuel 25,25

und TV-Sender tätig war, wurden zum Jahresende (und manchmal auch zu anderen Anlässen) von freundlichen Menschen Geschenke an der Rezeption unseres Hauptgebäudes abgegeben. Die Blumen, die Pralinen, der Wein und andere Geschenke waren bestimmt für die Menschen, die die Gesichter im Fernsehen oder die Stimmen in Rundfunkprogrammen waren. Die Techniker, die Kameraleute oder die Männer und Frauen, die für die Post oder die Kantine verantwortlich waren, und so viele andere, die für das Publikum unsichtbar, aber für die Organisation unentbehrlich waren, bekamen keine solche Aufmerksamkeiten. Genauso ergeht es nun den Männern, die beim Bach Besor zurückgeblieben sind (V. 24). Sie haben zwar nicht an der Front gekämpft, aber sie haben das Ihre getan und auf das Gepäck und die Habseligkeiten der Truppe aufgepasst. In den Augen ihrer Kollegen zählen sie aber nicht wirklich mit.

Gnade am Bach Besor – alle zählen mit (V. 23-25)

Am Bach Besor zeigt sich in David der König. Unter seinem Regime werden alle Menschen gleichbehandelt und das, was errungen wurde, wird geteilt. In Vers 23 reagiert David auf den Egoismus und die Habsucht seiner Männer. Er steht auf gegen ihr Denken, dass sie allein ein Recht auf etwas haben und andere einfach ausschließen können: *»Macht es nicht so, meine Brüder, mit dem, was der Herr (Jahweh) uns gegeben hat!«*

Gott bekommt die Ehre, er hat den Sieg gegeben. *»Er hat uns behütet und diese Horde, die gegen uns gekommen war, in unsere Hand gegeben«* (V. 23). Zwar haben die Männer mit allen ihren Kräften gekämpft, aber der Erfolg ist Gott zu verdanken; es ist so geschehen, wie er es verheißen hatte (V. 8). Im Grunde hat niemand ein Recht auf die Beute.

Davids Worte kommen bei den Männern hart an. Aber noch ist nicht alles gesagt worden! David verbindet seine Rede mit einer nächsten Lektion: *»Denn wie der Anteil dessen ist, der in den Kampf* *hinabgezogen ist, so soll auch der Anteil dessen sein, der bei den Geräten geblieben ist; sie sollen miteinander teilen«* (V. 24). Zweimal lesen wir das Wort »Anteil«. Die Männer, die aktiv gekämpft haben, hatten Anteil. Aber nicht nur sie! Auch die, die sich ausruhten und beim Tross blieben, hatten Anteil. Der große und der scheinbar kleine Einsatz werden hier in gleichem Maße geschätzt. Es wird nicht verglichen, gewogen. Es muss sich keiner entschuldigen, weil er »nur« ... Beide Gruppen sind daran beteiligt gewesen, was geschehen ist. Und darum sollen sie miteinander teilen.

In Vers 25 lesen wir, dass es von diesem Tag an so läuft. David hat es zum Brauch und Recht für Israel gemacht. Nicht Berechnung ist bestimmend, sondern die Dankbarkeit Gott gegenüber.

Diese Geschichte am Bach Besor hat der weltweiten Gemeinde Christi viel zu sagen. Wir können es mit einem Wort zusammenfassen: Gnade. Es geht um gegenseitige Rücksicht und Großzügigkeit. Unter dem Segen unseres gnädigen Gottes sind alle bereit zu teilen. Während wir rechnen, ist unser Gott großzügig. Wir verdanken es seiner überschwänglichen Gnade, die ein unverdientes Geschenk ist, dass wir durch Jesus geliebte Kinder Gottes sein und Anteil haben dürfen an seinem Reich, das unter uns schon angebrochen ist. Wir alle sind berufen, dazu beizutragen, dass dieses Reich wächst. Wir alle zählen voll mit. Alle, die sich zum Herrn bekennen, die ihm gehören, ihn lieb haben und ihm nachfolgen. Auch die, die sich erschöpft und hilflos fühlen. Vergessen Sie nicht: Wenn wir am Ende sind, beginnt Gott mit seiner Macht! Wir leben nicht für uns, wir leben zur Ehre Gottes, an der Front und beim Bach Besor. In großen und in scheinbar kleinen Dingen. Der Apostel Paulus sagt es so: *»Und alles, was ihr tut, im Wort oder im Werk, alles tut im Namen des Herrn Jesus und sagt Gott, dem Vater, Dank durch ihn.«*[220] Und wenn Gutes ausgeteilt werden kann, dann ist das nicht unserer Leistung zu verdanken, sondern ein Geschenk Gottes. Es ist, wie der Apostel Paulus sagt: *»Denn wer gibt dir den Vorzug? Und was besitzt du, das du nicht empfangen hast? Wenn du*

220 Kolosser 3,17

es aber empfangen hast, was rühmst du dich, als ob du es nicht empfangen hättest?«[221]

Geschenke

In den letzten Versen von 1. Samuel 30 sehen wir eine Veränderung in David. Der Mann, der seit Jahren als Flüchtling von der einen in die andere Wüste zieht und sich in Philistäa als ein aggressiver Guerillakämpfer des Raubes und mehrfachen Mordes schuldig macht, zeigt sich hier als ein milder Mensch, der an andere denkt. Einen Teil der Beute, die von der Schlacht gegen die Amalekiter mitgebracht wurde, sendet er an die Ältesten der Orte in Juda (V. 26ff), die Opfer von Überfällen und Plünderung durch die Amalekiter gewesen sind. Durch David erhalten Sie einen Teil ihres geraubten Besitzes zurück. Mit dieser Geste setzt David die Lektion um, die er seiner Truppe am Bach Besor erteilt hat: Man soll den anderen fair und gerecht behandeln (V. 25). Seine Geschenke sind auch eine Geste des Dankes an diejenigen, die ihm und seinen Männern in den Jahren seiner Flucht vor Saul (V. 31) freundlich gesonnen waren. Davids Vorgehen ist nicht nur großzügig, sondern politisch gesehen auch sehr klug, weil er damit Menschen für sich gewinnt. Unter den Beraubten, deren Verlust nun kompensiert wird, gab es sicherlich auch Menschen, die auf Sauls Seite standen.

Während David nach Ziklag zurückkehrt und seine Geschenke in Juda verteilt, kämpft Saul gegen die Philister. Es ist die Schlacht, in der David auf der Seite der Philister gestanden hätte, wenn die Könige Philistäas ihn nicht abgewiesen hätten. Das bringt uns zu 1. Samuel 31.

Das Ende Sauls und seiner Söhne (1. Samuel 31)

Während David und seine Männer die Amalekiter schlagen, verlieren die Israeliten in der Schlacht gegen die Philister immer mehr an Boden. Sie steigen den Berg Gilboa hoch, um dem Feind zu ent-

221 1. Korinther 4,7

kommen, schneiden sich damit aber selbst den Rückweg ab. Zahllose Männer kommen in dem Bergland um (V. 1).[222] An einem Tag sterben drei von den vier Söhnen Sauls: Jonathan, Abinadab und Malchischua (V. 2). Der vierte Sohn, Eschbaal oder Ischboset, wird nicht erwähnt. Es ist anzunehmen, dass er nicht mit dem Heer seines Vaters mitgezogen ist.[223]

In 1. Chronik 10, der Parallelstelle zu 1. Samuel 31, lesen wir in Vers 2, dass die Philister auf Saul und seine Söhne *»eindrangen«*. Im Grundtext steht, dass sie an ihm und seinen Söhnen *»klebten«*, d. h. sie waren ihnen auf den Fersen. Sauls Söhne sterben zuerst, danach wird Saul in die Enge getrieben. Die Bogenschützen erreichen ihn und er wird verwundet.[224] In der Vulgata, der ersten Übersetzung der hebräischen Bibel ins Lateinische[225], heißt es in Vers 3: *»Er war verwundet in seinem Unterleib. Es war eine tödliche Wunde.«* In diesem Zustand trifft Saul eine dramatische Entscheidung. Weil er sich bewusst ist, dass er zu schwer verwundet ist, um entkommen zu können, beauftragt er seinen Waffenträger, ihn zu töten, damit ihm die Demütigung erspart bleibt, dass »die Unbeschnittenen« ihn erwischen, misshandeln und töten. Als Sauls Waffenträger sich nicht traut, seinen Herrn und König zu erstechen, stürzt Saul sich selbst in sein Schwert. Sein Waffenträger macht es ihm daraufhin gleich. Vers 6 berichtet: *»So starb Saul samt seinen drei Söhnen und seinem Waffenträger und sein ganzes Haus an jenem Tag.«*

Als die Philister als Sieger das Schlachtfeld verlassen, liegen

---

222 Das Bergland von Gilboa ist eine Gebirgskette, die 8 Kilometer von Sunem entfernt beginnt. Sie erstreckt sich in Richtung Süden entlang der östlichen Grenze der Jesreel-Ebene, dem Lagerplatz Sauls und dessen Heer.

223 Abinadab, der mittlere Sohn Sauls, hat in 1. Samuel 14,49 den Namen Jischwi. Die einzigen Bibelstellen, in denen alle vier Söhne Sauls genannt werden, sind 1. Chronik 8,33 und 9,39. Ihre Mutter, Sauls Frau Achinoam, wird nur einmal in der Bibel erwähnt (in 1. Samuel 14,50).

224 In 2. Samuel 1,6 berichtet ein Bote, dass Saul von Streitwagen und Reitern des Feindes umringt war.

225 Die Vulgata kam zwischen 390 und 405 n. Chr. zustande. Der Übersetzer war Hieronymus. Er starb 420 in Bethlehem.

überall Tote. Wir sind wieder in 1. Samuel 31 und lesen in Vers 7, dass die Israeliten *»jenseits der Ebene und jenseits des Jordan«* ihre Häuser und Städte verlassen und fliehen. Ihre Wohnorte werden von den Philistern eingenommen. Diese kehren am nächsten Tag zum Schlachtfeld zurück, um die Toten auszurauben. Als sie auf Saul und seine Söhne stoßen, enthaupten sie Saul und nehmen ihm seine Waffenrüstung ab. Daraufhin senden sie Boten in ihr Land, die *»die Freudenbotschaft«* ihres Sieges verkündigen sollen. Sauls Waffen kommen ins »Astarteion«, den Tempel der kanaanitischen Fruchtbarkeitsgöttin Astarte. Sauls Kopf (»sein Schädel«) wird von den Philistern an das Haus Dagons genagelt, einer wichtigen Gottheit der Philister.[226] Wir sehen hier, wie stark die Philister an ihren Götzen hingen[227] und dass man zu dieser Zeit den Kopf eines geschlagenen Helden als Trophäe betrachtete. David hat nach dem Sieg über Goliath den Kopf des Riesen abgehauen und nach Jerusalem gebracht.[228] Goliaths Schwert wurde im Gotteshaus in Nob aufbewahrt.[229]

Noch ist die Geschichte nicht zu Ende (und auch nicht Sauls Schmach), denn Sauls Leichnam wird von den Philistern an die Mauer von Beth-Schan[230], dem heutigen Besan, östlich der Jesreel-Ebene, aufgehängt. Für die Israeliten in Jabes in Gilead ist das dermaßen schockierend, dass einige Männer sich in der Nacht nach Beth-Schan begeben und Sauls Leichnam und die seiner Söhne wegholen und nach Jabes bringen. Es ist ein gefährliches Unterfangen gewesen, denn die Männer müssen im Dunkeln gut 20 Kilometer bis Beth-Schan zurücklegen. Dabei müssen sie den Jordan überqueren und durch feindliches Gebiet gehen. Und dann müssen sie wieder zurück, mit vier verstümmelten Leichnamen! Ihre

226 1. Chronik 10,10

227 Die Bundeslade, die von den Philistern aus Silo geraubt wurde, hat kurz im Tempel Dagons in Aschdod gestanden (1. Samuel 5,1-7).

228 1. Samuel 17,53

229 1. Samuel 21,10

230 Bet-Schan gehörte damals den Philistern, in der Zeit Salomos war es israelitisch.

mutige Aktion ist damit zu erklären, dass Saul die Einwohner der Stadt Jabes-Gilead von den Ammonitern befreite.[231] Dass die Leichname nicht begraben, sondern verbrannt werden, ist auf den ersten Blick merkwürdig, weil Gottes Volk seine Toten begrub. Der Grund dafür ist wahrscheinlich, dass der Verwesungsprozess schon eingesetzt hatte, wodurch eine würdige Bestattung nicht mehr möglich war. Man hat sie so verbrannt, dass die Knochen bewahrt blieben. Diese hat man unter der Tamariske in Jabes begraben und danach haben die Einwohner der Stadt sieben Tage gefastet (V. 13). In späteren Jahren lässt David die Gebeine Sauls und Jonathans in dem Grab von Sauls Vater Kis in Zela im Gebiet Benjamins beisetzen.[232]

Der Weg zu Davids Königtum frei?

Das 1. Buch Samuel geht zu Ende mit dem Tod des Mannes, der vierzig Jahre zuvor vom Propheten Samuel zum *»König über Gottes Erbteil«*[233] gesalbt wurde, in späteren Jahren aber von Gott verworfen wurde. Sauls Tod und das Sterben seiner drei Söhne ist ein wichtiger Schritt in Richtung Davids Königtum: Es wird der Weg für die königliche davidische Königslinie (Dynastie) gebahnt, aus der Jesus geboren werden wird. 1. Chronik 10,14 beschreibt Sauls Tod als Gottes Urteil und als Übergang des Königtums auf David: *»Darum tötete er (Gott) ihn und wandte das Königreich David, dem Sohn Isaïs, zu.«*[234]

In Israel entsteht nun ein Machtvakuum und wir rechnen damit, dass David dieses Vakuum ausfüllen wird. Der Mann, der als Hirtenjunge von Samuel zum zweiten König über Israel gesalbt wurde, soll endlich sein lang erwartetes Amt antreten. Für das Volk Israel ist das alles andere als selbstverständlich. David hat zwar Anhänger in Juda, es gibt aber auch viele, die Sauls Haus treu bleiben.

---

231 Siehe 1. Samuel 11,1-11. Die Ammoniter waren Nachkommen von Lot.

232 2. Samuel 21,12-14

233 1. Samuel 10,1

234 Vgl. 1. Samuel 28,17b und 1. Chronik 10,14

Amalekiter
Die Amalekiter waren Nachkommen Esaus, auf denen Gottes Fluch lag (siehe 2. Mose 17,8-14). Kurz nachdem Gottes Volk aus Ägypten befreit wurde und in der Wüste unterwegs war, wurde es in Refidim von den Amalekitern überfallen. Unter Josuas Leiterschaft siegte Israel (2. Mose 17,8-13). In 2. Mose 17,14 sagt Gott zu Mose, dass er das Andenken Amaleks ganz und gar austilgen will. In 1. Samuel 15,3 bekommt Saul von Gott den Auftrag, Amalek zu schlagen. Sein Ungehorsam (Saul lässt den König und die besten Tiere am Leben) ist der Grund, warum er als König Israels verworfen wird (1. Samuel 15,9.19-24).

Fragen zu Kapitel 12

1. Angesichts der Trümmer von Ziklag kehrt David nach sechzehn Monaten zurück zu Gott.
   Vielleicht sind Sie, genau wie er, eine Zeit lang eigene Wege gegangen und haben die Gemeinschaft mit Ihrem Herrn nicht gepflegt.
   Was war der Grund dafür?
   Was ist notwendig, um zu ihm zurückzukehren?
   Lesen Sie Jesaja 1,18; Matthäus 11,28; Psalm 103,8-13.

2. Wie gehen Sie mit den Trümmern in Ihrem Leben um?

3. Das Trauern um unsere Verluste ist gut und notwendig. Aber was kann man tun, um zu verhindern, dass man in seiner Trauer hängen bleibt?

4. Kennen Sie das »Sich stärken in Gott«? Was beinhaltet es?

5. Lesen Sie Psalm 56,4-5. Können Sie diese Worte unterschreiben? Wenn ja, wie ist das sichtbar in Ihrem Leben?

6. In 1. Samuel 30 geschehen Dinge, die für Davids Weg zum Königtum wesentlich sind. Versuchen Sie, diese aufzulisten.

Kapitel 13

David wird König über Juda

2. Samuel 1-2,11

»Und er erwählte seinen Knecht David und nahm ihn von den Schafhürden weg. Als er den tragenden Schafen nachging, holte er ihn, dass er Jakob weiden sollte, sein Volk, und Israel, sein Erbe.«

Psalm 78,70-71

»Darum tötete er (Gott) *ihn* (Saul) *und wandte das Königreich David, dem Sohn Isaïs, zu.«*

1. Chronik 10,14

»... ich habe alle deine Feinde vor dir her ausgerottet und dir einen großen Namen gemacht gleich den Namen der Gewaltigen auf Erden.«

2. Samuel 7,9
(aus Gottes Botschaft an David
durch den Propheten Nathan)

Bitte lesen Sie zuerst den Bibeltext

2. Samuel 1-2,11

Am Ende des ersten Buches Samuel haben zwei Schlachten stattgefunden. Während die Israeliten von den Philistern besiegt wurden, ist David der Held, der mit den Amalekitern abgerechnet hat. Dieser Kampf markiert einen Wendepunkt in Davids Leben, denn gleich danach geht die sehr blutrünstige Episode als Vasall des Philisterkönigs zu Ende.

In 2. Samuel 1 befinden David und seine Männer sich wieder in Ziklag, als ein Mann aus dem Heer Sauls mit zerrissenen Kleidern und Erde auf seinem Haupt (ein Zeichen von Trauer) zu David kommt. Er überbringt die Nachricht, dass Saul und Jonathan in der Schlacht gegen die Philister umgekommen sind. Der Botschafter, der 100 bis 120 km zurückgelegt hat (vom Schlachtfeld in Gilboa zu der Stadt Ziklag, die offensichtlich wieder oder teilweise funktionstüchtig ist), stellt sich als »der Sohn eines Fremdlings, ein Amalekiter« vor (V. 3), der dem Heer Sauls entflohen ist.[235] *Er behauptet, dass er »zufällig auf das Bergland Gilboa kam« (V. 6), was äußerst merkwürdig ist, weil dort eine heftige Schlacht im Gange war! Auch die Beschreibung seiner Begegnung mit Saul und Sauls Bitte an ihn, ihn aus seinem Leiden zu erlösen, gibt zu denken. Die Geschichte steht im Gegensatz zu dem Bericht über Sauls Selbsttötung in 1. Samuel 31,3-6. Es macht den Eindruck, dass der Fremde Davids Gunst sucht. Es kann sein, dass er Zeuge von Sauls Sterben war, nun rückt er das Ganze in ein anderes Licht, wobei er der gnadenvolle Held ist, der*

---

235 Da der Begriff Fremdling oder Fremder (hebr. *ger*) ein Fachbegriff für einen Schutzbürger aus einem fremden Volksstamm in Israel ist, muss dieser Mann trotz seiner Herkunft eine besondere Stellung in Israel gehabt haben. Dieser Status könnte erklären, warum er als Amalekiter im Heer Sauls gekämpft hat. Er gehörte ja zum Volk, das Saul hatte vernichten müssen (1. Samuel 15). Zu den Privilegien für Fremde im Gesetz des Mose siehe z. B. 2. Mose 22,20; 23,9; 3. Mose 19,33; 24,22 und 5. Mose 24,17.

den König Israels von seinem Leiden erlöst (und David von seinem Feind befreit) hat.[236] *Er hat die Insignien Sauls mitgebracht und bietet diese David an, womit er ihn praktisch als den neuen König Israels anerkennt. David und die Männer, die bei ihm sind, reagieren entsetzt. Sie zerreißen ihre Kleider, stimmen die Totenklage an und fasten bis zum Abend. Gleich danach wird der Botschafter nach seiner Herkunft befragt. David wirft ihm vor, dass er sich an dem Gesalbten des Herrn vergriffen hat, und Saul wird gerächt: Der »Fremde« wird an Ort und Stelle getötet (2. Samuel 1,1-16).*

Ich muss gestehen, dass ich nach den letzten zwei Kapiteln eine Schreibpause eingelegt habe, um nach all der Brutalität in der Geschichte durchzuatmen. In seinen sechzehn Monaten in Philistäa hat David zahllose Stämme und Dörfer überfallen und alle Einwohner - Männer, Frauen und Kinder - umgebracht. Es folgt der Krieg zwischen Philistäa und Israel, in dem viele Israeliten getötet wurden. Der Berg Gilboa ist von Leichnamen übersät, darunter auch die des Königs von Israel und drei seiner Söhne. Die Überlebenden sind auf der Flucht, ihre Wohnungen werden von den Philistern eingenommen. Im Südland liegen die Leichname der Amalekiter, die von David verfolgt und umgebracht wurden. Wie kann man sich auf dieses Geschehen einen Reim machen und es mit Gottes Absichten und Wirken in Einklang bringen? Und wie kann es sein, dass David mit seinem aggressiven Heer von Verstoßenen und Geflüchteten der Mann nach Gottes Herzen ist, der Gottes Volk weiden soll?[237]

---

236 Dass der amalekitische Bote Sauls Armband und sein Diadem mitbrachte, weist darauf hin, dass er Sauls Leichnam gefunden hat, bevor die Philister gekommen waren, um die Leichname der umgekommenen Israeliten auf dem Schlachtfeld zu berauben.

237 2. Samuel 5,2

Gottes Wege sind unergründlich

Die Realität ist, dass Gott auf einer Erde, die ungebunden und verdorben ist, seine Spur zieht. Das hat er seit Menschengedenken getan und das tut er noch immer. Der Herr lässt sich nicht aufhalten von den krummen Wegen der Menschen. Er wird vollbringen, was er verheißen hat. Hinter der sichtbaren Realität verbirgt sich ein roter Faden, der sich beständig durch Gottes Wirken spannt. An dieser Realität sollen wir festhalten. Wir stehen damit vor der Herausforderung, bewusst nach jedem Schimmer dieses Fadens, den Gott in Davids Lebensgeschichte webt – und auch in unsere –, Ausschau zu halten.

Davids Welt zeigt uns die harte Realität des Lebens auf dieser Erde. Die Menschen, denen wir bisher in seiner Lebensgeschichte begegnet sind, leben auch unter uns. Es sind Gottesmänner wie Samuel, eifersüchtige Menschen wie Davids ältere Brüder, Menschen wie Saul, der einer aus dem Volk Gottes war, aber eigene Wege ging und Gott entgegenwirkte, Riesen wie Goliath, die Gott lästern, noble Menschen wie Jonathan, treue Ehefrauen wie Davids Frau Michal, die ihm zur Flucht verhalf, Verräter wie der Amalekiter Doeg, der die Priesterschaft in Nob umbrachte, »Engel« wie Abigail, die Einsicht in Gottes Handeln hatte und zu verhindern wusste, dass David alle Männer ihres Hauses umbrachte, stolze, selbstsüchtige Männer wie Nabal oder Männer wie die, die sich David anschlossen, weil sie Grund hatten, sich aus dem Staub zu machen. Es sind Menschen wie David, der Gott zwar lieb hatte, aber damit noch nicht heilig war. Auch mit allen Varianten von menschlichen Gefühlen und Charaktereigenschaften, die in der Davidgeschichte vorkommen, sind wir vertraut. Wir kennen Eifersucht und Hass, Egoismus und Lieblosigkeit, Stolz, Wut und Jähzorn. Die aktuellen Nachrichten berichten täglich von Drohungen, Grausamkeiten, Entführungen, Mord, Todschlag und Krieg. Gott sei Dank gibt es aber auch Liebe und Treue, Freundlichkeit, Friede, Güte und Geduld!

Es ist ein Wunder, dass Gott die Erde und ihre Einwohner

nicht sich selbst überlässt, sondern an ihr festhält. Dass er von seinem Plan, der Welt einen Erlöser zu senden, nicht abgewichen ist und auch weiterhin an dem festhält, was seine Hand begonnen hat.

Gott hat sich David als zweiten König seines Volkes erwählt. Er hat gesehen, dass sein Herz für ihn offen war und dass aus ihm ein Mann nach seinem Herzen wachsen konnte. Der Herr hat nicht ein Auge zugedrückt, als David gesündigt hat, sondern hat alles wahrgenommen. Er hat nicht dafür gesorgt, dass Davids Lügen im Gotteshaus in Nob ohne Folgen blieben, sondern er hat zugelassen, dass die ganze Priesterschaft umgebracht wurde. Er hat weder eingegriffen, als David sechzehn Monate lang von Ziklag aus gemordet und geplündert hat, noch hat er verhindert, dass die Frauen und Kinder der Truppe Davids von den Amalekitern weggeführt wurden. Hinter den Kulissen hatte Gott in allen »Szenen« das Heft in der Hand. Und so geht es für David trotz allem auf das große Ziel zu, das vor Jahren in Bethlehem offenbar wurde. Es wird der Weg Davids zum Thron vorbereitet. Gott hatte Saul in Endor mitgeteilt, dass er und seine drei Söhne innerhalb der nächsten vierundzwanzig Stunden sterben würden,[238] und so ist es geschehen. Mit ihrem Tod in der Schlacht gegen die Philister sind die ersten Männer umgekommen, die Davids Königtum im Wege stehen. Zwar muss David noch einige Jahre warten, bis es für ihn nach Jerusalem geht, aber sein Königtum steht fest.

Der Junge, der in Bethlehem von Samuel gesalbt wurde, ist jetzt ein Mann von dreißig Jahren. Eine gewisse Zeit war er auf Distanz zu Gott, nun aber ist er zu ihm zurückgekehrt. David hat sich »in Gott gestärkt« und ihn um Führung gebeten.[239] Wie es für ihn war, als seine Verbindung zu Gott nach sechzehn skandalösen und gottlosen Monaten in Philistäa wiederhergestellt war, erfahren wir nicht. Es wird aber eine ergreifende Erfahrung für ihn gewesen sein, bei Gott eine offene Tür zu finden. Ein Moment von überwäl-

---

238 1. Samuel 28,19

239 1. Samuel 30,6-8

tigender Erleichterung und Dankbarkeit für das Wunder der Gnade und Barmherzigkeit Gottes.

Gottes Gnade ist ein Thema, das öfter in Davids Psalmen vorkommt. In Psalm 103 lobt er Gott, *»der dir alle Sünden vergibt (…) und dein Leben vom Verderben erlöst«* (V. 3-4). Er schreibt: *»Er hat nicht mit uns gehandelt nach unseren Sünden und uns nicht vergolten nach unseren Missetaten. Denn so hoch der Himmel über der Erde ist, so groß ist seine Gnade über denen, die ihn fürchten; so fern der Osten ist vom Westen, hat er unsere Übertretungen von uns entfernt. Wie sich ein Vater über Kinder erbarmt, so erbarmt sich der Herr über die, welche ihn fürchten. Denn er weiß, was für ein Gebilde wir sind …«* (V. 10-14). Dieser Gott ist in Davids Leben anwesend und … er bleibt anwesend, weil er David kennt und lieb hat. Im Gegensatz zu Saul hat David sein Herz nie endgültig vor Gott verschlossen. Er ist offen geblieben für Korrektur und bereit zur Buße. Dies ist ein so wichtiges Thema, dass wir für einen Moment den Blick von David weg auf uns richten.

Die Gnade und Barmherzigkeit unseres Gottes

Das Schlimmste, das uns passieren kann, ist, von Gott getrennt zu werden. Und das Beste, wenn die Trennung von Gott nach unserer Buße durch die Vergebung unserer Sünden aufgehoben wird. Jeder von uns kann ein Lied davon singen, wie es ist, wenn wir der Sünde in unserem Leben Raum geben. Gott kennt unsere Schwachheiten und Fehler, ihm ist nichts verborgen. Anstatt sich von uns zu entfernen, lädt er uns ein, zu ihm zu kommen und mit ihm über die Sünde zu sprechen. *»Kommt doch, wir wollen miteinander rechten!«*, sagt Gott in Jesaja 1,18. *»Wenn eure Sünden wie Scharlach sind, sollen sie weiß werden wie der Schnee; wenn sie rot sind wie Karmesin, sollen sie [weiß] wie Wolle werden.«* Wenn man mit verschmutzten Händen und Dreck an den Schuhen bei Gott anklopft, ruft er uns nicht zu: »Bitte, bleib draußen«, oder »Verschwinde, ich will dich nie mehr sehen!«, sondern »Tritt ein, sei willkommen!«

Wir dürfen freimütig (ohne Angst) zum Thron der Gnade gehen und werden erfahren, dass unser Herr kein harter Meister ist, der mit der Rute in der Hand auf uns wartet, um uns eine Lektion zu erteilen. Der Gott der Bibel ist ein Vater, der uns, wenn wir aufrecht Buße tun, die Sünden vergeben will.[240]

Während wir uns schwer damit tun, unsere Sünden zu vergessen und uns selbst zu verzeihen, entfernt Gott die Sünde, die wir vor ihm bekannt haben, *»so fern der Osten ist vom Westen«*[241]. Gott führt keine Liste mit unseren Übertretungen, sondern zieht einen Strich darunter und fängt neu mit uns an. Wir müssen nur das, was wir bei ihm abgegeben haben, auch bei ihm lassen und es nicht wieder in unseren Rucksack packen und mit uns herumschleppen. Er entsorgt komplett alles, was wir bei ihm abgeben. Es ist, wie wenn ich zum Sperrmüll fahre, um Altes loszuwerden. Ich werfe den kompletten Inhalt meines Kofferraums in die bereitstehenden Container und verlasse danach das Gelände mit einem leeren Auto und einem dankbaren Herzen. Alles, was ich entsorgt habe, wird vernichtet. Zu Hause freue ich mich dann über das aufgeräumte Haus oder die ordentliche Garage. Und jedes Mal frage ich mich, warum ich das Aufräumen und Entsorgen so lange vor mir hergeschoben habe.

Davids Klagelied um Saul und Jonathan (V. 17-27)

In 2. Samuel 1,17 stimmt David ein Klagelied an. Der Mann, dessen Thronfolge er antreten soll, und dessen Sohn, sein bester Freund Jonathan, sind in der Schlacht gegen das Philisterheer gefallen. Die Niederlage Israels und der Tod Sauls auf dem Schlachtfeld sind eine totale Demütigung und eine Schmach für das Volk des lebendigen Gottes. Neben der Trauer über den Verlust seines besten Freundes klingt Davids Entsetzen über Israels vernichtende Niederlage in seinem Klagelied durch. Dieses Lied, das als das »Bo-

240 Hebräer 4,16

241 Psalm 103,12

genlied« bekannt wurde, soll von allen Einwohnern Judas gelernt und gesungen werden (V. 18). Es wurde aufgenommen im »Buch der Aufrichtigen«, einer Sammlung von hebräischen Heldenliedern und Schlachtbeschreibungen.[242]

Obwohl David nun den Mann los ist, der ihn rücksichtslos gejagt hat, spüren wir ihm weder Erleichterung über Sauls Tod noch Schadenfreude über sein Schicksal ab. David nennt Saul *»Israels Zierde«* (das hebräische Wort, das hier verwendet wird, kann auch mit Gazelle oder Antilope übersetzt werden). Er trauert nicht nur um seinen Freund Jonathan, sondern auch um Saul. Davids Leben ist mit ihnen beiden verflochten gewesen. Saul war sowohl sein Arbeitgeber als auch sein Ziehvater und Schwiegervater, Jonathan sein Freund und Seelenverwandter. David will verhindern, dass man im Philistergebiet (es werden die Hauptstadt Gat und das religiöse Zentrum Aschkelon erwähnt) von der schmachvollen Niederlage und dem Tod des Königs und seiner Söhne erfährt und sich darüber freut (V. 19-20). Die Berge von Gilboa, wo Saul und seine Söhne umgekommen sind, werden von David verflucht: Sie sollen verdorren, *»denn dort ist der Schild der Helden schmählich hingeworfen worden, der Schild Sauls, als wäre er nicht mit Öl gesalbt«* (V. 21).[243]

Im Volksmund heißt es, man solle nichts als Gutes über die Toten sagen. Das Klagelied Davids macht den Eindruck, als habe er die böse, mörderische Seite Sauls, die er aus eigener bitterer Erfahrung kannte, weggedrückt und bewusst schöne Worte gewählt, um den Mann, der ihn rücksichtslos gejagt hatte, zu beschreiben. Es ist aber anders gewesen: David hat sich von Anfang an dafür entschieden, in Saul den Gesalbten des Herrn zu sehen. Das war der Grund, warum er Sauls Leben zwei Mal verschont hat. Und auch jetzt, nach seinem Tod, ehrt David ihn als den von Gott gesalbten König Israels.

---

242 Siehe Josua 10,13, die einzige Bibelstelle, in der dieses Buch erwähnt wird.

243 In der Frühzeit wurden Schutzschilde (rund oder rechteckig) meistens aus Holz gemacht und mit einem Ledergeflecht bespannt. Blutflecken wurden mit Öl entfernt. Auch musste das Leder mit Öl eingerieben werden, damit es nicht austrocknete.

Ich vermute, dass Davids Männer, die ihn damals in der Höhle so stark dazu drängten, Saul umzubringen, jetzt gern ihren Kommentar zu Sauls Tod geben würden, aber sie bekommen dazu nicht die Gelegenheit. David nimmt seine Leier und sie sollen sein frisch geschriebenes Klagelied auswendig lernen und es singen! *»Wie sind die Helden gefallen!«* Und *»… Saul und Jonathan, geliebt und lieblich im Leben, sind auch im Tod nicht geschieden!«* (V. 23). Nein, im Tod sind Vater und Sohn nicht geschieden, aber im Leben ging ihre Meinung über David auseinander. Saul hasste ihn, während Jonathan ihn liebte. Und diese Liebe zu David war der Grund dafür, dass sich Saul gegen den eigenen Sohn wandte. Der Kronprinz verlor die Liebe seines Vaters, weil er auf den Thron Israels verzichtete und David als Gottes auserwählten König über Israel anerkannte. Es hat ihn innerlich zerrissen. Wir denken zurück an die Momente, als Jonathan seinen Freund David gegenüber seinem Vater verteidigte, und an sein Gespräch mit David, als er sich nicht vorstellen konnte, dass sein Vater ihn wirklich töten wollte. Wir denken an die Tränen der Freunde, als sie sich verabschiedeten, weil David Hals über Kopf aus Gibea verschwinden musste, und an Jonathans Besuch bei David, als der auf der Flucht vor Saul war und sich in der Wüste Siph aufhielt. Nun lebt dieser treue Freund Davids nicht mehr.

Die letzten Verse von Davids Klagelied sind ausschließlich Jonathan gewidmet. David betont, wie kostbar ihm seine Liebe und Treue gewesen sind. Zwar wird David vom Volk wegen seiner militärischen Erfolge verehrt, aber am Hof, wo er dem König als Musiktherapeut diente und am königlichen Tisch aß, erlebte er heftige Wutausbrüche und Mordversuche Sauls. In dieser Situation müssen die Anwesenheit und die Treue Jonathans Balsam für seine Seele gewesen sein. Das alles macht den Verlust seines Freundes und Geistesverwandten fast unerträglich schwer.

David wird in Hebron König von Juda (2. Samuel 2,1-11)

Es ist, als würde mit Davids Klagelied eine Epoche abgeschlossen und eine neue Seite im Geschichtsbuch aufgeschlagen. In Vers 1 wendet David sich an Gott mit der Frage, ob er in eine der Städte Judas ziehen soll. Er entscheidet nicht selbst, sondern macht sich abhängig von Gott. Der gibt ihm zur Antwort, er solle nach Hebron ziehen (V. 1).[244] David soll Philistäa, das Gebiet der Feinde Israels, definitiv verlassen und in seine Heimat zurückkehren, in das Gelobte Land.

Hebron kennen wir aus der Zeit Abrahams, denn das Grab, das er für seine Frau Sara und ihre Nachkommen kaufte, befand sich in der Nähe dieses Ortes.[245] Später bei der Verteilung des Landes unter der Regie von Josua wurde Kaleb Hebron zugewiesen.[246] Als höchstgelegene Stadt Judas hatte Hebron eine zentrale Position in der hügeligen Landschaft. Der Ort war sehr beliebt, weil es in diesem Gebiet mehr als vierundzwanzig Brunnen gab. Es war ein hervorragender Standort für einen König.

Die Rückkehr Davids mit seinen Männern veranlasst seine Volksgenossen aus dem Stamm Juda, ihn als Führer anzuerkennen. Nach der verlorenen Schlacht gegen die Philister leckt das Volk sich noch die Wunden, sein König ist tot. David kennen sie als den früheren Helden Israels und als den Mann, der ihr Gebiet bei seinen Raubzügen geschont und von seiner Beute mit ihnen geteilt hat. Das ist noch gar nicht lange her.

Bald nachdem David sich in Hebron niedergelassen hat – seine Männer und ihre Familien finden eine Bleibe in der direkten Umgebung von Hebron –, wird er von den Ältesten von Juda besucht und zum König über Juda gesalbt (V. 4). Diese zweite Salbung zum König[247] ist die Entscheidung des Stammes Judas in einer Zeit, in

244 Hebron liegt etwa 32 Kilometer südwestlich von Jerusalem.

245 1. Mose 23,7-9.17-18

246 Richter 1,20

247 Die erste Salbung Davids geschah durch Samuel im Kreis der Familie Da-

der vieles noch unsicher und unklar ist. Das übrige Volk (Israel) ist nicht dabei und so gibt es vorläufig zwei Parteien: die Anhänger Davids und die Anhänger Sauls.

David erfährt erst nach seiner Salbung, dass Männer aus der Stadt Jabes-Gilead, einer Enklave östlich des Jordans, die auf der Seite Sauls steht, den gefallenen König begraben haben (V. 4). David, der auf gute Beziehungen hofft, bedankt sich ausgiebig bei den Männern für ihren Einsatz, durch den eine würdige Beerdigung von Saul möglich wurde (V. 5). Er will ihnen Gutes tun und ermutigt sie, stark zu sein, *»denn Saul, eurer Herr, ist tot und außerdem* – ja, das soll ihnen klar sein! – *hat das Haus Juda mich zum König über sich gesalbt«* (V. 7).

Es sieht gut aus für David. Der erste Schritt zu seinem Königtum über Israel ist erfolgt. Zwar steht in diesem Moment nur das Haus Juda hinter ihm (V. 10b)[248], dennoch wird es sicherlich nicht lange dauern, bis auch Sauls Anhänger sich daran erinnern, wie David in seinen jungen Jahren als Held von Israel aufgetreten ist und das Heer Sauls zu großen Höhen gebracht hat. Der Kampf ist aber noch nicht vorbei. Im Hintergrund hungert Abner, der Vetter und Heerführer Sauls, nach Macht. Wir kennen ihn als den Mann, der den jungen David nach seinem Sieg über Goliath vor Saul gebracht hat.[249] In den Jahren danach hat Abner David als einen erfolgreichen und treuen Krieger Sauls erlebt. Später ist Abner als Anführer der Truppen Sauls aktiv an der Verfolgung Davids beteiligt gewesen. Er befand sich in Sauls Lager, als David in der Nacht ungesehen bis ins Zelt Sauls eindrang und den Speer und den Becher des Königs entwendete.[250] David hat ihn gedemütigt, als er ihm anschließend von einem Hügel aus zurief, er habe in diesen Stunden fest geschlafen, anstatt über Saul zu wachen, was ja seine

vids in Bethlehem (1. Samuel 16,13). In späteren Jahren wird David durch die ganze Nation Israel gesalbt werden.

248 Unter Davids Männern sind aber auch schon Männer aus den anderen Stämmen Israels.

249 1. Samuel 17,57

250 1. Samuel 17,55-58 und 1. Samuel 26,5-16

Aufgabe war. Kurzum: Der Heerführer von Saul kennt David gut genug, um von dessen Fähigkeiten überzeugt zu sein (und auch von der Tatsache, dass Gott mit ihm ist!). Dennoch kann er David nicht als König über Israel akzeptieren, weil das seine eigene Machtposition in Gefahr bringen würde. David hat ja bereits einen Heerführer (Joab), er braucht keinen weiteren.

Abner handelt entschlossen. Um seine Position zu sichern, macht er den einzig noch lebenden Sohn Sauls zum König über die Nordstämme Israels und die Oststämme jenseits des Jordans (V. 9). Dieser, Ischboset (sein Name bedeutet: *Sohn der Schande),* heißt ursprünglich Eschbaal, was »Mann des Herrn (oder Baals)« bedeutet.[251] Er ist zu diesem Zeitpunkt vierzig Jahre alt. Uns ist schon aufgefallen, dass er anders als sein Vater und seine drei Brüder bei der letzten Schlacht gegen die Philister gefehlt hat. Ob Saul ihn für ungeeignet hielt oder ob er Ischboset bewusst zurückließ, damit nach der Schlacht auf jeden Fall noch ein Mann aus seinem Haus am Leben sein würde[252], bleibt offen. Ischboset ist auf jeden Fall keine starke Figur, sondern leicht zu manipulieren. In der neu entstandenen Situation wird er eine Marionette Abners. Dieser bringt Ischboset nach Mahanajim im Ostjordanland (V. 8), es soll seine Residenzstadt sein.[253]

David wird sieben Jahre und sechs Monate in Hebron regieren (V. 11), Ischboset nur zwei Jahre, denn er kommt bei einem Attentat ums Leben.

---

251 1. Chronik 8,33; 9,39

252 Gott hatte Saul ja gesagt, dass er und seine Söhne bei der Schlacht umkommen würden (1. Samuel 28,19).

253 Mahanajim ist der Ort, wo Jakob Engeln begegnete, als er unterwegs nach Pniel war (1. Mose 32,2.3). Mahanajim wird in Josua 21,39 als eine der 48 Levitenstädte erwähnt. Als David auf der Flucht vor seinem Sohn Absalom ist, hält er sich dort auf (2. Samuel 17,24.27; 19,32; 1. Könige 2,8).

Fragen zu Kapitel 13

1. David trauert nicht nur um den Tod seines Herzensfreundes Jonathan, sondern auch um den Tod Sauls. Wie kann das sein, dass bei David keine Spur von Schadenfreude zu entdecken ist, während Saul ihm das Leben so schwer gemacht hat?

2. In 1. Samuel 2 kommt der Moment, dass David Gott nach langer Zeit wieder sucht und eine deutliche Antwort bekommt (V. 1). Unverdient, aber doch!
   Lesen Sie Psalm 103, wo David Gott für seine Gnade und Barmherzigkeit lobt.
   Zählen Sie auf, was David in diesem Psalm an Gutem erwähnt, das Gott seinen Kindern tut.
   Was nennt David als Bedingung für Gottes Erbarmen über uns?

3. In 1. Samuel 2,1 fragt David Gott um Wegweisung. Worauf basieren die Entscheidungen, die Sie treffen? Wenden Sie sich an Gott, wenn Sie etwas entscheiden müssen, und wenn ja, wann? Welche Erfahrungen haben Sie in Ihrem Leben mit der Führung Gottes gemacht?

4. In der Person von Abner werden wir mit einer Situation konfrontiert, die auch heute aktuell ist. Im Beruf, in der Gemeinde oder in christlichen Werken kommt es immer wieder vor, dass Menschen hartnäckig an ihrer Position festhalten (oder eine bestimmte Position anstreben), während sie eigentlich zurücktreten und anderen Platz machen sollten. Um die eigene Position zu stärken, sucht man Verbündete, die einen unterstützen, oder man macht Menschen Versprechen, um sie an sich zu binden. Der Streit kann sehr schmerzhaft werden, wenn man bereit ist, bis zum Äußersten zu gehen. Und fast immer gibt es auf beiden Seiten Verlierer.

Wie gehen Sie damit um, wenn sich in Ihrem direkten Umfeld ein Machtstreit entwickelt?

5. Es ist auffallend, dass David im Gegensatz zu Sauls Heerführer Abner nicht versucht, seine Position zu stärken oder weiterzukommen. Was können wir von ihm lernen?

Kapitel 14
Der Kampf ist noch nicht vorbei

2. Samuel 2,12-4,12

»So spricht der Herr der Heerscharen: Ich habe dich von der Weide hinter den Schafen weggenommen, damit du Fürst würdest über mein Volk Israel.«

1. Chronik 17,7.8

»Und der Krieg zwischen dem Haus Sauls und dem Haus Davids zog sich lange hin. David aber erstarkte zusehends, während das Haus Sauls immer schwächer wurde.«

2. Samuel 3,1

»Barmherzig und gnädig ist der Herr, geduldig und von großer Güte (…) Er hat nicht mit uns gehandelt nach unseren Sünden und uns nicht vergolten nach unseren Missetaten. Denn so hoch der Himmel über der Erde ist, so groß ist seine Gnade über denen, die ihn fürchten.«

David in Psalm 103,8.10.11

Bitte lesen Sie zuerst den Bibeltext

2. Samuel 2,12-4,12

Nach Jahren voller Spannung hat David die Stadt Hebron für sich und seine Frauen als Residenz bekommen und ist von seinem Stamm zum König über Juda gekrönt worden. In dieser Zeit wird in seiner Umgebung um die Macht gekämpft und es sterben viele Menschen. Vor uns liegen nun Texte, die sehr gravierend sind. Sie wurden in der Bibel nicht weggelassen[254]*, sonst wäre die Davidgeschichte nicht komplett. Und sonst wäre auch Gottes Geschichte mit David nicht komplett. Wir stehen vor der Herausforderung, uns mit dem, was sich hier abspielt, auseinanderzusetzen und daraus zu lernen.*

In dem Machtkampf, der nach Sauls Tod entsteht, ist Abner, Sauls Heerführer und Vetter, eine Schlüsselfigur. Er ist zu allem bereit, um die Königsherrschaft Davids über Israel zu verhindern. Sein Gegenüber ist im Grunde nicht David, sondern der Gott Israels, der seine Pläne nicht durch das Haus Benjamins (bzw. den Stamm Sauls), sondern durch das Haus Juda verwirklichen will. Wir erleben hier eine wichtige und kritische Phase in der Heilsgeschichte. Das wird u. a. sichtbar, wenn wir 1. Mose 49 aufschlagen, wo der Erzvater Jakob kurz vor seinem Tod seine Söhne mit prophetischen Worten segnet. Zu Juda sagt er in Vers 10: »*Es wird das Zepter nicht von Juda weichen, noch der Herrscherstab von seinen Füßen, bis der Schilo* (gemeint ist der Messias) *kommt, und ihm werden die Völker gehorsam sein.*« David ist ein Nachkomme von Juda und mit ihm soll die königliche Dynastie in Israel anfangen, aus der der König aller Könige Jesus Christus geboren werden wird. Es geht hier um

---

254 Im Paralleltext in 1. Chronik 10-11 werden die grausamen Geschichten weggelassen. Da geht es nach Davids Salbung in Hebron direkt nach Jerusalem (11,3.4).

Gottes Absichten und von daher ist es kein Wunder, dass der Widerstand gegen Davids Königtum so stark ist. Es rührt sich Gottes Widersacher, der um jeden Preis verhindern will, dass Gottes Pläne verwirklicht werden. Es fällt ihm nicht schwer, Menschen zu finden, die er für seine Zwecke einsetzen kann. Sauls Heerführer Abner ist so ein Mensch, denn er ist machthungrig und darauf aus, das Haus (und den Thron) Sauls auch nach dessen Tod zu erhalten. Noch hält – mit nur einigen Ausnahmen – lediglich der Stamm Juda zu David (2,10b).[255] Die restlichen Stämme Israels will Abner David vorenthalten. Er steht mit diesem Unterfangen nicht allein da, denn unter dem Volk Gottes gibt es viele, die ebenfalls stur an Sauls Haus festhalten.

In dem Text, der vor uns liegt, spielt sich ein sehr blutiger Streit zwischen Juda und den übrigen Stämmen Israels ab. Auffallend dabei ist, dass die Männer, die eine Bedrohung für Davids Königtum sind, einer nach dem anderen ohne Davids Dazutun umkommen. Der Tod von Saul und drei seiner Söhne in der Schlacht gegen die Philister ist der Anfang dieser Entwicklung. Bald werden zwölf Männer Davids und zwölf Anhänger Sauls sich in einem Kampfspiel duellieren und alle werden dabei den Tod finden. Das provoziert einen Bürgerkrieg, der viele Opfer kostet. Und als wäre das alles nicht genug, werden ein Bruder von Davids Heerführer Joab, dann Sauls Heerführer Abner und zuletzt auch Sauls einziger noch lebender Sohn Ischboset umgebracht. Angesichts dieser verheerenden Umstände sind wir dazu herausgefordert, den roten Faden des Wirkens Gottes zu entdecken: Es wird Davids Weg zu seinem Königtum über Israel gebahnt.

Mitten in den mörderischen Berichten finden wir eine kleine Zwischengeschichte in 2. Samuel 4,4-5. Wir begegnen darin einem 5-jährigen Sohn Jonathans. Indirekt ist auch er ein Opfer des Krieges gegen die Philister, denn als die Nachricht kam, dass sein Großvater Saul und sein Vater Jonathan in der Schlacht gegen die

255 Es haben sich David während seiner Fluchtjahre Menschen aus den Stämmen Manasse, Benjamin und Gad angeschlossen.

Philister umgekommen waren, ist ihm Furchtbares geschehen. Als seine Amme mit ihm flüchtete, ist er unglücklich gefallen und seitdem an beiden Füßen gelähmt, was ihn als potenziellen Kandidaten für den Thron ungeeignet macht. Diese Geschichte nimmt ein glückliches Ende, denn als David König über Israel geworden ist, nimmt er den vaterlosen Jungen auf. Als er den Bund mit Jonathan schloss, hatte er ihm versprochen, er werde Jonathans Haus nicht ausrotten. Dasselbe hat er auch Saul versprochen. An dieses Versprechen hält er sich. Saul mag sein Feind gewesen sein, aber für seinen Enkel Mephiboset ist in Davids Herzen Platz. Wir werden ihm später in der Davidgeschichte einige Male begegnen.[256]

Zwölf Duelle beim Teich Gibeon und ein Bürgerkrieg (2. Samuel 2,12-32)

In 2. Samuel 2,12-32 treffen sich beim Teich von Gibeon Sauls Heerführer und Neffe Abner und Davids Heerführer und Neffe Joab (er ist der Sohn von Davids Schwester Zeruja).[257] Die beiden Männer entscheiden sich zu einem Kampfspiel, wobei sich zwölf Männer Abners (Sauls bzw. Ischbosets Truppe) mit zwölf Männern Joabs (Davids Truppe) duellieren sollen. Das Ganze, das ein Spiel genannt wird und auch so beginnt (V.14), entartet in einen Streit, bei dem alle vierundzwanzig Männer umkommen. Dieses tragische Massaker löst einen Bürgerkrieg aus, wobei die Anhänger von David die Männer Ischboseths (bzw. Abners) schlagen.

Als Ischbosets Truppe flüchtet, wird Abner von Asahel, einem Bruder von Joab, verfolgt.[258] Asahel hat offensichtlich vor, Abner zu töten und seine Rüstung als Trophäe an sich zu nehmen. Damit

---

256 Wir hören von Mephiboset in 2. Samuel 9,1-13; 16,1-4; 19,24-30 und 21,7.

257 Dieser Teich war ein geniales Wassersystem, das gebaut worden war, um die Einwohner der Stadt Gibeon während einer Belagerung mit Wasser zu versorgen.

258 Davids Schwester Zeruja hatte drei Söhne: Joab, Asahel und Abisai (siehe 1. Chronik 2,16b). Abisai kennen wir als denjenigen, der in der Nacht mit David in Sauls Lager schlich (1. Samuel 26,6ff).

wäre der Streit zwischen Israel und Juda vorbei. Während Abner versucht, ihm zu entkommen, ruft er Asahel zu, er solle von ihm ablassen und sich ein anderes Opfer (und dessen Rüstung) suchen. Der Heerführer Sauls will einen Kampf mit Asahel vermeiden, weil er befürchtet, dass das zu Schwierigkeiten mit Davids Heerführer Joab und mit David selbst führen wird. Asahel ist ja ein Bruder von Joab und ein Neffe Davids. Sein Tod würde eine Blutrache zur Folge haben (V. 22).[259]

Asahel, der in Topform ist – *»leichtfüßig wie eine Gazelle auf dem Feld«* (V. 18) –, ist trotz Abners Warnung nicht zu halten; er setzt seine Jagd auf ihn unvermindert und unerbittlich fort. Als Abner in Notwehr mit seinem Speer einen Stoß nach hinten abgibt, trifft er Asahel tödlich: *»Er fiel dort und starb auf der Stelle; und wer zu dem Ort kam, wo Asahel gefallen und gestorben war, der stand still«* (V. 23b). Darauf geschieht genau das, was Abner befürchtete: Asahels Brüder Abisai und Joab jagen ihm entschlossen nach und lassen sogar bis zum Abend nicht davon ab *(»bis die Sonne unterging«*, V. 24). Es ist also schon dunkel, als alle stehen bleiben und »die Söhne Benjamins« (die Truppe Sauls) sich hinter Abner versammeln. Sie steigen gemeinsam auf den Hügel Amma[260] und von dort ruft Abner Davids Heerführer Joab dazu auf, den Streit zu beenden: Es ist verrückt, dass das Volk Gottes bzw. Brüder sich gegenseitig töten (V. 26b). Daraufhin beruhigt Joab sich, er bläst den Schofar und der Kampf ist vorbei. Das Ergebnis ist dramatisch für Israel: Abner hat 360 seiner Männer verloren. Mit den übrigen marschiert er die ganze Nacht durch in Richtung Ostjordanland, bis sie in Mahanajim in Gilead ankommen, wo Sauls

---

259 Wenn Abner Asahel tötet, muss er mit der Rache Joabs rechnen. Der würde den Tod seines Bruders nicht als eine Folge des Krieges, sondern als eine Schändung der Familienehre betrachten, die gerächt werden musste.

260 Der Hügel Amma liegt nach Vers 24 vor Giach, auf dem Weg zur Wüste Gibeon. Die genaue Lage dieses Hügels ist unbestimmt. Der Ort Gibeon wurde dem Stamm Benjamin zugewiesen und als Levitenstadt bestimmt (Josua 18,25 und 21,17). Man vermutet ihn ungefähr 9 Kilometer nordnordwestlich von Jerusalem.

Sohn Ischboset sich niedergelassen hat.[261] Joab und seine Männer haben 19 Mann und Joabs Bruder Asahel verloren. Ihr Rückzug führt am Schlachtfeld vorbei, so können sie den Leichnam Asahels mitnehmen. Er wird in Bethlehem begraben. Auch sie marschieren die ganze Nacht durch und kommen am frühen Morgen in Davids Residenz Hebron an. Die Geschichte ist damit aber nicht zu Ende, denn Joab wird den Tod seines Bruders Asahel nicht vergessen. Zu einem späteren Zeitpunkt wird es tatsächlich zu einer Blutrache kommen.

Abner (2. Samuel 3,1-32)

Der Streit zwischen den Anhängern Sauls (bzw. seines Sohnes Ischboset) und den Anhängern Davids ist nach dem heftigen Zusammenstoß in 2. Samuel 2,12-32 nicht vorbei. In 2. Samuel 3,1 lesen wir, dass der Krieg zwischen dem Haus Sauls und dem Haus Davids sich lange hinzieht. Allmählich aber wird Sauls Haus schwächer.

Davids Harem (V. 2-5)

In drei »Zwischenversen« erfahren wir, dass David sich in Hebron wie ein König seiner Zeit verhält. Er hat schon zwei Frauen: Achinoam und Abigail. Seine erste Frau Michal, die Tochter Sauls, die bei seiner Flucht vom Hof zurückblieb, hat Saul einem anderen Mann gegeben. Nun nimmt David sich noch vier weitere Frauen: Maacha, eine geschuritische Prinzessin (ihr Vater Talmai war der König von Geschur, einem Gebiet Syriens)[262], Haggit, Abital und Egla. Sie werden ihm sechs Söhne gebären, deren Namen in den Versen 2 bis 4 aufgelistet werden.

Mit seinem Harem mag David seine Umgebung beeindruckt haben, seine Polygamie (die den Fürsten Gottes ausdrücklich ver-

---

261 Mahanajim war eine Levitenstadt in Gilead östlich des Jordans (Josua 21,39). Ischboset hat von hier aus zwei Jahre über Israel regiert.

262 Internationale Ehen führten oft zu Allianzen mit Nachbarvölkern. Davids Frau Maacha wird die Mutter von Absalom.

boten war![263]) wird ihm in zukünftigen Jahren sehr zu schaffen machen. Sein Harem wird später noch umfangreicher, denn während Davids Königtum in Jerusalem kommt Bathseba dazu und es kehrt Sauls Tochter Michal zu David zurück. Das sind aber noch nicht alle seine Frauen. Der zweite König Israels hat eine Schwäche für das weibliche Geschlecht, er hat mehrere Ehefrauen und viele Nebenfrauen (und eine sehr große Kinderschar).[264] In der Bibel werden zwanzig Söhne und eine Tochter Davids namentlich genannt.

Abner läuft zu David über (V. 6-16)

Während David von Hebron aus über Juda regiert, versucht Sauls Heerführer Abner sich nach wie vor über Sauls Sohn Ischboset zu behaupten, den er ja zum König über Israel gemacht hat. Dass Abner in diesen Tagen mit einer Nebenfrau Sauls schläft, ist sicherlich ein neuer Versuch, sich zu etablieren. Wer Sex mit der Nebenfrau eines Fürsten hatte, gab dadurch zu erkennen, dass er Anspruch auf den Thron erhob. Wahrscheinlich hat Abner also gehofft, auf diese Weise auf Sauls Ebene zu kommen.[265] Ischboset zeigt sich in dieser Situation unerwartet mutig, denn er klopft Abner auf die Finger (V. 7). Es ist das erste Mal, dass dieser Sohn Sauls den Mut hat, aufzutreten und seine Meinung zu verkünden. Wir wussten bisher eigentlich nicht einmal, dass er eine Meinung hatte! Seine Kritik an dem Befehlshaber des Heeres von Israel kommt ihm teuer zu stehen. Abner schärft Ischboset ein, er habe es ihm zu verdanken, dass es das Haus Sauls überhaupt noch gebe, und er

---

263 Im Königsgesetz Gottes verbietet Gott seinen Königen, sich viele Frauen zu nehmen. Siehe 5. Mose 17,17.

264 Siehe 2. Samuel 5,13; 15,16; 1. Chronik 3,1-9. Siehe auch den Infokasten Nebenfrauen auf Seite 226.

265 Als Bathseba ihren Sohn Salomo, der nach Davids Tod König geworden ist, darum bittet, es seinem Bruder Adonija zu erlauben, Abischag, die Konkubine Davids, zu heiraten, erkennt Salomo in dem Wunsch seines Bruders den Versuch, Anspruch auf den Thron zu erheben. Darum antwortet er Bathseba (die das nicht durchschaute) deutlich zynisch: »Bitte für ihn auch um das Königreich.« Siehe 1. Könige 2,22.

schwört, dass er ihm das Königreich Sauls wegnehmen und Davids Thron über Israel aufrichten wird.[266] Während Ischboset sich erschrocken und ängstlich in sein Schneckenhaus zurückzieht, zögert Abner nicht, seine Drohung in die Tat umzusetzen. Sicherlich ist ihm bewusst, dass David die besten Karten hat, und so wechselt er die Seiten, ohne auf Ischboset Rücksicht zu nehmen. Er sendet *»auf der Stelle Boten zu David«* und bietet sich ihm als Verbündeter an. Er wird, so verspricht er David, ganz Israel auf seine Seite bringen (V. 12). David, der sicherlich sehr überrascht gewesen sein wird, stimmt zu. Er ist bereit, Frieden mit Abner zu schließen und sich mit ihm zu verbünden. Unter einer Bedingung: Sauls Tochter Michal, die David vor Jahren für einen Brautpreis von 100 (bzw. 200) Vorhäuten von getöteten Philistern erworben hatte,[267] soll zu ihm zurückgebracht werden. Nicht die Liebe zu Michal ist es, die David dazu bringt, von Abner ihre Rückkehr zu verlangen, sondern es ist ein geschickter politischer Schachzug. Dadurch, dass David Michal, eine Prinzessin aus Sauls Haus, zu sich holt, verbindet er sich wieder mit Sauls Haus. Dadurch kann er Sauls Stamm und seine Anhänger für sich gewinnen. Es ist Ischboset, der diesen Auftrag Davids erfüllt und Michal zu ihm bringen lässt. Was folgt, ist eine tragische Szene, in der Michal von ihrem Mann Paltiel nach Hebron begleitet wird.[268] Dieser kann sich dem königlichen Befehl nicht entziehen und er zieht weinend mit ihr, bis er in Bachurim, das östlich von Jerusalem liegt, heimgeschickt wird (V. 15-16). Der Mann ist offensichtlich erschüttert, weil er sich von seiner Frau trennen muss. Wie Michal diese erzwungene Trennung von ihrem zweiten Ehemann und ihre Rückkehr zu David erlebt hat, bleibt offen. Wir wissen, dass sie David geliebt hat, als er als

---

266 Abner hat einen starken Trumpf in der Hand, denn sein Heer wird ihm wahrscheinlich treu bleiben, und wenn er zu David überläuft, wird es ihm wahrscheinlich folgen. Ischboset wird dann mit leeren Händen dastehen. Der »Thron Davids« kommt hier zum ersten Mal in der Bibel vor.

267 David brachte Saul die doppelte Anzahl dessen, was er von ihm gefordert hatte (siehe 1. Samuel 18,25-27).

268 1. Samuel 25,44

junger Mann am Hof und im Heer ihres Vaters tätig war. Wenn wir Michal aber in späteren Jahren wieder begegnen (David ist dann König in Jerusalem), spüren wir ihr keine Liebe für David mehr ab. An dem Tag, als David ausgelassen feiert, weil die Bundeslade nach Jerusalem gebracht wird, empfindet sie Verachtung für den Mann, den sie einst angebetet und dem sie zur Flucht vor ihrem Vater verholfen hat.[269]

Abner wird ermordet (V. 17-39)
In Israel führt Abner inzwischen eine Kampagne mit dem Ziel, die Ältesten Israels inklusive der Benjaminiter[270] auf Davids Seite zu ziehen. Er lässt ihnen ausrichten, der Herr habe gesagt, dass er sein Volk durch David aus der Hand der Philister und aller anderen Feinde erretten wolle (V. 17-18). Mit den Benjaminitern, Sauls Volksstamm, spricht er extra (V. 19). Seine Reden machen Eindruck und Abner kommt mit zwanzig Männern nach Hebron, wo sie gemeinsam mit David zu Tisch sitzen. Ein gemeinsames Essen galt in der Antike oft als der Moment einer wichtigen Absprache oder der Besiegelung eines Vertrags oder eines Bundes (V. 17-21). Das ist auch hier der Fall, denn während der Mahlzeit in der königlichen Residenz in Hebron verkündigt der kaltblütige Heerführer Ischbosets, dass er bereit ist, Israel dazu zu bringen, zu David überzulaufen und einen Bund mit ihm zu schließen (V.21). Dass Abner den Sohn Sauls, den er selbst zum König über Israel gemacht hat, verrät, ist offensichtlich kein Problem für ihn!

Kurz nachdem David Abner entlassen hat, kehrt Davids Heerführer Joab mit seinen Männern von einem Streifzug zurück. Als er erfährt, dass Abner und David miteinander gegessen und gesprochen haben und David Abner daraufhin in Frieden hat ziehen lassen (V. 22), ist er entsetzt und wütend. Er ist davon überzeugt,

269 2. Samuel 6,20

270 Die Benjaminiter werden extra erwähnt, weil Saul zu diesem Stamm gehörte und es zu erwarten war, dass sie sich nicht so leicht auf Davids Seite würden bringen lassen.

dass Abner, der ja noch Sauls Haus vertritt, nicht aufrichtig ist. Sicherlich spielen hier auch persönliche Spannungen eine Rolle. Joab befürchtet, dass Abner einen zu großen Einfluss am Hof Davids bekommen wird, was ihn dann seine Position kosten könnte. Auch hat Joab mit Abner noch eine Rechnung offen, weil dieser seinen Bruder Asahel umgebracht hat.[271] Ohne es seinem Onkel David mitzuteilen (V. 26b), sendet Joab Boten aus, die Abner nachgehen und ihn nach Hebron zurückbringen sollen. Als Abner ohne Argwohn mit diesen Boten zurückkehrt, wird er beim Stadttor Hebrons von Joab erwartet und umgebracht. Aus Rache für die Ermordung Asahels im Kampf in Gibeon. Auch Joabs Bruder Abisai ist an diesem Mord beteiligt (V. 30).

Für David kommt der Mord an Abner sehr ungelegen. Er befürchtet, dass nun ganz Israel von ihm abfallen wird, während er doch gerade dabei ist, das Volk für sich zu gewinnen. Für ihn ist Abner *»ein Fürst und ein Großer in Israel«* (V. 38) und vor dem Herrn erklärt er sich unschuldig an seinem Tod. Und das ist er ja auch (V. 28). Er verordnet eine Totenklage für Abner, an der sich das ganze Volk beteiligen soll. Bei der Beerdigung geht David selbst hinter der Bahre her. Er weint am Grab, stimmt ein Klagelied über Abner an und fastet. Das alles führt dazu, dass das Volk erkennt, dass David keine Schuld an dem Mord an Abner trifft. Daraufhin wird er von allen als König geschätzt (V. 37). David selbst erklärt sich als schwach: Obwohl er zum König gesalbt worden ist, ist seine Autorität noch nicht gefestigt und er hat den Mord an Abner nicht verhindern können. Auffallend ist, dass Joab für den Mord an Abner nicht bestraft wird. Es ist der Herr, der dem Täter *»entsprechend seiner Bosheit vergelten«* soll (V. 39), so David. Vermutlich geht David davon aus, dass er seinen klugen Heerführer in Zukunft noch brauchen wird, außerdem ist Joab der Sohn seiner Schwester.

---

271 2. Samuel 2,18-23

Der Tod Ischbosets (2. Samuel 4)

In dieser ganzen Geschichte ist Sauls Sohn Ischboset eine sehr tragische Figur. Er wurde nach dem Tod seines Vaters und seiner drei Brüder von Abner zum König über Israel ausgerufen. Aber inzwischen hat er verstanden, dass Abner aus Eigennutz gehandelt und ihn nur gebraucht hat, um selbst mehr Macht zu bekommen. Abner ist nach einem Zusammenstoß mit ihm zu David übergelaufen und hat so lange verhandelt, bis das Volk David als seinen König anerkennen will. Nun ist Abner tot. Für Israel ist das ein schwerer Schlag, weil Abner die Hauptfigur in den Verhandlungen mit David war. Dadurch ist auf einmal vieles unsicher. Aber auch Ischboset ist sehr betroffen. *»Er ließ seine Hände sinken«*, heißt es in Vers 1. Der Sohn Sauls hat den Mut verloren und weiß nicht mehr weiter.

Es erscheinen zwei neue Akteure auf der Bühne, Rekab und Baana. Sie kommen aus Beerot[272], das von Benjaminitern besiedelt ist. Ischboset hat nur zwei Jahre über Israel regiert, als er während seines Mittagsschlafs von ihnen ermordet wird. Rekab und Baana haben kein Problem damit, ihn zu erreichen, denn sie tun so, als wollten sie Weizen holen (V. 6). Scheinbar wurde in der direkten Umgebung von Ischbosets Haus Weizen gelagert. In der Septuaginta[273] finden wir eine interessante Variante von den Versen 5-7. Da ist zu lesen, dass Ischboset während seines Mittagsschlafs von einer Frau überwacht wurde, die Weizen gesammelt hatte und vor Müdigkeit eingenickt war. Dadurch fanden die Mörder problemlos Zugang zu Ischbosets Schlafzimmer. Wie auch immer, im Vergleich zu dem Ambiente und der Hofhaltung seines Vaters Saul in

---

272 Beerot war die nördlichste der vier gibeonitischen Städte (Josua 9,17). Sie wurde zum Stammesgebiet Benjamin gerechnet. Die Gibeoniter gehörten zur amoritischen (oder genauer zur hewitischen) Bevölkerung Kanaans, sie durften aber nach einem Vertrag unter Josua (Josua 9,3-15) unter den Israeliten wohnen. Saul hat versucht, sie auszurotten (siehe 2. Samuel 21,1-2).

273 Die Septuaginta (oft abgekürzt mit LXX, der Zahl 70 in römischen Ziffern) ist die Übersetzung des Alten Testamentes (Tenach) aus dem Hebräischen ins Altgriechische. Diese Übersetzung kam etwa zwischen 250 und 50 v. Chr. zustande.

Gibea hat Ischboset offensichtlich den Kürzeren gezogen. Seine Sicherheit ist auf jeden Fall sehr zerbrechlich gewesen. Die beiden Eindringlinge werden von niemandem gesehen oder aufgehalten und können ungestört zugeschlagen. Sie hacken dem schlafenden Ischboset den Kopf ab und bringen ihn in aller Eile (sie machen nicht einmal nachts Halt) zu David nach Hebron (V. 7-8).

Die Ermordung Ischbosets kann ein privater Rachefeldzug gegen das Haus Sauls gewesen sein, weil Saul versucht hatte, die Gibeoniter, zu denen die Mörder gehörten, auszurotten.[274] Aber zu David sagen die Männer, der Tod Ischbosets sei die Rache *Gottes* an Saul wegen all dem, was er David angetan hat: »*Siehe, da ist das Haupt Ischbosets, des Sohnes Sauls, deines Feindes, der dir nach dem Leben trachtete! Der Herr hat heute meinem Herrn, dem König, Rache gewährt an Saul und seinen Samen!*« (V. 8). David reagiert entsetzt. In seinen Augen ist Ischboset wie sein Vater Saul Gottes Verantwortung. Baana und Rekab sind »gottlose Männer«, die sich an Ischboset versündigen, der wiederum David nichts Böses getan hat. Ihr Attentat auf einen schlafenden Mann ist niederträchtig und feige (V. 11). David erinnert Rekab und Baana daran, was dem Botschafter geschah, der ihm die Nachricht von Sauls Tod überbrachte und der behauptet hatte, er hätte ihn umgebracht. Er wurde an Ort und Stelle getötet und dasselbe Schicksal erwartet jetzt auch sie, die Mörder Ischbosets. Ihre Leichname werden am Teich Hebron aufgehängt und zur Schau gestellt. Die Menschen sollen sehen und erkennen, dass David sich nicht am Haus Sauls versündigt hat. Das Haupt Ischbosets wird in Abners Grab in Hebron beigesetzt. Sauls Sohn und sein General liegen somit in einem Grab.

Gott hat und Gott wird …!

Nach dem Lesen von 2. Samuel 2,12-4,12 braucht man ein wenig Zeit, um die vielen Intrigen und das Morden einigermaßen einzuordnen und zu verarbeiten. Das ist alles andere als einfach. Wir

274 Siehe 2. Samuel 21,1-2

brauchen die Hilfe des Heiligen Geistes, um die widrigen Ereignisse in den großen Rahmen des Wirkens Gottes einzuordnen. Wir leben in einer diabolischen, kaputten Welt, das sollten wir uns zuerst einmal klarmachen. Und dann ist unser Radius beschränkt. Wir sind auf das Irdische und Sichtbare mit all dem Hässlichen fokussiert, das sich dort abspielt. Hinter den Kulissen aber läuft ein himmlisches Szenario ab. Dort sieht man auf das Ziel.

Der Schweizer Pastor und Autor Walter Lüthi (1901–1982) schreibt: »*Gott baut sein Reich, er baut es nicht nur mit den Vorzügen, er baut es auch mit den Fehlern seiner Knechte.*«[275] Das ist ein weises Wort und eine große Wahrheit. David hatte sowohl Vorzüge als auch Fehler und dasselbe gilt für Gottes Volk. Das Wunder ist, dass Gott sich von diesen Fehlern nicht aufhalten lässt, sie können seine Pläne nicht vereiteln. Anders ausgedrückt: Gott hat die Verwirklichung seiner Absichten in den widrigsten Umständen durchgesetzt. Und er wird das weiterhin tun, denn Gott zieht seine Heilsgeschichte durch.

Wenn wir unseren Text sorgfältig überdenken, müssen wir eingestehen, dass im Gegensatz zu der Zeit, als David in Philistäa Stämme und ganze Dörfer ausrottete, in dieser Phase seines Lebens kein Blut an seinen Händen klebt. David versucht nicht, die Dinge selbst zu regeln. Weder ist er an Verschwörungen beteiligt, noch beauftragt er Menschen damit, bestimmte Dinge für ihn zu regeln (bzw. Menschen zu beseitigen). Es sind andere, die David von seinen potenziellen Rivalen befreien. David seinerseits bemüht sich sehr darum, seine Unschuld zu beweisen. Er tut das mit Worten, lässt es aber auch durch sein Handeln erkennen, wie z. B. in der Klage, die er nach dem Mord an Sauls Heerführer Abner verordnet. Im Grunde ist es so gewesen, dass die bösen Taten anderer David gedient haben. Nach dem Bibelausleger Klaus vom Orde profitiert David von den Handlungen der unterschiedlichen Ehr-

275 Walter Lüthi, Das erste Buch Samuel ausgelegt für die Gemeinde, Verlag Friedrich Reinhardt, Basel.

geizlinge oder Machtjäger in dieser Phase der Geschichte Israels.[276] Es fällt ihm dadurch einiges in den Schoß. Aber es ist immer noch Gott, der ihm den Weg bereitet.

Ehefrauen und Nebenfrauen

Nebenfrauen waren solche, für die kein Brautpreis bezahlt wurde. Sie hatten nicht den Status einer Ehefrau, aber mehr Rechte als Sklavinnen. Zu ihren Pflichten gehörte u. a. das Gebären von Kindern für ihren Herrn.

Wenn ein Sohn mit einer Nebenfrau seines Vaters schlief, wurde das nicht nur als Inzest betrachtet, sondern auch als ein Versuch, sich die Autorität des Familienoberhauptes anzueignen. So schlief Ruben, der älteste Sohn des Erzvaters Jakob, mit Bilha, die als Sklavin von Jakobs inzwischen verstorbener Lieblingsfrau Rahel die wichtigste der Nebenfrauen seines Vaters war (1. Mose 35,22). Ruben verlor dadurch das Erstgeburtsrecht (1. Mose 49,3.4).

Es war für einen König wichtig, Frauen und Nebenfrauen zu haben, die aus angesehenen und mächtigen Familien stammten. Mehrere Frauen zu haben, war ein Zeichen von Reichtum und Bedeutung, auch waren königliche Harems ein Mittel, um sich ein nationales und internationales Netzwerk aufzubauen und internationale Allianzen zu knüpfen. Davids Heirat mit der Tochter des Königs von Geschur brachte ihm eine Verbindung mit dem Gebiet Syriens.[277] Auch war es David wichtig, dass seine erste Frau Michal, die Tochter Sauls, zu ihm zurückkehrte, weil er mit ihr ein Mitglied der Königsfamilie in seinem Haus hatte.

Durch seine Heirat mit der Königstochter Maacha aus Geschur übertrat David ein Gebot Gottes, denn Kinder Gottes durften

276 Wuppertaler Studienbibel, SCM R. Brockhaus

277 Auch hier hat David ein Gebot Gottes übertreten, denn Kinder Gottes durften keine heidnischen Frauen heiraten.

keine heidnischen Frauen heiraten. In Josua 23,13 warnt Josua das Volk und sagt den Menschen, dass diese Frauen ihnen zum Fallstrick werden können. Der Sohn von Maacha ist Absalom, der in späteren Jahren einen Aufstand gegen seinen Vater David organisiert mit der Absicht, ihm den Thron streitig zu machen.
Davids Sohn Salomo hatte nach 1. Könige 11,3 siebenhundert fürstliche Frauen und dreihundert Nebenfrauen. Viele seiner Frauen kamen aus anderen Ländern, was es ihm ermöglichte, Verträge mit anderen Völkern abzuschließen. Sein umfangreicher Harem brachte ihm staatliche Größe, aber geistlich gesehen waren die vielen heidnischen Frauen eine Katastrophe. Die Götter dieser Frauen fanden Eingang in Salomos Herz, »*sodass sein Herz nicht mehr ungeteilt mit dem Herrn, seinem Gott war, wie das Herz seines Vaters David*« (1. Könige 11,4).

Fragen zu Kapitel 14

1. *Der Kampf um die Macht*
   Wenn der Stolz regiert, ist ein Machtkampf fast nicht zu vermeiden.
   Wie gehen Sie damit um, wenn sich in Ihrer direkten Umgebung (in der Familie, am Arbeitsplatz, in der Gemeinde) ein Machtkampf entwickelt?

2. *David und sein Harem*
   Zu allen Zeiten haben Kinder Gottes sich der Welt angepasst und dadurch Gottes Gebote übertreten. Oft geschieht das schleichend, indem man sich fast unbemerkt immer mehr auf das einlässt, was in der eigenen Umgebung für normal gehalten wird.
   Lesen Sie Römer 12,2 und Epheser 4,20. Überlegen Sie, auf welchen Gebieten Sie sich schwertun, anders zu reagieren und anders zu leben als die Mehrheit der Menschen.
   Wie kann man verhindern, dass man als Kind Gottes als weltfremd betrachtet wird?

3. *Gott wirkt durch alle Umstände*
   Die Worte in 1. Chronik 17,7-8 zeigen uns, dass Gott durch die vielen furchtbaren Ereignisse zum Ziel gekommen ist. Davids Feinde oder Rivalen werden ohne dessen Zutun beseitigt oder ausgerottet.
   Denken Sie über die Aussage nach, dass Gott sein Reich nicht nur mithilfe unserer Vorzüge aufbaut, sondern auch durch unsere Fehler. Kennen Sie Beispiele dafür, wo das sichtbar ist? Auch aus der Bibel?

4. *Wenn alles anders kommt*
   Die Erwartungen, die wir von Jesus haben, werden nicht im-

mer erfüllt. Manchmal entwickeln sich die Dinge in eine ungewohnte Richtung und der Herr handelt ganz anders als gedacht. Wie gehen Sie damit um?

Kapitel 15
Es geht nach Jerusalem
2. Samuel 5

»Und alle Ältesten kamen zu dem König nach Hebron (…) Und sie salbten David zum König über Israel, nach dem Wort des Herrn durch Samuel (…) Auch das ganze übrige Israel war einmütig dafür, David zum König zu machen.«

1. Chronik 11,3 und 12,39b

Die Häupter derer, die zum Heeresdienst gerüstet waren, kamen »zu David nach Hebron, um ihm das Königreich Sauls zuzuwenden, nach dem Wort des Herrn«.

1. Chronik 12,24

»… von dem Knecht des Herrn, von David, der dem Herrn die Worte dieses Liedes sang, an dem Tag, als der Herr ihn aus der Hand aller seiner Feinde errettet hatte, auch aus der Hand Sauls (…) Darum will ich dich, o Herr, preisen unter den Heiden und deinen Namen lobsingen, dich, der seinem König große Siege verliehen hat und der Gnade erweist seinem Gesalbten, David, und seinem Samen bis in Ewigkeit.«

Psalm 18,1.50-51

»Einmal habe ich bei meiner Heiligkeit geschworen; niemals werde ich David belügen! Sein Same soll ewig bleiben und sein Thron wie die Sonne vor mir; wie der Mond soll er ewig bestehen und wie der Zeuge in den Wolken zuverlässig sein!«

Psalm 89,36-38

Bitte lesen Sie zuerst den Bibeltext

2. Samuel 5 und die Parallelstellen 1. Chronik 11,1-3 und 12,24-41

Nach dem Tod Ischbosets kommen alle Stämme Israels mit ihren Ältesten und Kriegern (»in Schlachtreihen geordnet, mit ungeteiltem Herzen«[278]) nach Hebron, um sich David zu unterwerfen.[279] Bis jetzt war David lediglich über den Stamm Juda König. Die restlichen Stämme Israels waren dem Haus Sauls treu. Unter David sollen nun beide Landesteile zu einem Volk oder einer Monarchie vereint werden. Formal kommt es so, aber in den Köpfen der Menschen ist diese neue Realität noch nicht angekommen. In 2. Samuel 5,5 wird noch immer von »ganz Israel und Juda« gesprochen und nach dem Tod Salomos, des Sohnes und Nachfolgers von David, wird Gottes Volk sich in zwei Reiche teilen: das Nordreich Israel mit Samaria und das Südreich Juda mit Jerusalem als Hauptstadt.

Die Botschaft der Stämme Israels an David enthält drei Gründe dafür, warum David auch über sie als König regieren soll. Sie beginnt mit den Worten: »*Siehe, wir sind dein Gebein und dein Fleisch!*« Mit dieser Tatsache ist eine Bedingung aus dem Königsgesetz erfüllt, das Gott Mose gab: »*… so sollst du nur den zum König über dich setzen, den der Herr, dein Gott, erwählen wird. Aus der Mitte deiner Brüder sollst du einen König über dich setzen …*« Im Folgenden bezeugt man, dass man David als erfolgreichen Krieger, Strategen und als Führungskraft kennt und schätzt *(»Du warst es, der Israel aus- und einführte«)*. Und dann kommt das

278 1. Chronik 12,39

279 In 2. Samuel 5,1.3 wird von »*allen Stämmen Israels*« gesprochen, in 1. Chronik 11,1 von »*ganz Israel*« und in 12,24 von »*den Häuptern derer, die zum Heeresdienst gerüstet waren*«. Es ist deutlich, dass ganz Israel dahintersteht, David »*das Königreich Sauls zuzuwenden, nach dem Wort des Herrn.*«

Wichtigste: »*Und der Herr hat zu dir gesagt: Du sollst mein Volk Israel weiden und du sollst Fürst sein über Israel*« (V. 2b).[280] David ist Gottes Wahl für das Königtum Israels. Wie unendlich tragisch, dass es so lange gedauert hat, bis Israel zu dieser Einsicht gekommen ist! Nun aber ist die Zeit da.

Davids Bund mit den Ältesten Israels, seine Salbung und die Feier

In Hebron bleibt es nicht bei freundlichen Worten, denn es wird zwischen David und den Ältesten vor dem Herrn ein Bund geschlossen, in dem ihre gegenseitigen Rechte und Pflichten festgelegt werden. Nach dieser formellen Handlung wird David von den Ältesten gesalbt (V. 3). Es ist seine dritte und letzte Salbung[281] und diese macht ihn zum König über Juda und Israel.[282] Nach allen Formalitäten wird ausgiebig gefeiert, davon berichtet 1. Chronik 12,39.

Man kann sich kaum vorstellen, wie dieser Tag für David gewesen ist. Nach seinen Fluchtjahren unter ständigem Druck und nach einer unruhigen und blutigen Zeit als König in Hebron kann er nun erleichtert aufatmen. Was sich vor seinen Augen abspielt, ist absolut überwältigend. Ganz Israel hat sich auf seine Seite gestellt. Die Ältesten aller Stämme sind gekommen, um ihn zu salben, die Häupter der Heere Israels sind ausgerückt, um ihn als König zu ehren, und unzählbare fleißige Hände haben ein gutes Essen vorbereitet, das von begeisterten Menschen nach Hebron transportiert wurde (»*Speise auf Kamelen, Maultieren und Rindern; Mehlspeise, Feigen- und Rosinenkuchen, Wein, Öl, Rinder, Schafe in Menge, denn es war Freude in Israel*«[283]), damit (drei Tage lang!) groß gefeiert werden kann. Inmitten der ausgelassenen Menschenmenge muss David sich fühlen wie im Traum. Er kann nicht an-

280 2. Samuel 5,1-2 und 1. Chronik 11,1-2

281 Die erste Salbung fand in Bethlehem statt und die zweite in Hebron (1. Samuel 16,13 und 2. Samuel 2).

282 In Vers 5 sehen wir, dass das Königreich noch immer unter seinen beiden Teilen (Israel und Juda) bekannt ist.

283 1. Chronik 12,40-41

ders, als verwundert erkennen, dass der Herr ihm getan hat, worauf er so lange hat warten müssen: Er hat ihn als König über ganz Israel bestätigt.[284] David ist siebenunddreißig Jahre alt. Er ist mit dreißig Jahren nach Hebron gekommen und hat dort sieben Jahre und sechs Monate regiert, sein neues Königtum in Jerusalem über alle Stämme Israels wird dreiunddreißig Jahre dauern.[285] Während dieser Jahre steht er vor der großen Herausforderung, aus der Föderation einzelner Stämme ein vereintes Volk und Königreich zu machen.

Jerusalem, die Stadt Davids (2. Samuel 5,6-16)

Die erste Entscheidung, die getroffen werden muss, betrifft den Standort des neuen Königs. Es wird die Stadt Jerusalem (»Stadt des Friedens«), die zwischen Hebron und dem Gebiet der nördlichen Stämme bzw. auf der benjaminitisch/judäischen Grenze liegt. Jerusalem ist politisch gesehen eine weise Wahl, weil die Rivalität zwischen Juda und den anderen Stämmen noch nicht beseitigt ist. Die Stadt gehört weder dem Stamm Juda noch den übrigen Stämmen Israels, wodurch jeder Anschein einer Bevorzugung von vornherein ausgeschlossen ist. Man kann die Position Jerusalems mit der US-amerikanischen Stadt Washington vergleichen, die ein separates Gebiet ist, das zu keinem der US-Bundesstaaten gehört.

Jerusalem ist zur Zeit Davids in den Händen der Jebusiter, einem kanaanitischen Volk, das sich gemeinsam mit den Amoritern, Hethitern und Perisitern auf dem Gebirge niedergelassen hat. Zwar wohnen auch Menschen des Volkes Gottes in der Stadt[286], die Burg[287] aber ist von den Jebusitern besetzt.

Die Stadt einzunehmen und die Jebusiter zu vertreiben, ist eine große Herausforderung. Es ist seiner geografischen Lage zu ver-

284 2. Samuel 5,12

285 2. Samuel 5,4-5

286 Josua 15,63

287 Die Burg oder die Zitadelle ist das Festungswerk innerhalb der Stadt.

danken, dass Jerusalem schwer einzunehmen ist. Die von Mauern umgebene Stadt liegt auf einem Berg und ringsum sind tiefe Täler. Die Stämme Juda und Benjamin haben früher schon versucht, die Jebusiter aus Jerusalem zu vertreiben, aber es ist ihnen nicht gelungen.[288] Auch David wird das nicht gelingen, davon gehen jedenfalls die Jebusiter in Vers 6 aus. Sie erklären ihm, Jerusalem sei unbesiegbar. Selbst wenn die Wächter der Stadt blind und lahm wären, könne man es nicht schaffen, in die Stadt einzudringen. Ihre großen Worte sind wie eine Seifenblase, die bald zerplatzt, denn es gelingt David, die Stadt zu erobern (V. 7). Was ihm allerdings nicht gelingt, ist die Vertreibung der Jebusiter.

Es ist nicht ganz klar, wie David und seine Männer bei der Einnahme Jerusalems vorgegangen sind. Dazu gibt es viele Theorien, in einer davon geht man von einem Wasserschacht oder einer Wasserleitung aus, die in Vers 8 erwähnt wird. Das war ein geniales System, durch das Jerusalem auch während einer Belagerung mit Wasser versorgt war. Ein Tunnel leitete das Wasser von der Gihon-Quelle außerhalb der östlichen Stadtmauern (im Kidrontal) in die Zitadelle.[289] Die Männer Davids sollen durch diesen Schacht hochgeklettert und in die Stadt eingedrungen sein. Eine rabbinische Erzählung beschreibt die Einnahme Jerusalems märchenhaft: Weil David die Heilige Stadt Jerusalem nicht angreifen wollte, befahl er seinem Heerführer Joab, auf eine Zeder bei der Stadtmauer zu klettern. Dann zog man die Äste des Baumes mit Seilen nach hinten und ließ sie anschließend los, worauf Joab über die Mauer katapultiert wurde. Er sei im Zentrum der Stadt gelandet und die überraschten Jebusiter hätten sich sogleich ergeben. Gleich danach seien die Stadtmauern spontan eingestürzt und David sei mit seiner

288 Josua 15,63

289 Ausgrabungen haben einen Wasserschacht ans Licht gebracht, der tatsächlich als Weg in die Stadt hinein gedient haben kann, auch wenn das alles andere als einfach gewesen sein muss. Die Gihon-Quelle war die Lebensader Jerusalems, sie lieferte täglich bis zu 1200 Kubikmeter Wasser. Es war die einzige Quelle in der Umgebung Jerusalems, aus der das ganze Jahr über Wasser sprudelte. Ein 48,5 Meter langes unterirdisches Tunnelsystem transportierte das Wasser von dieser Quelle bis in die Stadt hinein.

Truppe in die Stadt eingezogen![290] Die Realität wird sicherlich risikoreicher und weniger friedlich gewesen sein.

In Vers 7 ist zum ersten Mal in der Bibel von der *»Burg Zion, der Stadt Davids«* die Rede. Zion gehört mit den Bergen Sinai, Karmel und Tabor zu den Bergen, die in der Bibel eine prominente Rolle einnehmen. Nach Davids Tod wird der Tempel Gottes auf dem Berg Zion errichtet werden, was ihn zum »heiligen Berg« macht.[291] Der Name Zion wird mit der Zeit gleichbedeutend mit Jerusalem gebraucht.[292] Jerusalem als Stadt Davids finden wir auch in Vers 9. Es wird kein Stammesgebiet genannt, womit klar ist, dass Jerusalem eine einzigartige und herausgehobene Position als Residenz des Königs hat, der über alle Stämme Israels regiert. Sie ist aber viel mehr als das. Der Prophet Jesaja sagt über Jerusalem, dass es *»eine Ehrenkrone in der Hand des Herrn und ein königliches Diadem in der Hand deines Gottes«* sein wird.[293] Und in Psalm 87,1-3 lesen wir: *»Er (Gott) hat sie gegründet auf heiligen Bergen; der Herr liebt die Tore Zions mehr als alle Wohnungen Jakobs. Herrliches ist über dich verheißen, du Stadt Gottes!«*

David, König in Jerusalem

Bald nachdem David sich in Jerusalem niedergelassen hat, beginnt eine Phase der Expansion, die sich in der Zeit Salomos fortsetzen wird.[294] Es fangen Bauarbeiten an, die das Ziel haben, die Stadt zu verstärken, auszubauen und zu verschönern.[295] Es werden u. a. mit Steinen gefüllte Terrassen aufgerichtet, die als Verteidigungsanla-

290 Aus: Jonathan Kirsch, King David, Random House.

291 Zion wird als der heilige Berg bezeichnet (Psalm 2,6), den der Herr erwählt hat (Psalm 78,68). Er selbst wohnt auf Zion (Jesaja 8,18).

292 U. a. 2. Könige 19,31 und besonders häufig in den Psalmen und in den Büchern Jesaja, Jeremia, Klagelieder, Joel, Micha und Sacharja.

293 Jesaja 62,3

294 Unter David und Salomo hat sich Jerusalem vor allem nach Norden ausgebreitet; der Tempel wurde von Salomo auf dem nordöstlichen Hügel gebaut. Das Jerusalem zur Zeit Davids umfasste etwa sechs Hektar.

295 U. a. 1. Chronik 11,8

gen dienen sollen. In diesen Tagen breitet sich nicht nur die Stadt aus, sondern auch Davids Macht nimmt zu (V. 10). International gesehen ist David ein starker Herrscher (er wird mehrere feindliche Völker besiegen und einige, wie z. B. Moab, tributpflichtig machen) und ein wichtiger Handelspartner: Es werden neue Handelsrouten eröffnet und er unterhält wirtschaftliche Beziehungen mit Phoenizien, Damaskus, Assyrien, Ägypten u. a. Jerusalem entwickelt sich immer mehr zu einem Machtzentrum in der antiken Welt und David wird ein gefürchteter Monarch. 1. Chronik 14,17 berichtet: *»Und Davids Ruhm ging aus in alle Lande, und der Herr ließ Furcht vor ihm über alle Heidenvölker kommen.«*

Der König von Tyrus, einer phönizischen Hafenstadt, bietet David Baumaterial und Handwerker an, die ihm in Jerusalem ein Haus aus Zedernholz errichten sollen.[296] Es ist ein beachtliches Geschenk, denn Zedernholz war kostbar; es wurde zum Teil aus dem Libanon importiert. Die Geste des Königs von Tyrus hat sicherlich einen politischen Hintergrund gehabt, denn der König brauchte eine freundschaftliche Allianz mit David. Wenn der z. B. die Handelsstraße nach Tyrus geschlossen hätte, hätte das für sein Volk schreckliche Folgen gehabt.

Im privaten Bereich erweitert David in Jerusalem seinen Harem; er nimmt sich neue Frauen und Nebenfrauen.[297] In Vers 13 wird erwähnt, dass diese Frauen aus Jerusalem stammten, was bedeuten würde, dass David sich durch diese Ehen mit der einheimischen Bevölkerung verbündete. In der Parallelstelle in 1. Chronik 14,3-4 lesen wir: *»Und David nahm sich in Jerusalem noch mehr Frauen.«* Es werden hier außer elf Söhnen auch Töchter genannt, die David in seiner neuen Residenz geboren werden (V. 14).[298]

---

296 In der antiken Welt wurde Zedernholz beim Bau von Tempeln oder Palästen verwendet.

297 In 2. Samuel 3,2-5 werden die Kinder Davids aufgelistet, die in Hebron geboren wurden. Die Kinder, die ihm in Jerusalem geboren wurden, finden wir in 2. Samuel 5,13-16; 1. Chronik 3,5-9 und 14,4-7.

298 In 1. Chronik 14,4 sind es dreizehn.

Angekommen und in Gefahr (V. 17-25)

Es sind etwa zwanzig Jahre vergangen, seit Samuel den jungen David gesalbt hat.[299] Nun endlich ist David am Ziel angekommen. In diesen Tagen zu Beginn seines Königtums befindet er sich auf dem Gipfel seiner Macht (V. 10). In dem, was geschehen ist, erkennt er Gottes Hand: Er hat ihn zum König über Israel bestätigt und sein Königreich zu Ansehen gebracht, um seines Volkes Israel willen (V. 12). Die Wüste, Bergfesten und Höhlen als Unterkunft gehören der Vergangenheit an, in Jerusalem steht ein vornehmer Palast.

Der Erfolg hat aber auch eine Schattenseite. Wenn man das Gefühl hat, dass man angekommen ist und nichts zu befürchten hat, ist man in Gefahr. Während wir uns in Sicherheit wähnen, lauert Gottes Feind auf uns, um uns zu Fall zu bringen. Während David sich in Jerusalem freut über seine Macht und über den Frieden, der ringsum herrscht, schmiedet Israels Erzfeind Philistäa Pläne, um Israel anzugreifen. Die Philister haben sich nicht gerührt, als David aus ihrem Gebiet wegzog und in Hebron König über Juda wurde. Sie waren nicht besorgt, sie hatten ja gerade Israel geschlagen und Saul getötet, was ein großer Sieg war. Vielleicht gingen sie davon aus, dass David ihnen noch immer treu war. David regierte in diesen Jahren auch nur über ein Teilgebiet Israels und war damit keine wirkliche Bedrohung. Von Sauls Sohn Ischboset, der über Israel regierte, werden die Philister nicht beeindruckt gewesen sein. Dass Gottes Volk geteilt war, war für Israels Feinde nur von Vorteil.

Erst als die Philister erfahren, dass David Israel in einem Bürgerkrieg besiegt hat und König des ganzen Reiches geworden ist, sind sie besorgt. Es muss König Achis in diesen Tagen bewusst geworden sein, dass er David als treuen Knecht endgültig verloren hat. Darum macht er sich mit seinem Heer auf den Weg, David

---

299 Man nimmt an, dass David etwa 16 Jahre alt war, als er von Samuel gesalbt wurde (Saul nennt ihn in 1. Samuel 17,33 einen Knaben). Er wird mit 30 Jahren König über Juda und siebeneinhalb Jahre später König über Israel. Dann ist er also etwa 37. Er stirbt 33 Jahre später siebzigjährig in Jerusalem (2. Samuel 5,4.5).

herauszufordern (V. 17). Sie wollen ihn angreifen, bevor seine Macht und seine Regierung gefestigt sind. Damit hat David wahrscheinlich nicht gerechnet! Er ist ganz fokussiert auf seine neue Rolle und hat mit seinen Bauprojekten und Eheverträgen alle Hände voll zu tun. Er freut sich über seine Macht und genießt die Ruhe, die in seinem Leben eingekehrt ist.

Als David erfährt, dass die Philister gegen ihn aufziehen und sich im Tal Rephaim (»Tal der Riesen«) südwestlich von Jerusalem versammeln[300], geht er Gott sei Dank nicht davon aus, dass er dieses Problem selbst lösen kann. Er wendet sich direkt an den Herrn mit der Frage, ob er gegen sie hinaufziehen soll und ob Gott sie in seine Hand geben wird. Auf beide Fragen erhält er ein »Ja« vom Herrn. Daraufhin macht David sich auf, bekämpft die Philister und schlägt sie. Er gibt Gott die Ehre für seinen Sieg. Die Götzen, die die Philister bei sich trugen und in ihrer Not zurückließen (V. 21), lässt er verbrennen.[301]

Ausschau halten nach Gott

Das Philisterproblem ist nach dieser Schlacht noch nicht endgültig bewältigt, denn es kommt zu einem nächsten Angriff. Dieses Mal sagt Gott zu David, dass er die Philister umgehen und ihnen in den Rücken fallen soll. Die Balsambäume werden ihm und seinen Männern Rückendeckung geben. Der Herr wird David anhand eines Zeichens wissen lassen, wann der Moment gekommen ist und er die Philister angreifen soll. Dieses Zeichen wird beschrieben als *»das Geräusch eines Einherschreitens in den Wipfeln der Bäume«*. Sobald David dieses Geräusch wahrnimmt, soll er sich beeilen, *»denn dann ist der Herr vor dir hergezogen, um das Heer der Philister zu schlagen«* (V. 24). David soll also einfach dem Herrn folgen.

---

300 Für die Philister war diese Ebene ein strategischer Ort, weil David damit von eventueller Hilfe aus Juda abgeschnitten war. Außerdem befand sich dieses Tal im Gebiet des Stammes Benjamin; vielleicht haben die Philister gehofft, dass dort noch Anhänger von Saul lebten, was sie zu ihrem Vorteil nutzen könnten.

301 1. Chronik 14,4

Das ist alles. Es kommt schließlich so, wie Gott es gesagt hat. Die Philister werden geschlagen und aus dem Bergland in die Küstenebene zurückgedrängt.

Was hier vor sich geht, ist eine wunderbare und starke Bestätigung dafür, dass sich hinter der sichtbaren Realität dieser Erde eine unsichtbare Welt in den himmlischen Regionen verbirgt. Diese Wirklichkeit Gottes ist zwar verborgen, aber nicht für uns verschlossen. Der Gott des Himmels und der Erde will sich an seinen Kindern offenbaren. Er macht das in erster Linie durch sein Wort. Wenn wir die Bibel andächtig und mit offenem Herzen lesen, gehen neue Welten für uns auf: Mithilfe des Heiligen Geistes entdecken wir allmählich immer mehr von Gottes Wesen, Willen und Wirken. Auch gibt es für die, die es sehen wollen, Zeichen, die auf Gottes Anwesenheit und Wirken hindeuten, wie bei David das Geräusch in den Wipfeln der Bäume, worauf Gott David explizit hinwies (V. 24). Der Herr ging in dieser Stunde vorbei in einem Windstoß, der ein Rascheln der Blätter verursachte.

Gott hatte David gesagt, dass er aufmerksam sein und aktiv Ausschau halten sollte nach einem Zeichen, das auf seine Anwesenheit und sein Wirken hindeutete. Ich erwähnte dieses Ausschauhalten nach Gott schon in Kapitel 1 dieses Buches (in Frage 5); nun, im letzten Kapitel, komme ich noch einmal darauf zurück, weil es für jedes Kind Gottes, das das Wandeln mit seinem Herrn ernst nimmt, wesentlich ist.

Gott will sich in unserem Alltag offenbaren, das ist ein Wunder! Dass wir sein Wirken und Reden oft nicht bemerken, ist sicherlich kein böser Wille, es ist vielleicht eher einer gewissen Willensschwäche geschuldet. Denn wir lassen uns leicht mitnehmen von allem, was sich in unserem Alltag tut. Wir sind beschlagnahmt von unserem eigenen kleinen Leben und dazu auch fasziniert von der digitalen Welt, die uns ungekannte Möglichkeiten bietet, neue Welten erschließt und uns viel Zeit raubt. Stille zu werden vor Gott und bewusst Ausschau nach ihm zu halten, ist eine große Herausforderung, die eine klare Willensentscheidung notwendig macht.

Verstehen Sie mich bitte nicht falsch: Gott hat uns das Leben auf dieser Erde geschenkt und wir dürfen es genießen. Es ist aber tragisch, wenn wir so stark darin aufgehen, dass wir uns unserem himmlischen Vater entfremden und es gar nicht merken, wenn er uns etwas sagen oder zeigen will. Hier können wir uns ein Beispiel an Maria und Martha nehmen. Sie waren mit ihren alltäglichen Dingen beschäftigt, als Jesus bei ihnen anklopfte. Sie nahmen nicht nur sein Klopfen wahr, sondern sie zögerten nicht, liefen direkt zur Tür und machten sie weit für ihn auf.[302]

Dass Gott sagt, David sei ein Mann nach seinem Herzen, liegt sicherlich daran, dass David sich darin übte, Gott zu suchen. Natürlich war er wie wir ein Mensch mit vielen Fehlern und Schwächen. Aber er machte es sich zur Gewohnheit, nicht selbst voranzugehen und das Sagen zu haben, sondern stille zu sein und auf Gott zu hören. Er übte sich darin, Ausschau zu halten nach Spuren von Gottes Anwesenheit und Wirken. In Psalm 4,5 sagt er: *»Denkt nach in eurem Herzen auf eurem Lager und seid still!«* Und in Psalm 5,4: *»Herr, in der Frühe wirst du meine Stimme hören; in der Frühe werde ich dir zu Befehl sein und Ausschau halten.«* Der Hirtenjunge aus Bethlehem, der es gewohnt war, abgesondert auf den Feldern zu leben, hat in der Hektik seiner späteren Jahre durch Versuch und Irrtum gelernt, seine Gemeinschaft mit Gott aufrechtzuerhalten und zu pflegen. Dass es in Davids Leben eine Zeit gab, in der er Gott nicht gesucht, sondern wie ein »Wilder« gelebt hat, wissen wir: Es waren die sechzehn Monate in Philistäa, in denen er auf Distanz zu Gott ging. Es tut unheimlich gut zu sehen, dass Gott ihn in dieser Zeit nicht verwarf, sondern auf ihn wartete, weil er das Herz Davids kannte. Als David sich schließlich wieder an ihn wandte, wurde er nicht abgewiesen, sondern Gott knüpfte wieder bei David an. Diese große und unverdiente Gnade unseres Herrn macht uns Mut!

---

302 Lukas 10,38ff

Verheissungen werden erfüllt

Davids Krönung in Jerusalem markiert einen entscheidenden Moment für Israel und für die Welt. Der Text in 2. Samuel 5,1-3 bietet uns eine Szene, die für alle, die es sehen wollen, hell aufleuchtet. Saul aus dem Haus Benjamin hat Platz gemacht für David aus dem Haus Juda. Es fängt mit ihm und seiner zukünftigen Dynastie eine neue Phase in Gottes Heilsplan an.

In Psalm 2, einem messianischen Psalm, lesen wir: *»Ich habe meinen König eingesetzt auf Zion, meinem heiligen Berg«* (V. 6). Diese Worte gelten für David, den »kleinen König Gottes über Israel«, der die Stadt Jerusalem zu seiner Residenz macht. Noch mehr aber gelten sie für »Davids Sohn«, den großen König Jesus, den Messias der Welt. Der Prophet Nathan wird David später sagen, dass Gott ihm ein Haus bauen wird. Mit diesem »Haus« ist die davidische Dynastie gemeint, aus der Jesus geboren werden wird, *»dessen Thron auf ewig befestigt sein wird«.*[303]

Die restliche Geschichte Davids finden Sie in 2. Samuel 6-24; 1. Könige 1-2,12 und in 1. Chronik 15-29.

303 2. Samuel 7,11b-13

Fragen zu Kapitel 15

1. Es war eine der Prioritäten Davids als König über Israel, die verschiedenen und oft rivalisierenden Stämme Israels zu einer Nation zu vereinen. Dasselbe Ziel hat unser Herr für seine Gemeinde.
   Lesen und überdenken Sie 1. Korinther 1,10 und 3,3-4.

   Welche Dinge bedrohen oder untergraben die Einheit in der Gemeinde oder in christlichen Werken? Führen Sie sich dabei in Erinnerung, was wir in den letzten Kapiteln gelesen haben. Sind Sie ein Mensch, der sich bewusst für Frieden einsetzt? Was bedeutet das praktisch?

2. Der Herr sagte zu David, er solle auf das Geräusch in den Wipfeln der Balsambäume achten, das ein Zeichen seines Hereinschreitens war (V. 24). Wie kann man es üben, dass man sich des Wirkens des Heiligen Geistes bewusst wird?

3. Blicken Sie zurück und versuchen Sie, Davids Weg von Bethlehem nach Jerusalem zusammenzufassen.

   Denken Sie dabei an:
   - Höhepunkte und Tiefpunkte in Davids Leben
   - Momente, in denen Gottes Eingreifen deutlich sichtbar war
   - Sauls allmählichen, aber stetigen Niedergang
   - Jonathans Freundschaft und Treue

4. Was nehmen Sie für sich persönlich aus der Davidgeschichte mit?

Nachwort

»So spricht der Herr der Heerscharen: Ich habe dich von der Weide hinter den Schafen weggenommen, damit du Fürst würdest über mein Volk, über Israel; und ich bin überall mit dir gewesen, wohin du gegangen bist, und habe alle deine Feinde vor dir her ausgerottet und dir einen großen Namen gemacht gleich dem Namen der Gewaltigen auf Erden (...) Dein Haus und dein Königreich sollen ewig Bestand haben vor deinem Angesicht; dein Thron soll auf ewig feststehen!« (2. Samuel 7,8-9.16).

In nur wenigen Worten wird hier geschildert, was wir gelesen und studiert haben. Gott holte den Hirtenjungen David von den Feldern Bethlehems weg, weil er Großes mit ihm vorhatte: Der Junge aus dem Stamm Juda sollte Saul aus dem Stamm Benjamin als König über Israel ablösen.

Bald nach seiner Salbung versetzte Gott David von Bethlehem in die königliche Residenz in Gibea und von dort ging es in die Wüste, wo David gut zehn Jahre von Saul gejagt wurde. In diesen Jahren verlor der Herr ihn nicht aus den Augen, er begleitete und bewahrte ihn und forderte ihn andauernd dazu heraus, sein Vertrauen auf ihn zu setzen. Er bahnte David durch alle widrigen Umstände hindurch den Weg zu seinem Königtum: *»Er* (Gott) *wandte das Königreich David, dem Sohn Isaïs, zu«* (1. Chronik 10,14).

Mit den Episoden in diesem Buch ist die Davidgeschichte noch nicht zu Ende. Nach der Krönung Davids in Jerusalem folgen weitere Berichte über die Erfahrungen, die David als König Israels machte. Nach Davids Tod führte Gott die Geschichte fort, die ihren Höhepunkt in der Geburt Jesu findet, dem »Sohn Davids«, in Bethlehem, der »Stadt Davids«. In Micha 5,1.3 wird Jesus als Herrscher und Hirte *(»er wird sie weiden«)* beschrieben. Seiner Mutter Maria wird gesagt, dass Gott ihrem Sohn *»den Thron seines Vaters David geben wird; und er wird regieren über das Haus Jakobs in Ewigkeit und sein Reich wird kein Ende nehmen«* (Lukas 1,30-34).

Namensliste

(Personen aus der Davidgeschichte – 1. Samuel 16-31 und 2. Samuel 1-5)

Abigail, Karmeliterin und Frau Nabals aus Maon. Nach dem Tod ihres Mannes wird sie Davids Frau. Sie ist die Mutter von Kilab, der auch bekannt ist als Daniel (geboren in Hebron).

Abinadab (1), zweitältester Bruder Davids und Krieger in Sauls Heer.

Abinadab (2), Sohn Sauls, der mit zwei seiner Brüder und seinem Vater Saul während der Schlacht gegen die Philister auf dem Gebirge Gilboa fällt.

Abischai, Sohn von Davids Schwester Zeruja und Bruder von Asahel und Joab, Davids Heerführer.

Abital, Ehefrau von David und die Mutter von Schephtaja (in Hebron).

Abjatar, der einzige Priester, der das Massaker in Nob überlebt. Er flieht zu David und schließt sich ihm an.

Abner, Vetter von Ischboset und Heerführer Sauls, der später zu David überläuft. Er tötet Asahel und wird aus Blutrache von Asahels Bruder Joab, dem Heerführer Davids getötet.

Achimelech, Priester in Nob, der David Schaubrote und das Schwert Goliaths gibt, was ihn das Leben kostet.

A(c)hinoam, zweite Frau Davids aus Jesreel. Mutter von Davids ältestem Sohn Amnon (in Hebron).

Achis, König der Philisterstadt Gat. David täuscht vor, dass er sein Knecht oder Vasall ist.

Amasai, ein Benjaminiter (und Haupt der Wagenkämpfer Sauls). Er schließt sich zusammen mit einigen seiner Stammesgenossen David an, als der vor Saul auf der Flucht ist (1. Chronik 12,17-19). Er wird später Hauptmann unter den 30 Helden Davids.

Asahel, Sohn von Davids Schwester Zeruja. Er wird von Abner getötet und in Bethlehem begraben.

Baana, ein Mann aus dem Stammesgebiet Benjamin. Er ermordet Ischboset, den Sohn von Saul. Sein Komplize ist Rekab.

Doeg, edomitischer Aufseher der Hirten Sauls. Er sieht David im Gotteshaus in Nob und verrät ihn.

Egla, Ehefrau Davids, die Mutter von Jithream (in Hebron).

Eliab, ältester Bruder von David und Krieger in Sauls Heer.

Gad, Prophet und Seher Davids. Er gehört zu Davids Gefolge und sendet David während seiner Fluchtjahre aus der Höhle Adullam zurück ins Land Juda.

Goliath, Riese aus Gat, Vorkämpfer des Philisterheeres. Er wird von David getötet.

Haggit, Ehefrau von David und Mutter von Adonija (in Hebron).

Isaï, Vater von David, stammt aus Bethlehem.

Ischboset, Sohn Sauls, der nach Sauls Tod von Abner in Mahanajim zum König über Israel ausgerufen wird. Eine schwache Figur, Marionette Abners.

Joab, Heerführer von David. Sohn von Davids Schwester Zeruja und Bruder von Abischai und Asahel.

Jonathan, Sohn Sauls, der sich auf die Seite von David stellt. Er stirbt in der Schlacht gegen die Philister auf dem Gebirge Gilboa.

Maacha, Ehefrau Davids, eine Tochter des Königs von Geschur und die Mutter von Absalom (in Hebron).

Malchischua, Sohn Sauls. Er stirbt bei der Schlacht gegen die Philister auf dem Gebirge Gilboa.

Mephiboset, ein Sohn Jonathans, der in Folge eines Unfalls an beiden Füßen gelähmt ist. Er wird von David aufgenommen, als er König in Jerusalem ist.

Merab, die älteste Tochter Sauls. Sie wird David als Frau versprochen, dann aber dem Mecholatiter Adriel gegeben.

Michal, die zweite Tochter Sauls, die David heiratet. Nach Davids Flucht vor Saul gibt Saul sie einem anderen Mann zur Frau. Als David König über Israel wird, fordert er sie zurück.

Nabal, Mann von Abigail. Ein vermögender Viehzüchter aus Maon, der sein Geschäft in Karmel hat.

Paltiel (oder Palti), Israelit aus Gallim. Ihm wurde Davids Frau Michal gegeben, aber er musste sie später wieder gehen lassen.

Rekab, der Mörder Ischbosets aus dem Stammesgebiet Benjamin. Sein Komplize ist Baana.

Saul, der erste König Israels (vom Stamm Benjamin). Er stirbt mit drei seiner Söhne in der Schlacht gegen die Philister auf dem Gebirge Gilboa.

Samuel, Prophet, Richter und Priester Israels, der nach seinem Rücktritt eine Prophetenschule in Najot bei Rama leitet. Er salbt David in Bethlehem zum König über Israel. Samuel stirbt während Davids Fluchtjahren und wird in Rama begraben.

Schamma, Bruder Davids und Krieger in Sauls Heer.

Zeruja, Schwester von David und Mutter von Abisai, Joab und Asahel.

Mehr von Noor van Haaften

Jakob – von Gott geliebt
ISBN 978-3-86827-204-5
263 Seiten, Paperback

Jakob war ein Mann, der mitunter krumme Wege ging, um seine eigenen Ziele zu erreichen. Trotzdem hat Gott ihn nie losgelassen. Der Höhepunkt seines Lebens war der dramatische nächtliche Kampf mit Gott am Fluss Jabbok. Er ging als neuer Mensch aus diesem Kampf hervor: körperlich angeschlagen, aber innerlich neu. Als sein Lieblingssohn Joseph plötzlich »verschwand«, war er schon alt und es folgten Jahre der tiefen Trauer. Doch dahinter verbarg sich eine unsichtbare Realität: Im Himmel wurden schon die nächsten Schritte vorbereitet.

Jakobs Geschichte zeigt uns: Während sich unser kleines Leben auf der Bühne unseres Alltags abspielt, entfaltet Gott hinter den Kulissen seine Pläne.

Samuel – von Gott erbeten
Richter, Priester, Prophet.
ISBN 978-3-86827-574-2
227 Seiten, Paperback

Die bekannte Autorin und Referentin Noor van Haaften legt nach ihrem Buch über Elia nun eine weitere gründliche Bibelauslegung vor. Diesmal gewährt sie ihren Lesern tiefe Einblicke in das Leben von Samuel. Dieser kam als Kind in die Obhut des Hohepriesters Eli. Als Richter, Priester und Prophet reiste er kreuz und quer durch Israel und forderte das Volk zu Einkehr, Buße und radikaler Nachfolge auf. Eine faszinierende Geschichte, die auch heute noch aktuell ist!

Elia – von Gott bewegt
ISBN 978-3-86827-441-7
176 Seiten, Paperback

Elia war ein Mann, der seine vertraute Welt verließ und sich in die Höhle des Löwen wagte, um dem Auftrag Gottes gerecht zu werden. Und Elia war ein Beter. Alles – auch die Sorge um sein Land und sein Volk – besprach er mit seinem Herrn. Dabei musste er entdecken, dass Menschen, die leidenschaftlich mit und für Gott leben wollen, auch persönliches Leid in Kauf nehmen müssen.

Die beliebte Autorin Noor van Haaften, die bekannt ist für ihre gründliche Bibelauslegung, gewährt dem Leser tiefe Einblicke in das facettenreiche Leben des Elia. Und gleichzeitig wird die Neugier darauf geweckt, was aus einem Leben werden kann, das Gott ganz hingegeben ist. Menschen wie Elia, die es wagen, gegen den Strom zu schwimmen, sind auch heute gefragt.

Fragen am Ende jedes Kapitels fordern den Leser heraus, die biblischen Einsichten auf das persönliche Leben zu übertragen. Dadurch eignet sich dieses Buch besonders auch für das gemeinsame Lesen in der Gemeinde und im Hauskreis.

In Freiheit leben
Wie wir inneren Ballast erkennen und loswerden können
ISBN 978-3-96362-092-8
272 Seiten, Paperback

»Ihr seid zur Freiheit berufen«, heißt es in Galater 5,13. Doch leider merken wir davon in unserem Alltag oft nur wenig. Unser Leben gleicht eher einem Langstreckenlauf mit viel zu schwerem Gepäck. Die bekannte Autorin und Referentin Noor van Haaften zeigt auf, wie wir den inneren Ballast, den wir mit uns herumschleppen, identifizieren, loswerden und wirklich in das Leben eintreten können, das Gott für uns geplant hat.

Mehr über David bei Francke

Louie Giglio
Goliat muss fallen
Den Kampf gegen die eigenen Riesen gewinnen
ISBN 978-3-86827-725-8
232 Seiten, Paperback

Es ist ziemlich wahrscheinlich, dass es in Ihrem Leben einen Goliat gibt … einen bedrohlichen Riesen, der sich Ihnen immer wieder in den Weg stellt. Vielleicht sind es Sorgen, vielleicht ist es die Angst vor Zurückweisung, irgendeine Abhängigkeit, Ärger oder auch Ihre Bequemlichkeit. Sie wissen, dass dieser Riese Sie davon abhält, das Leben in Freiheit zu führen, das Gott für Sie bereithält … aber Sie wissen nicht, was Sie dagegen tun sollen.

Pastor Louie Giglio kennt das nur zu gut. Ehrlich erzählt er von seinen Erfahrungen mit solchen Riesen und was ihm im Umgang mit ihnen geholfen hat. Dabei betrachtet er die Geschichte von David und Goliat aus einem ganz neuen Blickwinkel. Denn wenn Sie immer dachten, in dieser Geschichte seien Sie David und Sie müssten sich nur eine bessere Steinschleudertechnik antrainieren, haben Sie falsch gedacht. Jesus ist David. Und er hat den Sieg über Ihren Riesen längst errungen. Setzen Sie Ihre Hoffnung auf ihn und erleben Sie, wie Goliat fällt.

Christian Huster
königlICH
Von David lernen, ein Mann nach dem Herzen Gottes zu werden
ISBN 978-3-96362-021-8
170 Seiten, Klappenbroschur

König David – eine faszinierende Persönlichkeit mit charakterlichen Stärken, aber auch großen inneren Abgründen. Und dennoch – ein Mann nach dem Herzen Gottes, der sich zeitlebens nach Gott sehnte, ihm dienen wollte und immer wieder zu ihm umkehrte.

»königlICH« richtet sich an Männer, die Gott gefallen wollen. Männer mit Ecken und Kanten, aber auch großem Potenzial – wie David. Anhand seiner Lebensgeschichte wird deutlich, was ein Männerherz von seinem himmlischen König entfernen kann. Genauso aber, welche Würde und Verantwortung ein Mann von Gott übertragen bekommt. Denn einem »König wie David« geht es nicht um Selbstdarstellung oder Macht, sondern um Charakter und Verantwortung, letztlich um das Wesen Jesu. Er, der Nachkomme Davids, der »König der Könige«, ruft Männer in seine Gefolgschaft.

Eine Reise durch das Leben Davids, in die immer wieder Bezüge zum Neuen Testament und Erfahrungen aus dem Leben des Autors einfließen.

Steffi Baltes, Katja Hogh
Bei dir darf ich bleiben
Psalm 23 in Bildern und Betrachtungen
farbig illustriert
ISBN 978-3-86827-200-0
64 Seiten, gebunden

Psalm 23 ist einer der bekanntesten und beliebtesten Psalmen der Bibel.
Geschrieben von einem König, der einst ein Hirtenjunge war. Er ist Davids Liebeserklärung an Gott und Ausdruck seines großen Vertrauens zu ihm.
Zugleich ist er eine Reise durch das Leben, unser aller Leben. Mit seinen Höhen und Tiefen, Freuden und Herausforderungen. Ob unser Weg durch dürre Täler oder über fruchtbare Wiesen führt – der »große Hirte der Schafe« geht uns voran. Er lädt uns ein, bei ihm zur Ruhe zu kommen.

Die einfühlsamen und außergewöhnlichen Bilder der Künstlerin Katja Hogh und die meditativen Texte von Steffi Baltes unterstreichen die wunderbaren Worte Davids auf einzigartige Weise. Sie helfen, den Psalm vom guten Hirten neu für sich zu entdecken.

Mit einer Einführung in die Welt von Psalm 23.

Steffi Baltes
Der Herr ist mein Hirte
ISBN 978-3-96362-198-7
16 Seiten, geheftet

Der 23. Psalm gehört zu den bekanntesten und beliebtesten Psalmen der Bibel. Einfühlsam legt die bekannte Autorin Steffi Baltes jeden Vers aus und nimmt uns mit hinein in die trostvollen und mutmachenden Worte König Davids, die uns eindrücklich die Gegenwart Gottes in jeder Lebenssituation vor Augen malen.

Eine kleine Liebeserklärung an den Gott, der uns als guter Hirte bei der Hand nimmt. Den Gott, in dessen Nähe wir uns jederzeit bergen können.